人文社会科学经典文库

中国老年社会问题的时代审视

ZHONGGUO LAONIAN SHEHUI WENTI DE SHIDAI SHENSHI

赵继伦　李　淼　李　卓／著

东北师范大学出版社
·长　春·

图书在版编目（CIP）数据

中国老年社会问题的时代审视/赵继伦，李淼，李卓著. —长春：东北师范大学出版社，2024.2
ISBN 978 - 7 - 5771 - 1137 - 7

Ⅰ. ①中…　Ⅱ. ①赵…　②李…　③李…　Ⅲ. ①老年人—社会问题—研究—中国　Ⅳ. ①D669.6

中国国家版本馆 CIP 数据核字（2024）第 042260 号

□责任编辑：吴永彤　□封面设计：张　然
□责任校对：陈国良　□责任印制：许　冰

东北师范大学出版社出版发行
长春净月经济开发区金宝街 118 号（邮政编码：130117）
电话：0431-84568147
网址：http：//www.nenup.com
东北师范大学音像出版社制版
吉林省良原印业有限公司印装
长春市净月小合台工业区（邮政编码：130117）
2024 年 2 月第 1 版　2024 年 2 月第 1 次印刷
幅面尺寸：170mm×240mm　印张：16　字数：248 千

定价：58.00 元

本书为吉林省教育厅“十三五”重点研究项目“吉林省政府购买养老服务的投入效用分析”（项目编号JJKH20181307SK）和吉林省教育厅“十四五”重点研究项目“互助养老典型模式在我国实现的可行性研究”（项目编号JJKH20231506SK）的阶段性研究成果

总 序

习近平总书记在中国共产党第二十次全国代表大会上所做的报告中指出："坚持以人民为中心的发展思想。维护人民根本利益，增进民生福祉，不断实现发展为了人民、发展依靠人民、发展成果由人民共享，让现代化建设成果更多更公平惠及全体人民。"这段话完整地表达了建设中国福祉社会美好目标。"福祉"既是个体精神幸福与物质生活满足的状态，也是社会所达到的物质与精神文明的进步状态；社会的"福祉"状态，一定程度上决定着个体社会成员的"福祉"状态。增进民生福祉是福祉社会建设的基本内容和出发点。围绕福祉与福祉社会建设，需要从学理的高度深入探索，构建福祉学学科体系，培养福祉社会建设的专业人才。

2018 年 12 月，长春人文学院经吉林省教育厅审核，获批新兴交叉学科福祉学建设立项。福祉学作为新兴交叉学科建设在我国尚属首创。交叉学科旨在学科交叉基础上，通过知识的融合架构出新的知识结构，形成新的知识范畴及理论体系。从教育角度讲，学科也指称教育部门关于人才培养体系及学位授予的科目分类。人类社会知识的增长正是在学科交叉与融合中实现的。开展交叉学科建设是现代社会知识结构变革的客观要求，也是学科生长的必由之路。2020 年是中国交叉学科发展的关键节点。国务院学位委员会、教育部印发《关于设置"交叉学科"门类、"集成电路科学与工程"和"国家安全学"一级学科的通知》，由此，"交叉学科"成为我国第 14 个学科门类。2021 年，国务院学位委员会发布《交叉学科设置与管理办法》，明确了交叉学科的内涵，建立了交叉学科放管结合的设置机制和调整退出机制，构建了交叉学科的质量保证体系。这表明，交叉学科具有专门而稳定的研究对象，有专门术语所表征的概念体系，具备本学科内生发展的驱动力，能够相对稳定地实现学科体系的累积性增长。

客观上讲，福祉学学科体系建构是一个学科交叉与融合的过程。正是在不同学科的交叉与融合中，原有的社会学、护理学、中医药学、康复治疗学、教育学、计算机科学、艺术学等传统学科的界限被打破。福祉学通过整合学科资源，在把握新的学科生长点的基础上，构建了学科体系框架。这一新兴交叉学科的构建对于建设中国的福祉社会，实现“人民福祉”“民生福祉”“老年福祉”“儿童福祉”“残疾人福祉”等社会发展目标，提高社会生活质量，从而保证全社会成员共同享有物质需求的满足与精神幸福具有重要的理论价值和实践指导意义。

历史证明，学科意识的僵化与边界的固化势必限制学科的发展。在新兴交叉学科福祉学的建设中，我们经历了由初期的困惑到方向的明晰，由单一学科的跨界整合到多学科的跨界整合，理性思维的清醒使我们对构建福祉学体系充满信心，阶段性建设成果的取得使我们感受到收获的快乐。作为新兴交叉学科福祉学基础性研究的系列成果，长春人文学院福祉学部围绕福祉学学科建设，策划组织出版了这套系列丛书，由福祉学部各学科的专家学者分别撰写了《社会福祉学基础》《老年福祉与社会照护》《健康与福祉》《儿童福祉视角下的融合教育学》《中国老年社会问题的时代审视》《行动者关系与过程：养老社会组织成长力研究》《新兴交叉学科建设研究》等教材与专著。这些系列成果从多维视角对福祉与福祉学进行解读，探讨了福祉援助的社会运行机制，构划了福祉社会建设各个领域的行动方案，体现了学科交叉与融合中的问题意识与分析，为福祉学的体系建构奠定了学理基础，也为政府决策提供了建设性意见。

新兴交叉学科福祉学系列成果的出版，为该学科的体系建构提供了学理支撑，展现了社会福祉学院、健康福祉学院、护理福祉学院、儿童福祉学院、东北福祉研究所专家学者们的学术智慧，是科研与教学团队集体智慧的结晶。系列成果的出版是个良好的开端，未来福祉社会的建设需要有坚实的理论支撑，新兴交叉学科福祉学的建设将经历长期的过程，需要在探索中开启心智，在理性思考中前行，在前行中完善学科体系的建构。学科建设面临挑战，也充满了期待。对此，长春人文学院的建设团队将在学校领导的带领下继续推进新兴交叉学科福祉学的建设，用我们的努力建构中国特色福祉学学科体系，以赢得学术自信，抒发福祉情怀，创造长春人文学院的办学特色。

赵继伦
2023 年 8 月于长春

前　言

时光如水，岁月如歌；时光飞逝，岁月如梭。当人生步入老年，人的生活都将发生重大转变，其主要的标志是：职业生活的结束改变了生活的轨迹；领取社保导致经济收入减少；个人交往空间缩小；身体机能减弱造成自理能力不足；家庭变故导致孤独感、寂寞感增加；缺乏社会参与导致社会适应能力减弱；等等。老年人生活方式、交往方式以及自我境况的改变，造成老年生活存在诸多困境，这就不可避免地影响到老年人的心理和生理，由此导致一部分老年人生活质量下降，这就意味着一部分老年人精神幸福感的缺失：有的老年人因身体疾病导致失能或半失能，生活不能自理；也有的老年人因失落感、孤独感、寂寞感而产生心理疾病，甚至丧失生活的意义感。老年人如何安排自己的晚年生活，社会如何给予老年群体必要的援助，让老年人的生活享有福祉，能够有尊严并拥有幸福的生活，这是亟待解决的社会问题。

当代中国已步入老龄社会，根据第七次人口普查数据，2020 年 11 月我国 60 岁及以上人口为 26402 万人，占我国总人口数量的 18.70％；65 岁及以上人口比例达到 13.5％。据此预测，2035 年 60 岁及以上人口数量将达到 4.12 亿，占人口比例 30％，2050 年将达到 4.8 亿，占人口比例 38％。中国的老龄化加剧，意味着未来人口中将有 30％—40％的老年人，这就进一步加大了最大限度地解决老年人的社会问题的压力。社会福祉行动就是要尽可能帮助老年群体成员减轻生活困难，减缓内心的痛苦，从而获得幸福感。

本书以中国老龄社会为背景，从养老照护、权益保障、医疗保健、社会交往、离婚再婚、智能伦理等多个维度对当代中国老年社会问题进行全面解读，提出若干对策性建议。本书研究的出发点在于，探讨如何通过社会与个体的协同，最大限度解决老年人的生活困境，让老人们生活得有尊严、有意义、有快乐、有幸福感。这方面的研究只是从某些侧面反映了老年社会问题，本书也仅是阶段性成果。生活是一个恒久的过程，老年社会问题还将伴随时代的变革而变化。对于老年群体来说，不可避免地在某些方面表现出弱势或生活的困境状态。正因为如此，现代文明社会往往给予老年群体特殊关注或社会援助，这种社会援助旨在通过社会行动帮助其摆脱现实困境，提高社会生活质量，从而保证全社会成员共同享有物质需求的满足与精神幸福，使老年人的生活达到可能达到的最佳状态，生活水平达到历史更高水平，社会风险降低到最小程度，社会公平与公正最大化，老年人心理的失落感、孤寂感、无助感降低到可能减轻的程度，实现老有所养、老有所医、老有所教、老有所学、老有所依、老有所乐、老有所为，自我尊严、人际和谐、民主权利、个性实现等方面得到最大化的实现。

本书由赵继伦、李淼、李卓共同撰写完成，赵继伦负责全书的设计、统稿、修改及第 11 章的撰写；李淼负责第 1、4、6、7、9 章的撰写；李卓负责第 2、3、5、8、10 章的撰写。在撰写过程中，我们参考了国内外学者的研究成果，在此向各位学者一并表示谢意。本书虽已完成，但尚存在诸多不足，我们将在今后的研究中不断深化对老年社会问题的思考，准确反映时代变革中老年人生活的现实，探索解决的方式，力争取得更有价值的思想成果。

赵继伦

2023 年 8 月 25 日 于长春

目　录

第1章

老年人社会参与问题

“社会参与”这一概念由伯吉斯首次带入老年研究领域，突出了老年人的身心权利，强调老年人自身价值，老年人能够对社会做出贡献①。当今，老年人和社会参与的相关研究日益兴盛，“什么是老年人社会参与”是推进老年人社会参与的一个首要问题。但是，对于“社会参与”的概念，目前尚未形成统一的意见。

概念是对要说明的事物本质特征的抽象。从国外学者的研究来看，从四种角度可以概括出“社会参与”的概念：第一，社会参与是指人们对各种社会活动、社会团体的介入程度，即介入角度。第二，社会参与是一个由正式的和非正式的社会角色所组成的多维建构，即角色角度。第三，社会参与是指个人和他人一起参加的活动，即活动角度。第四，社会参与是指在社会层面对个人资源的分享，即资源角度。因此，社会参与是社会层面的，社会参与是与他人联系的，社会参与是体现参与者价值的。

“社会参与”这个概念在不同地区和不同背景下有着不同的含义和表现形式，因此难以形成统一的概念。然而，我们可以尝试从不同的角度来理解老年人社会参与的本质特征。

首先，社会参与应该是指老年人主动参与社会活动、公共事务和社区建设的过程。这个过程强调老年人的自主性和能动性，而不是被动地接受社会福利或服务。老年人可以发挥自己的经验和技能，为社会做出贡献，并获得自我实现和满足感。

其次，社会参与应该包括不同层面的活动。例如，老年人可以参与社区组织、志愿组织和各种社会团体。他们可以参加文化、体育、娱乐等活动，也可以参与政治决策和社会公益活动。此外，老年人还可以通过教育、传承等方式，将自己的经验和知识传授给年轻一代，促进社会文化的传承和发展。

最后，社会参与应该基于平等、尊重和包容原则。老年人应该享有与其他公民同等的权利和尊严，不应该因为年龄或其他原因而受到歧视或排斥。社会应该创造一个平等、公正和包容的环境，应鼓励老年人积极参与社会生活，并为社会做出更多的贡献。

综上所述，老年人社会参与是指老年人主动参与社会活动、公共事务和

---

① 张帅. 居家养老模式下的老年人社会参与研究［D］. 天津：天津财经大学，2018.

社区建设的过程，包括不同层面的活动，并基于平等、尊重和包容原则。这个概念突出了老年人的自主性和能动性，强调了老年人的自身价值和贡献社会的潜力。

1.1 中国新老人群体及其特征

新兴的老龄化市场背后，是数量庞大的中国新老人群体的崛起。这一群体的“新”，不仅表现为其处于较年轻的老龄阶段，更表现为其在历史参与、社会阶层、家庭环境、个人追求等多方面与传统老人呈现截然不同的社会群体特征。新老人，是指 20 世纪 60 年代及以后出生、当前已步入老龄阶段的人群。具体而言，新老人与传统老人的差异主要体现在以下方面。

1.1.1 新中国第二批婴儿潮

中华人民共和国成立初期，我国出生率普遍处于较高水平，经历了 1952—1959 年的第一次生育高峰。但 1959—1961 年进入三年困难时期，出生率在此期间断崖式下跌。之后，1962—1973 年迎来了长达 12 年的第二次生育高峰。这次生育高峰是新中国成立至今最大的一次，连续 12 年新生儿数量超过 2000 万，婴儿总数达到 4.2 亿。目前，第一批“60 后”开始迈入老龄阶段。这一批老人为新老人群体贡献了庞大的人口基数，未来几年将使新老人在数量上远超传统老人。

1.1.2 “改革开放新生儿”一代

“60 后”老人在历史参与上呈现显著差异，可以将其人生经历精练为：改革开放的青年、经济红利和 PC 互联的中年、资产富足和移动互联的晚年。

1.1.2.1 改革开放的青年

1978 年末，具有划时代意义的十一届三中全会召开，中国从此拉开了改革开放的序幕。改革开放后，新生事物不断涌现，“60后”在当时正值青春壮年，而中国的改革开放创造出大量新兴市场，社会主义市场经济建设刚刚起步，各行各业对新型人才的需求迫切，社会充满了机遇，为“60后”一代提供了阶层跃迁与自我价值实现的广阔舞台。不同于传统老人在青年时期仍是政治生活占据主导地位、经济活动处于较低水平，“60后”是当时建设社会经济、提高物质生活水平的第一批青年，“知识改变命运”“下海创业”“争当改革弄潮儿”是这一群体的信条。积极而富有活力的青年时期塑造了这一群体积极进取、勇于尝新的品质。

此外，青年是社会上最活跃、最有创新精神、最容易接受新事物的群体，很多新事物、新现象、新文化都是从青年群体中开始流行、传播，进而风靡全国的，可以说“60后”青年的生活丰富多彩，并不输给如今的年青一代。从1995年5月1日起，中国正式开始实行双休日制度，这改变了整个社会的生活方式。对青年人来说，双休日给他们带来了更多可自主支配的时间，可用于跳舞、看电影、逛街、购物、阅读。有了双休日之后，每到周六、周日KTV都会爆满，“K歌”已经成为当时人们一种普遍的休闲和娱乐活动。文化生活的解放满足了“60后”追求个人享受和精神生活的需求。

1.1.2.2　经济红利和PC互联的中年

进入20世纪90年代，中国经济增长势头迅猛。除1997年受金融危机影响较大之外，中国历年GDP增速均超8%。经济形势的持续向好同样反映在人均收入上。我国人均GDP在1991—2000年的10年中增长了近4倍，作为各行各业中流砥柱的“60后”是经济高速增长的最大受益者，生活条件的不断提高使他们在生活理念与生活方式上与老一辈存在明显差别。处在社会经济发展的黄金年代，“60后”的生活态度从时刻警惕风险、重视节俭与囤积向对未来积极乐观、主张自我解放转变。

从1994年开始，中国接入互联网，自此互联网在中国迎来了快速发展。从上海、北京的网吧开始，20世纪90年代末，互联网开始在大众中普及。由于当时电脑价格偏高，大多数家庭没有购置电脑，网吧便成为人们上网的主要场所。之后，网吧呈现越来越火爆之势。在那里，聊天有OICQ、QQ，游戏有CS、魔兽，还有最新的电影，上网成为当时最受年轻人欢迎的娱乐形式，正值青壮年的“60后”是最早能够接触这一新鲜事物的一批人。同时，办公电脑在政府单位、企业里逐渐普及，也使得“60后”对电脑并不陌生，触网人数不断增加。

1.1.2.3 资产富足和移动互联的晚年

改革开放以来的经济红利与个人奋斗使得“60后”在财富与职场上积累了足够优势，中国快速上涨的房价进一步推高了“60后”群体所拥有的资产总额。我国现行退休年龄为女性55岁，男性60岁。随着第二次生育高峰中出生的第一批人口逐渐步入退休年龄，这一批较富裕人口的退休潮将催生新一轮消费高峰，并持续至2039年。随着“60后”逐渐步入安稳的退休生活，因经济来源稳定，其晚年的生活目标将不再局限于物质而更多地转向精神追求。在快速发展的移动互联时代，“60后”在晚年迎来了信息技术的又一波浪潮。2011年以来，50岁以上的互联网用户占比节节攀升，说明新老人正逐渐成为互联网一大用户群体。同时，微信月活人数从2016年的770万人上升至2018年的6100万人，反映了移动互联网在新老人群体中的渗透率不断提升。作为当年PC时代的第一批网民，“60后”在对互联网的熟悉程度与上网基本知识上相较其他老人具有先发优势，较高的受教育程度使他们的学习能力更强，能够适应并融入移动互联时代。

1.2 老年人社会参与的类型

1.2.1 老年人政治活动的参与

政治参与是现代社会民主制度赖以存在的根基，也是民主政治运作的主要环节。公民在法定的民主权利义务范围内理性、有秩序地参与政治，也就是合法地参与政治，是影响政府决策和效能的重要方式。英国学者戴维·赫尔德认为，当公民有权参与一系列民主活动并把民主参与看作基本权利时，民主才是真实而生动的。我国已全面迈入老龄化发展阶段，并显示出速度快、老龄人口总数大、农村老龄人口比例较高等老龄化特点。“积极老龄化”是指老年人为了提高生活质量，使健康、参与和保障的机会尽可能获得最佳的过程。这个概念既包含健康老龄化的意思，又表达了比健康老龄化更加广泛的含义。积极老龄化既适用于个体又适用于人群。它让人们认识到自己在一生中体力、社会以及精神方面的潜能，并按照自己的需求、愿望和能力去参与社会，而且当他们需要帮助时，能获得充分的保护、保障和照料。只有引入“积极老龄化”理念，积极探索老年群体社会参与（包括政治参与）的有效途径，挖掘并发挥老年群体的社会价值和积极功能，才能最大限度地缓解或消除人口老龄化带来的严峻问题，构建更为合理、科学的老年人社会服务体系。

老年人政治活动的参与是老年群体中非常重要的一部分，它不仅反映了老年人的政治参与意识，还涉及政治参与渠道、政治参与能力、政治参与行为、政治参与效果、社会支持、健康状况和文化背景等方面。随着企业离退休人员数量逐年增多，社会日常管理服务工作面临的压力日益加大，退休人员的思想工作建设也变得越来越重要，对于企业改革发展及和谐稳定具有重大影响。因此，我们需要将老年活动中心与老年大学的建设纳入企业基层和精神文明建设的整体规划中，并创造优良的条件来进行建设，包括相应的组织、经费以及场地等资源，以满足离退休职工的精神文化需求，为他们的生活增添更多的文化色彩。

1.2.2　老年人社区管理的参与

社区治理是社会治理的重要方面。社区治理应当坚持以人为本、服务居民，发挥居民主体作用，调动居民积极性，共同参与社区建设，促进社区和谐发展。因此，社区治理应当注重发挥居民的主体作用，通过居民参与、共同治理等方式，提高社区居民的获得感、幸福感和安全感。

“老有所为”是指社区中的老年人积极参与社区建设和公益事业，发挥余热，为社区的发展和进步做出贡献。这是《中华人民共和国城市居民委员会组织法》中规定的社区治理的重要形式之一。根据该法，居民委员会是居民自我管理、自我教育、自我服务的基层群众性自治组织，而老年人作为社区的重要成员，应该在社区治理中发挥积极作用。因此，社区治理应该注重发挥老年人的优势和特长，为他们提供参与社区建设和公益事业的机会和平台。具体而言，社区可以组织老年人参与社区建设、公益活动、志愿服务等，让他们在社区治理中发挥积极作用。同时，社区也可以通过培训、交流等方式，提高老年人的参与意识和能力，促进老年人在社区治理中发挥更大的作用。

随着老龄化现象日益严重，传统的社区养老服务面临新的挑战，仅关注老年居民的服务措施已无法满足当前老年人的养老需求。因此，鼓励老年人参与社会建设事业并组织他们为社区建设贡献力量，成为社区治理和居民自治的重要形式。这种参与不仅有助于增强老年人的社会融入感和归属感，还能促进社区发展和进步。

1.2.2.1 老年人参与社区管理的合理性

我国城市社区建设起步较晚，城市化进程迅速，加之社区居民来源不同、相互间的沟通和融入较少，大多数社区居民对社区事务的态度较冷淡，导致其参与社区活动的积极性较差。然而，老龄群体由于步入老年生活，日常活动相对单一，主要生活在社区周围，因此他们有时间和精力参与到社区事务中。社区应该根据老年人的自身意愿和老年群体的资源，结合相关政策组织多样化的老年社团，对社团进行分门别类规划，这样才能够逐渐带动老年人与社区之间的交流，增强社区与老年人之间的联系，逐步培养老年人的社区归属感和主人翁意识。通过这种方式，社区与居民之间可以逐渐形成良性互动关系，同时社区建设也能够得到有效推进。在发展社区老年社团的过程中，我们需要注意对其进行充分引导，扮演好引导者的角色，既要保证社团能够充分展现自我发展和活力，又要确保社团的发展与社区的发展接轨，使其能够为社区建设贡献力量。如果老年人具备强烈的意愿并希望参与社区工作，那么只要充分激发他们的积极性并发挥老年群体的独特优势，他们就能够为社区治理做出积极的贡献。当前，许多社会工作机构仅关注为居民提供服务，而没有组织和引导居民参与，这种做法过于片面，尤其是老年人的潜力没有得到充分利用。因此，我们应该转变观念，不仅要将老年人视为服务对象，更要发挥他们的主体性，让他们成为社区治理的重要力量。这样才能更有效地利用社区治理资源，推动社区的发展进步。社区举办的各种活动能够激发社区内老年人的参与热情，他们积极参与社区活动，愿意奉献爱心、积极服务他人，对社区事务充满热心。这些老年人把自己视为社区的一分子，积极维护社区的和谐稳定，是社区治理过程中不可忽视的重要力量。他们的身影活跃在社区的每个角落，为社区的发展和进步做出了积极的贡献。

1.2.2.2　老年人参与社区活动时存在的问题

其一，我国居家养老老年人参与公益活动的积极性较低。居家养老的老年人对公益活动的认知较少，导致他们的参与程度也相对较低。在推动居家养老老年人参与公益活动方面，医生的建议具有重要影响。医生也会向老年人普及参与公益活动的意义与内容，帮助老年人更加了解参与公益活动对自身的益处，从而使其更加积极地参与其中。老年人拥有大量的闲暇时间，且作为参与社会公益活动的主力军，他们应该更加积极地参与社区互动活动中。但由于缺乏参与渠道和信息不畅，他们难以参与到这些活动中来。因此，政府和社区应该加大公益活动的宣传力度，拓宽参与渠道，加强信息传播渠道建设，以带动更多的老年人能够参与到他们力所能及的公益活动中来。

比如，政府可以通过以下几种方式为居家老年人参与公益活动提供便利：一是搭建服务平台。政府可以与志愿者组织、社区工作者等合作，搭建一个专门为老年人参与公益活动服务的平台，提供多样化的公益活动，例如陪伴服务、社区绿化、文娱活动等，让老年人可以根据自己的兴趣和能力选择适合自己的公益活动。二是提供培训和指导。有些老年人可能没有参与过公益活动，不知道如何参与或者不具备有些公益活动需要的特定技能和知识。政府可以提供相关的培训和指导，包括如何参与公益活动、需要注意的安全问题、社交礼仪等，帮助老年人更好地参与公益活动。三是简化参与流程。有些公益活动的参与流程可能比较烦琐，对于老年人来说不够友好。政府可以与相关机构合作，简化参与流程，例如提供在线报名、志愿者认证等服务，让老年人更加方便快捷地参与公益活动。四是提供必要的支持和资源。政府可以为老年人参与公益活动提供必要的支持和资源，例如提供交通工具、医疗保险等，以保障老年人的安全和健康。五是激励和表彰。政府可以设立相关的奖励和表彰制度，鼓励老年人积极参与公益活动，并对表现优异的老年人进行表彰和奖励，增强他们的荣誉感和归属感。政府为居家老年人参与公益活动提供便利，能够帮助他们更好地融入社会、发挥余热、丰富晚年生活。

其二，我国居家养老老年人在文化娱乐活动中的整体参与度低。有趣的是，那些获得老龄补助的老年人在这些活动中的参与可能性要高一些，这可能是因为物质保障对于他们追求晚年兴趣爱好有着积极的影响。在这种情况下，政府应该加大对老龄群体的财政支持力度，提高老年人的福利待遇水平，并进一步完善老年人医疗保险体系，以解除他们的后顾之忧，使其更加积极地参与到各种活动中去。应鼓励更多的居家老年人培养和发展文化兴趣爱好，以丰富他们的精神生活。从自身角度，老年人应该充分认识到自己的健康状况对于参与文化娱乐活动的重要性。参与这些活动需要一个健康的身体和良好的精神状态，需要积极乐观的态度。通过体育锻炼，老年人可以提高身体机能，增强行动能力，从而更好地参与文化娱乐活动。

应当从社会和家庭层次等多个角度宣传这些文化娱乐活动的重要性，让老年人认识到参与这些活动对自己的益处。比如，一是需求调研和个性化设计。应首先了解老年人的需求和喜好，并根据他们的兴趣、特长和生活经历等特点，设计出适合他们的文化娱乐活动。例如，组织各种类型的文化讲座、学习班、展览和文艺演出等，让他们有机会展示自己的才艺和经验。二是参与式决策。在活动的策划和组织过程中，应积极邀请老年人参与决策，充分听取他们的意见和建议。这不仅可以增强他们的参与感和归属感，还可以提高活动的针对性和实效性。三是传承和分享。老年人通常是文化和传统的重要传承者，他们拥有丰富的经验和智慧。在文化娱乐活动中，可以组织各种形式的分享交流活动，让他们讲述自己的故事、传授技艺、分享经验，以增强代际交流和理解。四是志愿者角色。老年人可以作为文化娱乐活动的志愿者，参与到活动的筹备、组织和执行中来。这不仅可以减轻工作人员的负担，还可以提高活动的专业性和效果。通过为老年人提供志愿服务的机会，可以让他们感到被社会所需要，提升他们的自我价值感。五是肯定和表彰。在活动结束后，应对老年人的参与和贡献给予肯定和表彰。可以采取设立奖项、颁发证书或者举行庆祝活动等方式，以表达对他们的感谢和尊重。这不仅可以激励老年人继续参与活动，还可以吸引更多的老年人参与文化娱乐活动。总之，在文化娱乐活动中更好地体现老年人的价值，需要从多个方面入手，尊重老年人的意愿和需求，为他们提供更多的参与机会和资源，以促进他们的社会融入和发展。

其三，我国居家养老的老年人在参与体育娱乐活动方面整体水平较低。体育娱乐活动对于老年人的身心健康有着积极的改善作用，甚至可以产生治愈疾病的效果。研究发现，年纪较轻的老年人和女性老年群体更愿意参与到体育娱乐活动中。因此，我们应该加大力度鼓励老年人参与体育娱乐活动，提升他们的身心健康水平，提高他们的生活质量。比如，一是健康和积极的生活方式。体育娱乐活动可以促进老年人的身体健康，提高他们的身体素质和免疫力。通过参与体育活动，老年人可以保持健康的身体状态，预防和减少各种疾病的发生。同时，积极的生活方式也可以让老年人感到更加充实和有活力。二是心理效应和情感交流。体育娱乐活动可以促进老年人的心理健康，增强他们的情感交流和社交互动。通过参与体育活动，老年人可以与他人进行情感交流、分享经验和建立新的社交关系。同时，体育娱乐活动也可以缓解老年人的焦虑和压力，提高他们的情绪状态和生活质量。三是技能和兴趣的培养。在体育娱乐活动中，老年人可以根据自己的兴趣和技能水平选择适合自己的体育项目。通过参与各种体育活动，老年人可以培养自己的体育技能和兴趣爱好，提高自信心和自尊心。四是参与和组织机会。应当为老年人提供参与体育娱乐活动的机会，包括参加体育比赛、健身活动、户外探险等，同时还可以为老年人提供组织体育活动的机会，让他们成为活动的策划者、组织者和参与者。这样可以增强老年人的社会参与感和自我价值感，提高他们的生活质量和幸福感。五是肯定和表彰。在体育娱乐活动中，老年人的表现和成绩应该得到肯定和表彰。可以设立奖项、颁发证书或者举行庆祝活动等，以表达对他们的感谢和尊重。这样不仅可以激励老年人继续参与体育活动，还可以吸引更多的老年人参与体育娱乐活动。在体育娱乐活动中，应充分体现老年人的价值，尊重老年人的意愿和需求，为他们提供更多的参与机会和资源，以促进他们的身体和心理健康，增强他们的社会融入和发展。

其四，我国居家养老的老年人在人际交往活动方面整体参与度较低。在闲暇时间利用方面，大部分老年人在退休后并没有再就业的意愿和想法，因此再就业活动的参与度相对较低。接触邻里、家人、朋友等较为亲密的人群等是他们的主要活动范围。随着生活条件的不断改善，很多老年人可以独立生活，不需要家人或社会相关组织的照护，这些老年人可以独立选择自己的生活方式。要提高居家养老老年人在人际交往活动中的参与度，可以考虑以下几个方面：一是创造良好的社交环境。为老年人提供舒适、安全的社交环境，例如组织各种居家养老活动、互动游戏、小组讨论等，创造机会让他们与他人互动交流，增强彼此之间的联系和信任。二是尊重老年人的意愿和需求。在组织活动时，应充分尊重老年人的意愿和需求，了解他们的兴趣爱好和特点，以便有针对性地设计适合他们的社交活动，增加其参与的积极性。三是提供专业支持和培训。应当为老年人提供必要的专业支持和培训，例如针对老年人的技能培训、心理辅导、健康讲座等，帮助他们更好地融入社会，提高自信心和自尊心。四是建立互助支持网络。应鼓励老年人之间建立互助支持网络，通过互相帮助、分享经验、解决问题等方式，增强彼此之间的联系和互动，促进彼此的成长和发展。五是提供多元化服务。应当为老年人提供多元化的服务，例如文化娱乐活动、体育健身活动、志愿服务等，增加他们的参与渠道和机会，同时也能让他们更好地融入社会，感受到社会的关注和支持。六是加强与家人和亲友的联系。应鼓励老年人加强与家人和亲友的联系，通过电话、短信、视频等方式与他们保持联系，分享彼此的生活和情感，增强情感支持和互助。七是优化居住环境。应优化老年人的居住环境，如增加扶手、防滑地毯、安全热水器等设施，同时也可以组织邻居间的互助活动，通过这些措施增强老年人的归属感、增加社交互动。这些措施可以帮助老年人更好地融入社会，享受幸福的晚年生活。

老年人参与社交活动的要求应基于其自身健康状况。政府有关部门应在老年人医疗保险方面提供更多保障，使更多老年人有资格参与医疗保险，在晚年享受更多的医疗政策，不再为治病而烦恼，从而更舒适地享受晚年生活。老年人应该认识到良好的身体状态是他们与朋友和邻居交往的基础，因此应积极地进行体育锻炼，以保持良好的身心健康状态。这种健康的状态将有助于他们更积极地参与人际交往活动，从而对他们的身心健康产生积极的影响。特别是对于女性老年群体，我们建议社区可以定期组织一些交流活动以满足她们的社交需求。同时，通过这种方式，也可以鼓励更多的男性群体加入到社交活动中来。另外，老年人还可以通过参与各种文体娱乐活动来结识更多的朋友，这样有助于他们更加开放和愿意与更多的人进行交流。

1.2.2.3 老年人参与社区活动的路径

其一，老年居民参与的主体性带动。社区作为连接政府与民众的基层组织，是组织居民的最佳场所，对社会发展具有重要作用，每一次社区政策改革都是当时社会现状缩影的展现。社区不仅有为居民提供文教娱乐设施、服务设施的服务功能，还有组织居民、发动居民的自治功能。发挥居民主体性、能动性参与社区治理需要社区层面的推动，否则，居民自治会变成一盘散沙，难以形成有效推动社区发展的力量。社团从成立到培育，再到社团项目的成功孵化，都离不开社区的积极引导。社团如果可独立策划开展活动，社团成员各司其职，老年居民的自治能力将得到充分体现。社团成员不仅发挥了专长，更让自我爱好发挥了社会价值。如果没有社区层面的带动，老人们只能单纯做手工，但有了社区的支持，精美的艺术品就可被用于爱心义卖，所得筹款也可支持社团爱心事业。社区在此过程中所做的工作主要包括社团人员招募、资源链接、培育社团领袖、策划宣传活动、激励机制确定、社团成效评估等。老年群体较为特殊，其执行能力较强但创新能力薄弱，这就需要社区的扶持，帮助社团开展活动，不断引导老人社团拓展思路，树立居民自治意识，直到社团能够独立运营，自我筹划、自我发展。但需要说明的是，并不是当社团发育成熟并能独立开展社团活动之后，社区就可完全退出，治理类社团开展活动的内容是否符合社区现状，需要社区长期的监管与辅导。

其二，建立老年社团。社区中心是老年人参与社区活动的主要场所之一。在这里，老年人可以参加各种类型的活动，如健康讲座、健身操、书法、绘画等。通常社区中心还会组织节假日庆祝活动和社交聚会，为老年人提供结交新朋友的机会。参与文化和艺术活动可以让老年人充实精神生活，提高文化素养。他们可以参加文艺班，学习唱歌、舞蹈、乐器等，也可以加入书法、绘画等艺术团体。这些活动不仅能够陶冶情操，还可以让老年人更好地了解和感受中国传统文化。另外，学习班的课程是老年人增长知识、提高技能的好途径。他们可以根据自己的兴趣和需求选择合适的课程，如计算机基础、健康养生、手工艺等。通过系统学习，老年人可以拓宽视野，结交志同道合的朋友，提高生活质量。自我国步入老龄化社会以来，老年群体的社会参与问题一直是学术界的热门话题。在社区层面，政府已经发布了一系列政策，强调要充分发挥居民的主体性和自主性，并加大居民参与的力度。社区如何发挥居民的力量，激发居民积极参与社区治理，也是社区一直在探索的重要问题。

提高老年社团的参与度，需要从多个方面进行考虑：一是多元化的活动形式。老年社团可以组织各种形式的活动，如讲座、座谈会、展览、健身活动、旅游等，以吸引具有不同兴趣爱好的老年人参与。二是强调社交互动。老年人在社交方面的需求较高，可以通过增加互动环节，比如交流会、茶话会、手工艺品交换活动等，来提高他们的参与度。三是专业的指导和培训。提供专业的指导和培训，可以帮助老年人更好地参与到社团活动中来，同时也能提高他们的技能和兴趣。例如，音乐社团可以请专业音乐老师指导、健身社团可以请健身教练指导等。三是志愿者参与。让老年人成为志愿者，参与到社团的日常活动中来，可以增强他们的责任感和归属感。比如，可以请他们帮助组织活动，或者成为活动的指导员等。四是建立良好的宣传机制。通过各种渠道宣传老年社团的活动和成果，可以提高老年人的参与度，同时也能吸引更多的人加入。五是建立激励机制。可以通过奖励的方式激励老年人参与社团活动，例如设立奖励制度，参与活动的老年人可以获得相应的奖励。六是提供适当的服务。为老年人提供适当的服务，比如餐饮、交通、医疗等，可以让他们更方便地参与到社团活动中来。

其三，引导老年人参与社区治理。参与志愿服务和社区服务是老年人回报社会的最好方式。老年人可以通过加入志愿者组织，为社区提供力所能及的帮助，如参与环保活动、看望孤寡老人、辅导青少年等。此外，他们还可以参加各种社区活动，如义卖、捐助等，以表达对社会的关爱。社区治理注重借助居民力量，大力推动居民自治型社区社会组织的建设，但这一过程应以尊重居民意愿为基本前提。意愿是指社区居民和各类组织机构参与社区治理的动机、目标、愿望和偏好等，它反映了社区成员对治理活动的态度和积极性，是社区治理的重要基础。社区治理意愿的形成受多种因素影响，包括社区成员的个人特征、社区环境、制度安排、文化传统、社会经济发展水平等。这些因素综合作用，使得不同社区的治理意愿存在差异。在实践中，关于社区治理意愿的调查和了解可以帮助政府和社区更好地了解居民的需求和诉求，提高治理的针对性和有效性。同时，也可以鼓励和引导更多的居民参与社区治理，促进社区的共建共享。

社区治理意愿能够影响社区治理者的资源动员能力。良好的社区治理需要充足的人力、物资和预算等资源，而这些资源的获取和分配需要社区成员的共同参与和支持。如果社区成员缺乏治理意愿，就可能导致资源动员不足，从而影响社区治理的效果。相反，如果社区成员具有强烈的治理意愿，他们就会更加积极地参与资源动员过程，提供人力、物资和预算等方面的支持，从而为社区治理提供有力的保障。社区治理需要社区居民的认同和支持。如果社区成员缺乏治理意愿，就可能导致他们对社区治理事务缺乏关注和参与，从而影响社区治理的效果。而如果社区成员具有强烈的治理意愿，他们则会更加积极地参与社区治理事务，对社区治理提出建设性意见和建议，帮助完善社区治理。同时，良好的社区治理效果也需要得到社区居民的认同和支持，以增强社区成员对社区的归属感和凝聚力。

社区在组织社团活动时，以引导者的身份介入其中。关于社团活动如何策划与实施、激励制度如何制定、社团成员怎样拓展等涉及社团内部发展的一系列问题，社区不能代替社团做出任何决策。社区始终强调社团的自我决定，仅仅是从第三方的角度为社团提供分析支持，真正的决定权掌握在社团成员的手中。老年居民是参与社区治理的重要力量。社区需要转变思路，相信并挖掘老年居民所具有的潜能。随着我国城镇化进程的进一步推进，社区在社会经济发展中将扮演更加重要的角色，我国社区治理政策将不断完善，老年居民参与社区治理的机会和平台也将进一步增多，老年人资源将逐渐得到利用。

1.2.3　老年志愿者社会参与的问题与策略

老年人参与志愿者活动是各界关注的热点问题，尤其在美国、澳大利亚和一些欧洲国家，都有全面系统的研究，也取得了极其丰富而成熟的研究成果。在我国，目前“老年志愿者”仍然没有成为学术界的重要关注点，老龄问题研究中仅把老年志愿服务作为“老有所为”研究中存在的一个论证事实；社会参与研究中一般把老年人作为“较多参与主体”这个事实一笔带过，没有形成“老年志愿者”这一专有名词，因而也远未形成一个专门的研究领域。令人欣喜的是，当前国内开始有学者关注这一领域，对老年志愿者也有一些开拓性的研究成果。“积极老龄化”的理念由世界卫生组织于2002年提出，这一理念强调的不仅是老年人的身体健康，更是为他们提供社会参与和社会活动的机会。老年人拥有参与社会发展的平等权利，是社会生活中不容忽视的重要力量。如今，越来越多的老年人积极投身于社区志愿服务，这不仅提高了他们的生活质量，也有利于他们融入社会并发挥余热。“老有所为”作为一种积极老龄化的目标，对于我国积极老龄化的实现也具有重大现实意义。然而，由于对社区志愿服务和志愿精神缺乏正确的理解，许多老年人无法充分认识到自身的优势，再加上社区志愿服务安排不合理等因素，老年人在社区志愿服务中的热情逐渐减退。其问题及原因如下：

1.2.3.1 对志愿服务本质认识不清

志愿服务的主体是广大志愿者、社会团体、企事业单位、政府部门以及社会工作者等，他们以自愿、无偿、服务为宗旨，通过各种方式为全社会提供公益服务，是推动社会发展和进步的重要力量。《志愿服务条例》是我国第一部关于志愿服务的专门性法规，其中全面规定了志愿服务的基本原则、管理体制、权益保障、促进措施，充分体现了党对志愿服务发展规律性认识的最新成果，凝结着中国特色志愿服务发展的创新创造。

老年志愿者是指在社区或社会上从事公益事业、志愿服务等公益活动的老年人。他们通常具有丰富的经验和技能，可以为社区和社会做出贡献。老年志愿者的主要目的是为社会做出贡献，提高社区居民的生活质量，促进社会和谐发展。老年志愿者在社区和社会中扮演着重要的角色，他们可以为社区居民提供帮助和支持，例如参加社区活动、组织社区活动、帮助社区居民解决问题等。同时，老年志愿者还可以为社区居民提供心理支持，缓解社区居民的压力和焦虑，促进社区居民的身心健康。老年志愿者是社区和社会中不可或缺的一部分，他们为社会做出了积极的贡献，为社区居民提供了帮助和支持。大多数老年志愿者对志愿服务相关法规条例的了解严重不足。首先，他们中许多人根本不知道《志愿服务条例》的存在，对相关法规缺乏基本的认识。其次，即使对条例有所了解的老年志愿者，对其内容的理解也往往不够深入，不清楚这些法规对其自身参与志愿服务活动的保障作用。他们往往更关注志愿服务活动本身的实质性内容，而忽视了对法规条例的重视和了解。因此，老年志愿者对志愿服务相关法规条例的整体了解程度相对较低。

1.2.3.2 参与意识淡薄

虽然老年人参与志愿服务可以带来多方面的好处，但是他们参与志愿服务意识的淡薄也是一个不容忽视的问题。一是老年人的身体和心理状况可能限制了他们的参与意愿和行动能力。随着年龄的增长、身体机能的衰退和慢性疾病的增加，老年人可能会感到身体不适、力不从心，从而降低了他们参与志愿服务的积极性和动力。此外，一些老年人可能因为缺乏社交活动及其具有孤独感、失落感等原因而缺乏参与志愿服务的意愿。二是志愿服务组织也可能缺乏对老年人的关注和支持。一些志愿服务组织可能没有充分考虑到老年人的特点，没有为他们提供适合的志愿服务机会和培训，导致老年人无法充分发挥自己的经验和技能，也无法获得足够的支持和认可。

为了提高老年人参与志愿服务的意识，需要从多个方面入手。社会应该更加关注老年人的健康状况和心理需求，为他们提供适合的志愿服务机会和培训，激发他们的参与意愿和动力。志愿服务组织应该加强对老年人的关注和支持，提供更加多元、灵活的志愿服务机会，让老年人能够充分发挥自己的经验和技能。此外，家庭和社区也应该为老年人参与志愿服务提供更多的支持和鼓励，帮助他们树立正确的价值观和人生观，增强他们的参与意识和行动能力。

1.2.3.3 实际参与率低

老年人参与志愿服务表现在高意愿低参与方面，虽然许多老年人愿意参与社区志愿服务，如帮助邻里、调解纠纷、维护社区卫生环境和社会治安等，但由于参与渠道、参与能力的限制，实际参与人数仅四成左右，另外还有城乡差别的原因。农村老年人在经济条件和家庭环境上与城市老年人存在较大差异，导致他们在社区参与方面面临更多的挑战。

提高老年人的志愿服务参与率需要从多个方面入手：一是可以提供相关信息和培训机会。政府、社区组织和志愿者机构应该联合起来，通过举办宣讲会、培训班等形式，向老年人介绍志愿者和社区服务的意义和方法，提供相关技能培训，增强老年人的参与意愿和能力。二是建立亲和力强的服务环境。应当为老年人提供舒适的服务场所，设计符合老年人特点的服务项目，如社区文化活动、保健咨询等，使他们有归属感和参与感，从而激发他们积极参与志愿者和社区服务的热情。三是组织兴趣小组。应组织辖区内的老年志愿者，尤其是有意愿运用智能技术的老人，开展互助帮扶小组，在开展志愿服务的同时，也提升了老年人为他人服务的能力。四是创新参与形式。应通过线上线下相关活动等形式，提供“菜单式”志愿服务项目，让老年人选择自己力所能及的志愿服务，灵活参与。五是建立有效的激励机制。应通过志愿服务兑换、积分兑换礼品等方式，增强老年志愿者的积极性，从而加强老年志愿者服务队伍与社区之间的黏性。六是营造良好的社会氛围。应通过媒体宣传、社会倡导等多种方式，让更多的人了解老年人参与志愿服务的重要性和优势，鼓励更多的老年人参与志愿服务。

1.2.3.4 参与的持续性不强

老年人参与志愿服务的持续性不强，可能有以下原因：一是健康状况不稳定。老年人的身体状况随着年龄的增长而逐渐下降，可能会出现健康问题，如慢性疾病、行动不便等，这些因素可能会影响他们参与志愿服务的持续性。二是时间精力有限。老年人一般退休后时间比较充裕，但由于年龄和身体等原因，可能无法像年轻人一样有足够的精力和时间来参与志愿服务。同时，一些老年人可能还需要承担照顾孙辈、家庭等责任，影响他们参与志愿服务的持续性。三是缺乏激励机制。一些老年人可能很热心于参与志愿服务，但如果缺乏有效的激励机制，如积分兑换礼品、荣誉称号等，就可能影响他们的积极性，降低他们参与志愿服务的持续性。四是服务组织不健全。一些志愿服务组织可能缺乏对老年人的关注和支持，没有为他们提供适合的志愿服务机会和培训，导致老年人无法充分发挥自己的经验和技能，也无法获得足够的支持和认可，从而影响他们参与志愿服务的持续性。

为了提高老年人参与志愿服务的持续性，需要从多个方面入手。一是提供健康支持。政府、社区和家庭应该关注老年人的健康状况，提供健康体检和健康咨询服务，帮助他们保持良好的身体状态，增强他们参与志愿服务的可持续性。二是创新服务形式。应针对老年人的实际情况，创新志愿服务形式，如开展线上志愿服务、组织定期的志愿服务活动等，让他们能够灵活选择参与时间和方式，增强参与志愿服务的便利性和可持续性。三是建立激励机制。应当为老年人提供有效的激励机制，如积分兑换礼品、荣誉称号等，增强他们的积极性和参与意愿，提高参与志愿服务的可持续性。四是加强组织建设。应加强志愿服务组织的建设和管理，提供规范化、专业化的志愿服务培训和支持，帮助老年人更好地参与志愿服务，增强他们参与志愿服务的可持续性。此外，加强志愿服务组织的宣传和推广也是提高老年人参与志愿服务可持续性的重要手段之一。

1.2.3.5 志愿者服务质量较低

随着我国人口老龄化的加剧，老年人志愿服务在社会服务中越来越重要。然而，老年人志愿服务质量较低的问题也逐渐凸显出来。

第一，老年人身体机能下降是导致志愿服务质量低的重要原因之一。随着年龄的增长，老年人的身体机能逐渐衰退，包括体力、耐力和反应速度等，这会对志愿服务产生负面影响。例如，老年人可能无法长时间保持专注，或者无法完成高强度的志愿服务活动。应提高老年人的健康意识，鼓励他们积极锻炼身体，保持良好的生活习惯。可以为老年人提供适合他们身体状况的志愿服务项目，例如社区绿化、图书馆辅助等；提供必要的健康检查和医疗保障，确保老年人的身体状况得到及时关注和治疗；为老年人提供必要的培训和教育，提高他们的专业知识和技能水平。

第二，老年人经验和技能不足也会影响志愿服务的质量。虽然老年人具有丰富的社会经验和生活技能，但是这些技能并不一定适用于志愿服务工作。例如，某些志愿服务需要特定的专业技能或者培训，而老年人在这些方面可能有所欠缺。应鼓励老年人学习新技能，例如使用计算机、智能手机等现代化工具，以便更好地参与志愿服务；安排有经验的志愿者或专业人士指导老年人，让他们在实践中逐渐积累经验、提高技能。

第三，老年人社交和沟通障碍会导致志愿服务难以开展。老年人可能因为语言、文化背景、价值观等方面的差异，与其他志愿者或服务对象存在沟通障碍。这些障碍可能导致志愿服务不够顺畅，甚至出现矛盾和冲突。应通过组织社交活动、文化交流等，增强老年人与其他志愿者或服务对象之间的交流和互动；利用互联网技术，例如社交媒体、在线论坛等，为老年人提供线上交流和学习的平台；鼓励老年人主动参与志愿者组织的活动，加强其相互之间的联系和合作。

第四，老年人服务时间和精力有限会影响志愿服务的质量。由于年龄和生活方式等原因，老年人可能无法像年轻人一样投入大量的时间和精力参与志愿服务。这可能导致志愿服务不够充分或者无法满足需求。应合理安排老年人的志愿服务时间，确保他们有足够的休息和放松时间，避免过度劳累；应利用互联网技术和自动化工具，提高服务效率和质量，例如通过在线平台进行志愿者的招募和管理，减少烦琐的手续和时间成本；应加强团队协作，鼓励志愿者之间互相帮助和支持，共同完成志愿服务任务。

第五，老年人服务内容和需求不匹配会导致志愿服务难以满足需求。老年人的兴趣和能力各不相同，如果提供的志愿服务项目与他们的需求不匹配，就会导致服务质量下降，甚至无法完成预期的目标。应了解老年人的需求和兴趣，为他们提供适合的志愿服务项目，例如安排有经验的志愿者指导老年人进行书画、园艺等活动；鼓励老年人参与志愿服务策划和组织，让他们提出自己的建议和意见，以便更好地满足他们的需求和期望；与其他志愿者组织或机构合作，共享资源和服务，提高服务质量和水平。

第 2 章

老年人再社会化问题研究

在探讨老年人再社会化之前，首先应明确“再社会化”一词的具体释义。不同的学者由于研究领域差异，所属学科甚至个人经历都不相同，因此对于“再社会化”一词的解析也不相同。通过对不同学者所归纳的概念进行概括和总结，我们可以对“再社会化”做出如下界定。再社会化是指在早期社会化与继续社会化中与社会要求不相适应的人的社会化过程。其主要特点为，对于一个人原有的世界观和行为准则的一种调整，使之更加符合社会对其成员的规范与要求，并通过这一过程使之掌握一套全新的价值观和方法论。这种重新社会化的过程就可以称之为“再社会化”。

2.1　老年人再社会化的解析

2.1.1　老年人再社会化及其意义

有学者从其个人的早年生活经历对老年人再社会化进行了探讨，如美国著名学者 Neil · Smelser（1995）认为，再社会化主要是和一个人早年的学习经历有关。同时，他还指出有可能是一个人接触到新的环境并且去适应这种环境之时学习的价值观、行为方式等。总结上述观点，本书对“再社会化”进行如下定义：再社会化是社会化里的一种，它是指当一个人来到全新的社会环境中，重新学习新的文化、价值观和行为模式的过程。这种社会化活动有些是自愿进行的，有些是被动进行的。

老年人的再社会化问题则将人群范围缩小至老年群体。老年人再社会化是指面临退休的老年人能以积极心态应对自身角色的转变，并以新的角色再次融入社会，参与社会发展规划，实践更有意义的退休生活。老年人再社会化，既是老年人自身生存发展的需求，也是现代社会和谐发展的要求。其目标就是要让老年人能够尽快地认识和适应退休后的生活，正确对待自身身体机能老化的现象，与时俱进，更新观念，不断提高自己的身心健康水平和适应现实社会的各种生存能力，并能平安幸福地度过晚年生活。

社会化，对老年人“社会再适应能力”的获得来说，具有特殊的重要意义。因为一个人的人格发展是连续的，这个过程从幼年期到青年期再到老年期具有非常明显的接续性，但是人在不同的年龄阶段时，其需要和能力有较大的差异性。如果我们把退休作为一个分界线，那么当一个人骤然从青年期步入老年期后，自身的心境和外在环境也会相应出现变化，因此老年人会突然面临非常大的调整。这个阶段的社会化其实是帮助老年人能够顺利地完成从青年期向老年期过渡。有调查发现，老年人的生活满意度主要取决于其能否完整地完成再社会化。如果老年人能够迅速积极地自我调整、转变心态，适应自己的新角色，并正确认识自己所处阶段的变化，就能维持与家人和朋友之间和谐的关系，同时对生活的满意度也会大大提升。反之，如果无法及时调整，沉浸在原有角色失去、难以接受新角色的心境中，则会导致其整天郁郁寡欢，进而影响到现实世界的关系。而亲密关系的恶化又会反过来进一步加速老年人内心的失落感和孤独感，因此很多老年人会在这个过程中身心逐渐老化，与社会脱节，无法再适应日常的社会生活。

2.1.2 老年人再社会化的主要内容

2.1.2.1 自我认识

首先，老年人应明确自我认识。老年人为社会贡献了一生，理应在恰当的年纪退出工作岗位享受闲暇的时光。这一过程是合法合理的，不存在被社会抛弃或者认为自己没用了这种想法。老年人一生都在辛苦工作、创造价值，有的人在工作过程中甚至造成身体机能的退化以及罹患职业病，他们已经为社会做出了足够多的贡献，理应受到人们的尊重。老年人首先要明确对自我地位的正确认识，转变社会偏见和老年歧视等错误想法，顺利完成角色过渡。

其次，老年人自我认识的转变还应包括他们对自己身体和心理常识的认识。实现“老有所养，老有所医，老有所学，老有所为，老有所乐”，不仅是社会的事，还需要依靠老年人自己的努力。他们应积极学习和了解老年人身体和精神上的变化规律，对自己的身体情况有全面科学的认知，并选择适合自己身心情况的行为方式。有研究表明，老年人的身体和心理情况不仅受到年龄增长所导致的退化的影响，也会受到老年人心情、经济情况、社会角色等社会性因素的影响。简单来说，如果退休后整日无所事事、郁郁寡欢，会加速老年人身体和心理的退化。但如果在退休后积极地投身社会生活，找到自己新的活动方向和领域，心态积极，就可能延缓老年人的衰老速度。了解到这一现象后，老年人更应该对自己保持足够的信心，积极参与社会生活，结合自身实际情况选择适合自己的生活方式。

再次，老年人对自我的认识还体现在他们对自身及其所处社会环境、所承担的社会角色等方面的正确认知。世界上没有完全相同的两个人，到老年阶段依然是如此。每个老年人的个人经历、性格特点、家庭环境和经济条件都不尽相同，所以他们退休后的生活也会呈现出明显的差异性。不必羡慕别人，也不必否定自己，对自己的现实情况应有全面的了解，扬长避短，选择适合自己的活动方式是最重要的。

2.1.2.2　生活技能

生活是丰富多彩的，退休后的空闲时间为很多老年人选择新的生活方式提供了足够多的空间。很多年轻时没有时间、没有精力做的事，在退休后就有了很多新的机会。例如，某城市的一位退休干部，年轻时特别喜欢阅读写作，但由于工作太忙总是没有时间钻研。退休后，他开始每天坚持读书写作，如今已经成为一名小有名气的作家，平日里出书、写专栏，忙得不亦乐乎。

除了“工作型”的生活技能外，老年人还可以尝试“兴趣型”的生活技能。例如画画、写毛笔字、服装走秀、摄影，尤其是现在短视频兴起后，很多老年人凭借自己的特色成了“网红”，在各大平台收获了很多“粉丝”。所以，不管做什么，老年人都应保持年轻时的积极心态，多去尝试新的可能性，不要因为自己老了就放弃享受美好生活的权利。这样，不仅生活有了新的可能，自己也能够体会全新的生活模式。

总而言之，在老年时期不断地学习、尝试、努力，把生活的主动权掌握在自己手里，这才是真正的强者，不论何时都能牢牢地掌握自己的命运。

2.1.2.3　角色学习

所谓的“社会角色”，在社会学中是指人们在社会生活中形成并与其地位要求相一致的、社会所期望的一套行为模式[①]。因此，我们从中可以发现，每

---

① 肖云忠. 社会学概论：2 版［M］. 北京：清华大学出版社，2018：71-72.

一种社会角色都有一整套预期匹配的行为标准，这些标准指导着我们如何扮演好某一种社会角色。在扮演这些角色的过程中，我们除了能更加明确自身的主体责任之外，也会进一步了解所扮演的角色在社会体系中处于什么样的位置。某一种社会角色有的时候还代表着某种身份和地位，而这种身份和地位并不是自身决定的，而是由社会的整体标准赋予的。对老年人来说，退出工作岗位意味着他们要停止扮演其原有的社会角色，也就代表着与原有社会角色相匹配的身份和地位随之丧失，这样的转变对老年人来说接受起来确实是有难度的。但老年人应该明白，这种转变是必然的，每个人或早或晚都会面对这样的挑战。在这种情况下，老年人应及时调整，转而去了解他们即将要承担的新的社会角色。

要想承担新的社会角色，老年人就要首先学习新社会角色的规范。按照上文对社会角色的定义，我们会知道，我们的社会体系对每一种社会角色都已经预先设置好了其规范、权利和义务关系等，所以老年人是十分容易学习和掌握的。在老年时期，家人会希望老年人更多地回归家庭，承担该有的家庭责任，而老年人也会随着这种新的角色体验对自己的人生有更完整的认知，进而带动其良性的再社会化进程。

2.1.2.4 与现实环境保持丰富多彩的联系

对自我的认知既包括认识，也包括实践。或者说老年人的自我认知更多需要付诸实践才能改变现实生活。空闲时间的增加意味着无限种新的机会与可能性，老年人可以借此机会多去参与社会生活。有相关实验表明，主体活跃水平与接受新刺激的频率成正比。简单来说，接受的新事物越多，其心理活跃水平就越高。这就是说，老年人应积极参与社会生活，不要把自己与外界隔绝。一旦长期与外界隔绝，就会造成老年人长期接触不到新鲜的事物，不了解现实世界的变化，进而导致老年人身体和心理机能的退化，严重者甚至会智力下降、反应迟缓，罹患焦虑、抑郁等精神疾病，而这些现象的出现又会反过来进一步降低老年人参与社会生活的心情与能力，造成恶性循环。

因此，为了避免这种情况的出现，应为老年人提供更多接受新刺激的机会，老年人应多参加社会活动。很多社区都会长期为老年人举办各种各样的休闲娱乐活动，参与越多越有帮助。除此之外，也不应放弃必要的社交活动，与朋友聚餐吃饭、旅游出行等都是很好的活动方式。同时，老年人还应当加强与家人的沟通，通过子辈和孙辈了解现代社会中的新鲜事物，用手机用电脑来丰富自己的业余生活，享受社会进步发展所带来的便利生活。

2.1.3　老年人再社会化的障碍

虽然老年人再社会化好处多多，但我们也应意识到，很多老年人无法再社会化不是因为不想，而是会受到很多方面的阻碍。这些阻碍一部分来自老年人的主观方面，如不想、不愿意、不了解等。除此之外，客观原因也比较多，比如经济条件、生活环境、社会交往能力等方面。我们首先来看老年人再社会化的主观障碍，主要表现在以下几个方面。

2.1.3.1　缺乏动机

强烈的动机是老年人再社会化必不可缺的影响因素之一。对大部分老年人来说，在老年期能够获得一个德高望重、被人尊敬的角色是其终身的最高期待，这是对他们一生努力的最高褒奖。但是退休导致的职业身份的丧失使得他们产生了一种剥夺感，让他们无法再去实现自己的最高期待，因此他们会觉得悲观失望，失去了向上的动力和积极生活的勇气。在这种状态之下，老年人已经没有足够的动机去重新适应社会生活，因此他们的再社会化进程往往困难重重。

2.1.3.2　自卑情结

很多老年人无法认可“享清福”的社会角色，也无法从这一角色中寻找到任何积极向上的正能量，因此将自己退休视为生活的终结，认为自己变成了“没用的人”。这样的错误认知使得老年人对退休非常抵触，对退休后的生活也闭口不谈。认为自己没用了、老了，从而陷入一种自卑情绪之中。这种自卑情绪对老年人的身心健康非常不利，如前文所说，一个人的心理状态直接影响他的身心发展，甚至可能会加速衰老。这种消极情绪，再加上老年人对自身衰老的过度关注，使得老年人在某种程度上会被社会偏见所影响，如认为老年人不通情理、倚老卖老，认为老年人是家庭和社会的负担，等等。在这种偏见的影响下，老年人会时刻关注其他人对自身的评价，极其敏感，常常处于一种防备状态之中。在这种消极情绪中，老年人很显然是无法顺利完成再社会化的任务的。

2.1.3.3 心理定式

“心理定式”指的是一个人经过一段时间之后形成的相对稳定的认知、思维、情感、价值观等方面的固有逻辑。老年人在几十年的人生路上经历了许多，无论是在心理方面还是在情感方面都已经形成了比较稳定的“心理定式”。一般来说，“心理定式”的存在有积极的影响，也有消极的影响。但对老年人来说，其影响更多地体现在消极方面，因为心理定式具有较强的稳定性，不容易发生变化，会使老年人在退休后看待社会的方式和角度仍然保持年轻时的习惯。但老年人的现实生活其实已经发生了很大的变化，所以如果思维方式不发生变化，便很容易陷入刻板印象的泥潭，无法适应急速变化的现代社会。特别是在老年时期，老年人可能会遇到更多的疾病、死亡等重大事件，其心理定式如果不能及时转变，将会成为老年人完成社会角色的转换、参与社会生活、再社会化的较大阻碍。

2.2 老年生活的再适应问题

针对老年人再社会化问题，下面从老年生活的适应、老年学习生活的安排、老年再教育的组织三个方面进行讨论。

老年人骤然退出劳动岗位，从劳动者到被供养者身份的转换使得老年生活的适应问题变得引人关注。其实，人的一生中会有很多次所谓的转折点，就像入学、升学、参加工作、结婚生子一样，退休也是这众多转折点中的一个，从本质上来说没有很大的区别。对于一些人来说，退休意味着社会身份的变化、地位的下降、收入的减少，好像生活都完全失去了方向一样。我们发现，这个转折点对于大部分老年人来说都不是那么容易接受的一件事，因为它意味着生活的重大转变，甚至可能会造成心理失衡。因此，老年生活的再适应除了离开工作岗位后空闲时间的增加以外，更多的还应关注老年人自身社会角色的转变带来的心理不适。对此，我们将通过一些案例对老年生活适应问题展开分析。

2.2.1 老年人闲暇时间的自我感受

案例 1　张先生今年 65 岁，退休前是某国有银行的中层管理者，从开始工作到退休兢兢业业地工作了 30 多年。据他介绍，在这 30 多年的工作实践中，他尽职尽责，很少休假，平时几乎也没有任何兴趣爱好，每天早出晚归。张先生有两个孩子。儿子 35 岁，已经结婚生子，有了自己的小家庭。女儿本科毕业之后去国外留学，在国外找了工作也结婚生子了，一年只能回来一次。张先生退休之后，原本繁忙的朝九晚五的生活节奏骤然停止，每天待在家无所事事、度日如年。再加上张先生本身性格比较内向，年轻时忙于工作也没什么朋友，社会交往几乎为零。每天只能跟老伴儿待在家里，除了吃饭睡觉似乎没有别的事可做。最近更是影响到了睡眠，每天凌晨两三点钟就会起床，日渐消瘦。

案例中的张先生就是典型的退休后无事可做、生活空虚，这也是很多老年人生活适应问题的共性特征。曾经朝九晚五上班，忽然转变为赋闲在家，时间上骤然的放松让其无所适从。而且，对于很多从事脑力劳动，尤其是担任重要职位的老年人来说，退休不仅是时间上的变化，而更多的是身份转变的适应问题。

案例 2　60 岁的张总工退休前在上海某建筑公司工作，因其技术精湛、责任心强以及对事业的热爱，在职期间取得了非常辉煌的成绩，在整个建筑行业都小有名气。工作了一辈子好不容易退休了，他本以为终于可以有时间好好休息陪伴家人了，可是在刚开始的新鲜感过去之后，他开始感觉不适应了。每天在家里无所事事让他感觉除了画图纸以外什么都不会，现在就像个“废人”。这样的想法一出现，他就更不愿意出门了，不想让别人看笑话，每天就待在家里吃饭、看电视、睡觉。这样的生活节奏使张总工的话越来越少，情绪越来越低落，感觉一下子就老了好几岁。

案例中的张总工所体现出的就是很多老年人退休后的心态，即觉得自己“没用”了。这种情绪在心理学上被称为“心态失衡”。受这种情绪影响，很多老年人郁郁寡欢，容易陷入抑郁。

案例 3　春节前不久，李大爷从财政局局长的岗位上退了下来，劳累了大半辈子，计划着好好享受一下退休后的空闲生活。快过年了，在外地工作上学的儿子和孙子都要回家过年了，老两口赶紧准备年货，忙忙活活的日子十分幸福。可是没过几天，李大爷就不太高兴了，每天长吁短叹。原来，李大爷家的邻居是一家大公司的老板，快过年了来拜年的人络绎不绝，每天门口都是车水马龙的。反观李大爷家，门庭冷落，无人拜访，甚至原来关系最好的下属小王都没有上门，电话也没打过一个。李大爷不禁感叹"世态炎凉"，他越来越无法接受这个现实，觉得自己已经被所有人抛弃了，每天都感觉十分压抑和苦闷，觉得面子上过不去。渐渐地，为了排解负面情绪，他开始抽烟、喝酒，有的时候甚至喝得酩酊大醉，每天都昏昏沉沉的，还经常感叹人走茶凉。家人们都很担心他的状态。

上述案例中的现象是很多身居高位的老年人退休后的常见现象。事实上，上下级关系是正常的职务关系，没有任何特殊的意义。所有老年人都应该清楚，上下级关系来自于科层制体系，职场上所有的关系都是来自于各人所在的职位。人和人之间的权利义务关系也都来自于各自所承担的不同角色，一旦离开了某一职位，那么原有的关系也就随之结束。因此，"人走茶凉"是必然的。对此，老年人应保持清醒的认识。很多身居高位的老年人退休前前呼后拥好不热闹，退休后忽然没有从前的风光，难免会感觉内心失落，反而是原本就处在普通职位的老年人退休后的落差感没那么大。这种心态长期存在会使得老年生活困难重重，不利于老年人的适应。应积极转变认知，更好地适应老年生活。

案例 4 在兴旺社区组织的中秋晚会上，一位老年人正在台上动情地朗诵诗歌，台下不时传来观众的掌声与喝彩声。这位老年人是兴旺社区的名人孙老，社区居民亲切地称呼他"民间艺术家"。孙老今年已经 72 岁了，平时总是精神抖擞，在小区里遇到他总是十分亲切、神采奕奕，经常能看到他在社区活动室与别的老年人下象棋、钻研太极拳；讲起最近流行的电视节目，也能随时模仿表演，有模有样；社区里的文艺活动也总能看见他的身影，甚至他还会组织街坊邻居一起表演节目、编排小品。街坊邻居们都说：从来没见过一位 70 多岁的老人像孙老一样每天都笑容满面，十分有精气神儿。来到孙老的家，还能看到孙老精心保管的字画。可见，这些都是孙老年轻时就热爱的事业。孙老在退休后不仅没有萎靡不振，反而继续投身在自己热爱的事业中。

业余时间不断深耕在艺术生活中，使孙老有了更多机会参与到相关的活动中。一次偶然的机会，孙老被推选到市里参加全市组织的文艺汇演，他十分自豪："同台表演的其他演员都是专业的，只有我是业余出身!"正是凭借着这份热情与对艺术的追求，他取得了不俗的成绩。而这种热情也直接影响了他的女儿孙丽。而今，孙老虽然已经不再登台表演，但是在人生的舞台上他仍然十分活跃。无论哪个小区有活动，只要有需求，他都会积极地去帮忙。孙老也喜欢读书看报，偶尔还会写点自己的心得感悟，很多报纸都刊登过他的文章。近些天，孙老正计划着与社区商量在小区里搞个老年艺术团，让更多喜欢表演的人参与进来，使他们的晚年生活更加丰富。

这位孙老先生的事迹让我们很受启发。其实，我们每个人的生活中都不缺少快乐，只是缺少善于发现的眼睛。老年人退休以后，生活环境发生了较大的变化，可是如果能够积极调整心态，主动去寻找生活中的快乐，每个老年人的生活都可以是丰富多彩的。以下几种方法可以帮助老年人寻找快乐。

2.2.1.1　调整心态，顺应规律

生老病死是客观规律，而退休之后离开工作岗位也是老年人的必经过程。退休既是老年人的权利，也是老年人的义务。一方面，老年人为国家和社会贡献一生，自然有休息的权利。另一方面，老年人在适当的时候退出工作岗位，让更多年轻人加入工作集体之中，也是职业队伍新陈代谢的合理需要。老年人应对这一过程保持正确的认知，应尽量避免"被社会抛弃""变成社会的累赘"等消极和负面的情绪，坚定信念，把退休后的生活看成是一个新的起点，重新寻找生命的光彩。

2.2.1.2　发挥余热，奉献社会

老年人在退休之后，如果身体状况允许，可以尝试着寻找机会做一些力所能及的工作。这样，老年人在退休后有事做，可以避免胡思乱想，同时也是社会人力资源的一种补充。我国现在已经进入老龄化社会，老龄化社会中最主要的一个问题就是人力资源不足。如果老年人能够做些力所能及的工作，就能够继续为社会做贡献。

案例 5　65 岁的顾教授在退休前是一名教师，退休后又被单位返聘为教学主管。这个工作对顾教授来说简直是熟门熟路，十分轻松。同时，每天跟

单位的年轻人一起工作聊天，他感觉自己的心态也年轻了很多，完全不像一个已经退休的老教授。而与顾教授同时退休的于教授则不然。当时单位也要返聘于教授，但他觉得自己工作了一辈子，好不容易退休了，不想再每天朝九晚五上班，想休息。于是，他退休后每天待在家里。久而久之，与社会脱节越来越严重，衰老得非常快。

2.2.1.3 持续学习，提升自我

“活到老，学到老”，正如西汉经学家刘向所说：“少而好学，如日出之阳；壮而好学，如日出之光；老而好学，如秉烛之明。”一方面，有研究表明，延缓大脑衰老的主要方法就是经常使用大脑，越用越灵活，越不用越容易衰老；另一方面，当今社会的发展速度非常快，老年人的知识如果不及时更新就会无法跟上时代的变化，久而久之，老年人就会产生被抛弃的负面情绪。因此，老年人要持续学习，提升自己，跟上时代的变化。

2.2.1.4 培养爱好，排遣情绪

一些老年人年轻时就有很多爱好，后来可能因为忙、没有闲暇时间而不能充分发展和享受，退休后正好可以利用空闲时间继续去发展原有的爱好。即便是之前没有自己的爱好的老年人，退休后也可以有意识地去培养一些爱好。比如适合老年人的写字画画、养花养鸟等，都是既风雅又适合老年人的爱好。也可以选择一些能够强身健体的活动，比如太极拳、下棋、垂钓等，可以锻炼身体。

2.2.1.5 扩大社交，排解孤独

退休后，老年人离开工作岗位，生活圈子会比工作时小很多，但老年人不能自己封闭自己，而应该继续维持社会日常交往。可以与老友重聚，也可以通过多参加活动结交新的朋友。有了朋友才能建立新的人际网络，人际交往可以帮助老年人维持良好的人际关系，这对老年人来说是非常有益的。

案例 6 78 岁的过先生，身体特别好，精神状态也很好，很少生病，耳不聋眼不花。他保持身体健康的秘诀就是经常跟朋友在一起聊天运动，大到国家大事、小到家长里短都是他聊天的内容，在聊天的过程中所有的负面情绪都逐渐消失了。

2.2.1.6 坚持锻炼，注重健康

老年人在退休后应该保持规律的生活，吃饭睡觉更应该保持健康的习惯。

应早睡早起，饮食清淡健康，在身体允许的情况下保持运动习惯，戒除不健康的生活习惯，对自己的身体负责。

2.2.1.7　正确对待医疗需求

很多老年人身体不适时不敢去医院看病，怕看出大毛病，这是一种非常错误的想法。当老年人出现身体不适时，应及时就医，小毛病可以趁轻症时治疗，即便是大毛病也是越早干预越好。老年人不要讳疾忌医。老年人出现身体不适是十分正常的，不要因此就觉得自己不中用了，有怕给子女添麻烦之类的错误想法，应正确对待医疗需求。

2.2.2　老年学习生活安排

退休后闲暇时间较多，适当安排学习生活可以帮助老年人找到生活乐趣，发现自身价值，正所谓“活到老学到老”。为了提高晚年生活的人生价值和生活质量，适当的学习对于老年人是很有必要的。

首先，有助于老年人精神生活的充实。随着年龄增长，老年人会相应地出现不同程度的衰老，各种慢性病缠身。疾病所带来的痛楚以及所造成的活动能力受限，使得老年人情绪低落，甚至容易引起严重的心理疾病，产生严重的精神问题。适当的学习可以充实老年人的闲暇生活，帮助他们寻找精神寄托。

案例　据《北京晚报》报道，头顶“著名经济学家”桂冠的于光远先生，晚年又开始攀登文学高峰，散文出手不凡，自诩“21 世纪文坛新秀”。在步入 90 岁之前，于老共出版了 70 多部著作，其中包括散文集《墙外的石榴花》《我眼中的他们》《我的编年故事》等。2021 年，于老获得了大丰收，共出版了 5 部著作。晚年时期的于老每天都会花费大量的时间进行创作，同时还会在电脑前学习新的知识、参与休闲娱乐活动等。

其次，有研究表明，多学习对于延缓大脑衰老有着很大的影响。据不完全统计，每个人的大脑细胞都有一百多亿个，从 40 岁开始，脑细胞开始逐渐减少，到七十岁的时候人的脑细胞会消亡 10%左右。这是正常的生理规律。又有研究表明，那些经常用脑思考的人，他们的脑细胞的衰亡速度比不经常用脑的人的衰亡速度更慢。因此，为了延缓大脑衰老，老年人应该保持良好的学习习惯，既能让自己学习更多的知识，也能延缓大脑衰老，两全其美。

再次，学习有助于帮助老年人及时了解时代的新发展与新变化。当今社会的发展速度很快，据统计，我们现在所使用的知识有近九成是在近三十年才开始形成的，知识半衰期也只有五至七年。并且，人的知识与能力就像电池一样，即使是一直不用也会逐渐流失能量。因此，人需要不断地给自己“充电”，及时更新自己的知识库，这样才能保持与时代同步，避免陷入思维僵局，与时俱进。

2.2.3 老年学习的内容

老年人的学习生活应根据身体状况和兴趣爱好进行合理安排，劳逸结合，包括以下几个方面。

2.2.3.1 时事政策学习

了解国家大事、天下大事，了解党的基本路线、方针、政策等。中国社会科学院国情调查与大数据研究中心和腾讯社会研究中心曾联合发布《中老年互联网生活研究报告》，报告显示，中老年人更关心国家大事和养生保健，对互联网和智能手机越认同、对自己越自信的中老年人，受骗的可能性也越小。该报告显示，在使用微信的中老年用户中，75.8%的中老年人会上网看新闻资讯，过半数（56.6%）的中老年人可以自己搜索想要获取的资讯，45.9%的中老年人会关注浏览微信公众号文章，超过八成的中老年人会在微信中发表情包、在朋友圈点赞、接收或分发红包。

2.2.3.2 有关健康知识的学习

当前，我国逐步进入人口老龄化社会，老年人的健康问题和健康意识值得我们关注，而有效地实现这一目标的重要手段就是应不失时机地对老年人进行健康教育，帮助他们学习健康保健的相关知识，通过健康知识的宣传，鼓励老年人积极参与健康活动，提高自我保健能力，以达到健康促进的目的，提高生命质量。因此，老年人学习健康知识是很重要的，也是非常有必要的。

2.2.3.3 满足兴趣爱好的学习

可以学诗词、书画、戏曲音乐、摄影、电脑、证券经营、养花种草、养鱼养鸟、集邮、钓鱼等，总之，学什么、学多深可以因人而异。很多老年人在年轻时由于现实条件的限制，无法从事自己所热爱的行业，也没有时间发展个人的兴趣爱好，退休后的闲暇时间恰好可以弥补这方面的缺憾。

2.2.3.4　搞好自我服务和家庭生活的学习

可以学习烹调、缝补、编织、室内装修、布置、家电使用、物件修理、购物常识等，还可以学习一些有关儿童保健和少儿教育的知识，以利于掌握正确的教育方法，在培养、教育孙辈健康成长的同时享受天伦之乐。

2.2.3.5　为适应老有所为的学习

老年人发挥余热，服务社会，退下来之后无论干什么都需要重新学习和深入学习，如果只凭原有的知识和经验将难以适应新的形势和时代发展。

2.2.3.6　为调适生活的学习

应广泛地学习一些自己想知道、感兴趣的其他知识，如人物传记、奇闻轶事、新人新事、社会动态、国外见闻、市场信息、旅游知识等。

2.2.3.7　为保持与时俱进的学习

面对这个科学技术突飞猛进、信息技术发展瞬息万变的时代，有这方面精力和条件的老年人，可以学一些电脑和网络知识还有多媒体的运用，以及金融理财证券知识，等等。

2.2.4　老年人的学习特点与规律

老年人由于身体功能的变化，其学习生活节奏必然不能像年轻人一样高强度，其学习安排应尊重老年人的学习特点和规律。

2.2.4.1　学习的自主性突出

老年人的学习不受学历、择业的制约，一般不具有强制因素和被动性质，学不学、学什么，主要是根据自己的需求来决定。也就是说，自我需求是老年学习的主要动力。

2.2.4.2　学习更需要量力而行

老年人的身心功能已处于衰退期，超负荷的学习，既会影响健康，学习效果也不佳，因此老年人的学习，应该注意不要把学习目标和内容定得太高、太多、太急，要做到循序渐进，还要做到学习时间的安排适度，以符合自己的身心特点。

2.2.5 老年再教育的组织

老年再教育是老年人重新回归和融入主流社会的最有效办法。如前文所述，一个人要想融入社会，成为一名合格的社会成员，就必须从小开始进行社会化，学习社会的基本知识、规则、文化，这个过程是每个普通的社会人都需要接受的。这就像一台电脑，如果不安装软件，那它是无法发挥任何作用的。人也是如此，如果不学习，就只能称之为生物人，而不是社会人。

在以农业生产为主的传统社会中，社会生产力水平较低，社会分工不发达，社会的发展速度也相对较慢。在这样的社会中，老年人会凭借其经验和阅历成为社会中最终尊敬和重视的一群人，社会也会相应地形成对长者的尊重氛围。但是在现代社会，社会的变化发展速度越来越快、日新月异，社会中对于阅历的要求越来越低，更多新科技的出现使得接受能力更高更快的年轻人在现代社会中更容易生存，年轻人的优势越来越明显，而相对应的，老年人的优势就逐渐消失了。但值得庆幸的是，这些知识都是可以通过学习来掌握的。老年人原有的知识体系已经不足以应对现代社会的挑战，但是他们仍然可以重新学习，这就是“再社会化”的过程。我们发现，在现代社会中，如果不能及时掌握新的技术，几乎寸步难行。现在市场上已很难看到纸币，所有的日常生活需求基本都可以在手机上完成，老年人只有掌握了这些新技术，才能更从容地生活。因此，“终身学习”概念逐渐开始出现。要想让老年人也能合理地分享社会发展进步的成果，就要大力发展老年再教育。

老年再教育作为继续教育的重要内容、学习型社会建设的重要方面，其兴起与发展显然是顺势而为、顺理成章的事情。在这个过程中，老年大学就负担起了非常重要的责任。现在很多老年大学已经顺应时势开办了很多现代化的课程体系，帮助老年人学会使用手机，以及现在流行的微信、抖音、淘宝等交流娱乐软件。还有很多老年大学为老年人开设围棋、书法等兴趣爱好班。老年人来到老年大学学习，既能学习到新的知识，也能认识很多志同道合的好友，丰富其日常生活。因此，不要小看“老年再教育”这一重要议题，它能够使老年人的晚年生活过得更加快乐从容。

但需要注意的是，老年时期的教育不是为了步入社会做准备，也不是某种职业培训，它与我们普通的教育体系有很大的区别，既不需要考试也不需要学习很多应试技巧，而是根据老年人的身心特点来设计适合老年人的课程体系，其主要目的是帮助老年人找到适合自己的兴趣爱好，掌握更多的现代化技能。总体来说，老年再教育的组织方式有这样几种。

2.2.5.1　参加老年大学

老年大学是老年人学习的重要途径之一，老年大学开设的课程系统完整、类别齐全，且有专业的师资团队进行教学，是帮助老年人学习的最好途径。老年大学在我们国家的历史并不算特别长，目前国内建校时间最长的老年大学是山东老年大学，于 1983 年成立，至今也不过 30 年的时间。之所以创办老年大学，是为了丰富老年人的日常生活，使他们能够平等地享受社会发展和进步的优秀成果。根据联合国制定的标准，一个国家或地区中 60 岁以上的人口占总人口的 10%以上，或者 65 岁以上的人口达到总人口的 7%以上，就说明这个国家已经进入老龄社会。1999 年，我国 60 岁以上的人口就已经达到总人口的 10%，开始进入老龄社会。2021 年，第七次人口普查的数据显示，我们国家 60 岁以上的人口在总人口中的比例已经达到 18.7%，已经属于中度老龄化社会了。老年人口数量已达 2.6 亿，这是一个非常庞大的社会群体。而在现代社会中，很多 60 多岁的老年人还很健康，没有任何疾病，儿女都已成家立业、家庭负担较轻，这些人退休后应该干什么就成为一个值得思考的问题了。很多老年人迫切希望能有一个供他们学习娱乐的场所，而《中华人民共和国老年人权益保障法》也明确规定，老年人有受教育的权利，政府和社会应为老年人创造学习的条件。党的十六大还正式提出构建终身教育体系，形成全民学习、终身学习的学习型社会。因此，建设老年大学既符合老年人自身的需求，也是国家精神的重要体现，是我国精神文明建设发展的重要组成部分。号召老年人上老年大学，是对社会有益的重要举措。

案例 1　姜阿姨从法院繁忙的工作岗位退下来之后，感觉到每天都待在家里没什么意思，就与朋友一起报了老年大学。在老年大学众多的课程中，她选择了摄影、古筝等多门课程。在学习的过程中，她还认识了很多志同道合的新朋友。他们相约一起出游、研学，多姿多彩的老年大学生活使得姜阿姨开始觉得曾经避之不及的退休生活是那么的美好。年轻时她一直想学习的古典舞也得已在老年大学中开始学习，后来学得好了之后她甚至在社区里开办舞蹈教室，教其他老年人一起跳舞。老年大学的学习让她的生活越来越充实，越来越有意义。

老年大学是老年人学习知识的地方，是老年人修身养性的地方，更是老年人休闲娱乐、扩大人际网络的重要途径。1973 年，世界上第一所老年大学在法国创办。1983 年，中国的第一所老年大学在山东创办。此后，中国的老年大学如雨后春笋般越办越多。据不完全统计，至今中国已经开设了近 8 万所老年大学，为近两千多万名老年人传授知识和技能。在科技高速发展的今天，老年大学的教学方式也变得灵活多样，可以选择线下面授，也可以选择线上远程教学。这样，即便是居住距离较远的老年人也同样能够享受到大学课程。老年大学的授课内容非常丰富，包括英语、文学创作与欣赏、历史、书法、山水画、摄影创作、交谊舞、广场舞、民族舞、模特形体、中医保健、老年心理学、电脑初级教程、太极拳、太极剑、烹调、花卉养殖、工艺制作等。不同地区还会根据自己的地区特色开设一些特殊课程。

2.2.5.2 社区组织老年再教育

除老年大学外，社区也是老年人实现再教育的重要场所。老年人大多生活在社区之中，有共同的生活场所，把老年人集中起来进行再教育也就更为方便。社区老年再教育是指在社区范围内，利用社区资源对老年人进行教育影响的计划和措施，其目的是提高老年人的素质和生活质量，促进老年人的社会化。

与老年大学相比，开展社区老年再教育具有便利性、低成本性、教育方式灵活等优点。

案例 2 水城区海坪街道索玛社区老年大学于 2020 年挂牌成立，坐落于美丽的海坪千户彝寨索玛社区辖区内。自成立以来，该社区积极探索“老年教育＋”课程设置及发展模式，着力推动社区老年再教育发展，目前开设有 5 个专业 6 个班，现有学员 339 人。海坪是著名的彝族文化小镇，拥有丰富的彝族文化。结合本地的民族文化特色，索玛地区老年大学开设有彝族舞蹈、刺绣、民歌等课程，利用祭山节、火把节等，弘扬当地传统文化。该社区根据老年人的特点和需求，因需设置课程，在原来书法、绘画、太极拳等传统课程基础上，新开设了二胡、电子琴等新课程，保证了不同层次的老年学员有较大余地选择自己所喜爱的学习内容。同时，依托野玉海山地旅游度假区，将老年教学课堂与景区相结合，丰富教学内容和形式，让老年学员一边游乐，一边感受社区彝族文化、传统习俗、刺绣技艺等，通过户外拓展、民族舞蹈、民族文化交流等实践课，助推乡村振兴。

由社区组织的老年再教育目前包含三类。其一是街道或社区组织的老年学校，规模较大、较为正式，通常由专业人员组建并形成系统课程。其二是社区组织的各类文化教育班，其组织形式较为灵活，参加人员、参加时间等都可灵活变动，目前很多大中城市的社区多开展此类型的老年再教育。其三，各社区普遍组建的健身团队组织。相比于文化教育班，健身团队更易组织，如目前许多城市流行的广场舞即为其中之一。广场舞队伍中很多是由居民自发组织，形式灵活。

2.2.5.3　社区组织老年再教育存在的问题

其一，社区老年再教育覆盖面窄。由于不同城市和地区发展差异的存在，社区之间的发展也各有不同。部分社区发展状况良好，就可以在社区内开展多种再教育活动，然而这些活动也仅能覆盖辖区内的老年人，其他地区的老年人无法享受这一活动成果。

其二，再教育内容和形式较为单一。社区开展的老年再教育中，组织者多为社区工作人员，培训教师也大部分由工作人员和老年志愿者担任，因此所授课程的种类比较单一，无法满足多种多样的需求。

其三，社区老年再教育的专业服务水平不高、发展资源短缺。一方面社区管理和服务人员对社区老年再教育的组织实施缺乏专业、全面的认识，执业能力普遍不高；另一方面专项运作资金缺乏、教育场地不足、师资条件差。这些问题的存在使得社区老年再教育的开展注定无法大规模进行。

要解决上述问题，就需要依托社区组织，联合政府和社会团体的力量共同发展老年再教育。一是因地制宜，探索适合本地的办学模式。应从基层实际出发，社区自办、与企业联办、社区之间合办，最大限度实现社区老年再教育的普及。二是要适应老年人特点，重视老年人的科技素养、人文素养。应当向老年人普及近年来随着改革开放的深入而出现的新知识、新概念等，以避免老年人群越来越难以适应当今社会而被持续边缘化。三是培育专门的社区老年再教育管理人员和聘请专业的教师队伍。

第3章

老年人社会交往问题

老年人的日常交往问题相比于其他问题而言更为常见，因此也应该引起更多的关注。人是群居动物，人的社会性决定了人必须生活在群体之中，不能离开群体独自生活。按照马斯洛的需求层次理论，人有五种需求，而所有需求的满足都必须在群体中才能实现。对于退休的老年人来说，离开工作岗位已经失去了一个重要的群体组织，如果再不能保证正常的社会交往，将会使老年人失去获取信息、交流感情的重要渠道。对于老年人来说，保持良好的人际沟通关系，会让老年人心情愉悦；反之，如果没有良好的人际关系，则会让老年人感觉到心情压抑，严重的还会影响到老年人的身体健康。有研究证明，老年人如果家庭和谐，患病率仅为 1.4%；如果家庭不和谐、子女不孝顺，患病率则高达 40%。

3.1　老年人家庭人际关系

一般来说，每个人的社会交往圈都集中在三个方面：第一个是家庭；第二个是亲朋好友、同事同学等；第三个是日常生活中交往关系不太密切的泛泛之交。对于老年人来说，退出工作岗位就意味着回归家庭生活，与第一个交往圈的家庭成员交往的频率会逐渐提高；而第二个交往圈的人会从同事转为朋友和亲属；第三个交往圈的交往频率能否提升则要看老年人自身的身体状况及交友意愿。当然，还有一些老年人可能不符合这种规律，例如独居老人或空巢老人。

3.1.1　老年人家庭代际关系

3.1.1.1　代际关系的意义

家庭中的代际关系是指家庭存在的两代及以上不同代际人群之间的关系。例如父母与子女就属于两代人，如果还有祖父母或外祖父母则为三代人，这种亲属之间的血缘关系就被称之为代际关系。很多社会调查都会把老年人家庭代际关系和谐与否看作评价老年人生活的重要指标。老年人在进行自我评价的时候也会注重代际关系的和谐。俗话说“家和万事兴”，这正体现了我们中国人对家庭和谐的重视。如果子女孝顺，即使老年人经济条件不富足，也会觉得很幸福；相反，如果子女不孝顺，即便家财万贯老年人也会觉得有缺憾。当然，随着时代的发展，家庭的核心化趋势大大加强，很多家庭是独生子女家庭，子女成家后大多不与父母居住在一起。因为双方的生活习惯不同，父母也愿意独自生活，互不干扰，这是时代发展的必然结果。随着父母一辈逐渐年轻化和受教育水平普遍提高，很多老年人已经改变了传统的观念，不再为孩子而活，开始关注自己的生活。

老年人际关系的重点，是血亲人际关系，而家庭关系又是血亲人际关系的核心，所以家庭代际关系如何，对老年人来讲至关重要。几乎可以肯定地说，良好的家庭人际关系能延缓人的衰老过程，延长人的寿命。家庭和睦，可以使老年人感到生活温暖，有依有靠。夫妻相亲相爱，子女孝敬老人，会使老年人有一种自豪感，给老年人的生活增光添彩。相反，家庭人际关系不好，会使退休在家的老年人处在烦恼之中，必然会引起老年人情绪激动，影响其正常的生活规律，因情绪而引起多种疾病，不仅影响寿命，甚至家破人亡。家庭关系不好的老年人，在人前往往有一种抬不起头的感觉，对生活悲观失望。家庭人际关系既有如此重要性，老年人就应认真对待。应处理好夫妻关系和子女关系，为创造和睦的家庭气氛做出努力。而家庭关系通常包括两种：夫妻关系和亲子关系。

3.1.1.2 老年亲子关系及其特点

父母与子女的人际关系，通常称为亲子关系。亲子关系是婚姻关系派生出来的第一种人际关系。用亲缘人际关系指数衡量，数值越大，关系越密切。亲子关系具有不可选择性。生儿育女是由人的生物本能决定的。子女一经出生，与父母的关系就自然确定，亲子之间终生负有法律上和道义上的责任。父母对子女的养育是天经地义的，子女对父母的赡养也是理所应当的。亲子关系的特点如下：

其一，情感色彩浓厚。人们常用“慈母之心”“赤子之爱”来比喻社会生活中一些超乎寻常的情爱。亲子之间，由于血缘上的关系，父母对子女的爱是无私的，子女也只有生活在父母身边才是最亲近和最自然的。作为一个家庭的成员共同生活在一起，使亲子之间的情感纽带联结得更加紧密。在其他方面的人际交往中，人们需要考虑选择交往的方式、注意分寸等等，而在亲子关系中则不必，它的情感基础一般不会发生动摇。

其二，主要靠伦理道德来调节。亲子之间如何相处，主要遵循亲子之间的道德规范；出现矛盾，也主要依靠道德来调节。一个“不孝之子”的恶名，就足以使人羞愧。亲子关系在老年人际关系中占有十分重要的地位，容易出现的问题和矛盾很多，如果处理不好，将会对老年人生活产生许多不利影响，因此应当认真对待。

3.1.1.3　老年亲子关系中的矛盾

亲子关系虽以血缘为纽带，但也存在一些血缘关系所带来的固有矛盾。其他的所有人际关系包括夫妻关系，如果矛盾问题无法调和，都可以选择终止关系。但亲子关系的特殊性决定了这个矛盾必须要得到妥善的解决。在亲子关系中，常见的矛盾包括以下几种。

第一，父母子女之间的情感付出不均衡。德国有一首流行歌曲唱道：孩子给妈妈留了一张纸条，上面写着他做了不少家务应该给他报酬。妈妈伤心了，因为妈妈为孩子做事的时候，可从未想到钱。这首歌唱出了母亲对子女是无私的，而同时子女与父母的情感又是不平衡的。很多老年人都在叹息，倘若子女对老人的情感有当初老人对子女的一半，就很满足了。一些中年人也承认，他们对子女的关注比对老人要强烈得多。为什么会有这样的问题?有社会原因，也有自然原因。封建社会对子女和对老人的次序是相反的。元代郭居敬辑录的《二十四孝》一书中就有为母埋儿的故事：汉代有个叫郭巨的人，为多省出一口粮食给母亲，竟把儿子活埋。这在现代人看来是不可思议的。因为幼者本位，后代是希望，人们拿出比照顾父母更多的精力来照顾子女，这应当说是顺乎自然的。

对于亲子关系，老年人要有正确的认识。要认识到，在人生的链条上，父母和子女属于不同的环节，这两个环节的作用是不同的。父母对子女的爱是深厚的、无私的，而子女又会有子女，因而他们不能像父母爱子女那样去爱父母。每个父母在养育子女时或许会想到将来有所报答，但这不是生产生活中的投入产出——希求较少投入，获得更大产出，而基本上是带有牺牲色彩的投入，是为社会做无私的奉献。父母有了这种态度，就会赢得子女的尊敬，就有了处理好亲子关系的前提。

其二，父母与子女间的代沟问题。“代沟”是种比喻，指两代人之间普遍存在的并且难以消除的隔阂。人的社会化主要是由家庭作用来实现的。这就是说，家庭关系中是有继承因素的。“近朱者赤，近墨者黑”，“有什么样的老子，就有什么样的小子”，由此来看，“老子”和“小子”之间是一致的。然而既然存在“遗传”那么就有“变异”。人的社会化不仅靠家庭来完成。在现代社会中，人们从很小就接受家庭以外的教育，长大成人之后接受的家庭以外的教育就更多，而且父子之间所处的社会地位不同，立场、观点方面也存有差异，这些都使子女发生“变异”。如果父子之间缺乏交流和沟通，久而久之，就会形成交流上的障碍，彼此的思维方式、表达方式不一致，讲不通、谈不拢，于是“代沟”就产生了。“代沟”的出现，会使亲子之间感到困扰，不谈则已，一谈即崩。儿子看不起老子，老子瞧不起儿子，时间一长，就会导致关系僵化，影响正常的家庭生活。

3.1.1.4 老年亲子矛盾的解决

其一，要经常交流和沟通，以避免越走越远。在人际关系方面，交流和沟通是避免出现障碍的唯一方法。一旦出现障碍，只有靠交流和沟通来解决。父子之间应利用饭前饭后或其他时间，经常聊聊，消除生疏感，寻找共同点，从而达到互相理解的目的。在谈心时，首先要听得进去，了解子女的观点，然后再谈自己的看法；态度上要平等，并要选择对方能听得进去的方式。如果子女受超前消费思潮的影响，主张高消费，父母马上一顿训斥，定会让子女倒胃口。这时，应当对消费与生产发展的关系进行分析，说明消费水平是与生产发展水平相适应的，应当以自己的经济基础为出发点，避免超前消费；同时，个人的消费又必须与家庭经济基础相适应。这样，子女或许能接受。

其二，要能相互理解、求同存异。老年人对“代沟”的出现要有一定的思想准备，要懂得“代沟”的出现有一定的必然性，不能一谈不拢就激动，就火冒三丈。在思想观念上有了差异，也不一定非要取得一致，尤其是让子女一定服从自己，那是不合适的。填平“代沟”不是为了消除差异，而是要互相理解。

3.1.2　老年夫妻关系

夫妻关系是男女双方在一定感情基础上，依照一定的法律程序建立起来的共同生活的人际关系。这里的“一定感情基础”是相对于我国婚姻现状而言的。严格意义上讲，应该是在爱情基础上。现实婚姻，尤其是老年人的婚姻，由于早年历史条件的限制，婚前还未能有一定的爱情基础，很多人是“先结婚，后恋爱”。一般来说，一个家庭的核心关系应该是夫妻关系，夫妻关系是后续一切其他关系的基础，所以良好的夫妻关系是家庭和谐和睦的基础。对于老年家庭来说，大部分老年夫妻的关系是和谐稳定的，虽然偶尔可能会因家庭琐事而产生争执纠纷，但由于双方已经共同生活了大半辈子，几乎都可以找到解决矛盾的途径。老年人夫妻之间的关系不像年轻人那样富有激情和热情，但也有其相处之道，如相伴多年而自然形成的共同习惯与默契。但是仍然有部分老年家庭中夫妻双方会出现矛盾，影响家庭和谐。

3.1.1.1　老年夫妻关系中的矛盾

老年人夫妻关系如此重要，应首先注意夫妻关系的维护，注意化解夫妻关系中的矛盾。老年夫妻为什么也会闹矛盾？

案例1　某居民院里住着一对年逾八十的老年夫妻，他们时常因琐事发生激烈争吵。有一次两人竟然扭打起来，只因双方均气力不足才未发生严重伤害。据了解，这对老夫妻是中年再婚家庭，双方无共同子女，感情基础先天不牢。

首先，是因感情基础不牢固而产生矛盾。案例中这对老夫妻就是因为夫妻双方感情基础不牢固而导致矛盾重重。还有些夫妻，年轻时忙于家务、面临工作压力，使得夫妻双方很少对婚姻本身进行审视，甚至没有时间去思考夫妻关系中存在的深层矛盾。而到了晚年，子女已长大成人，成家立业，夫妻双方也都退出了工作岗位，不再需要终日奔波忙于生计，回到家庭中日夜相对、朝夕相处。在这种环境中，双方的矛盾就日益凸显出来，冲突也在所难免。

其次，由于生理上的变化，产生不正常心理，而引起矛盾冲突。这包括更年期性格的变化和老年焦虑心理等。这些变化常使人感觉不可思议，与年轻时的温柔敦厚判若两人，一直美满和谐的夫妻也难免因此而闹矛盾。

再次，因老年夫妻角色的变化而产生矛盾。我国一般家庭都是以男性为主，而到老年由于体力和社会作用方面的变化，家庭中的主要角色也会发生变化。同时，随着时代的发展，男女两性地位平等，传统的男尊女卑观念已不复存在，在老年夫妻关系中一贯处于从属地位的妻子，也逐渐对现实关系不满，要求家庭中的平等地位，有意识地要改变家庭的权威结构、打破多年的习惯，以求新的平衡，这也是矛盾的原因之一。

案例 2 在最近热播的电视剧《第二次的拥抱》中，就表现了一对老年夫妻关系中的矛盾。起因是老两口请客吃饭，由妻子负责在厨房做饭，丈夫在客厅陪客人聊天。当妻子终于做完一大桌子菜来到餐桌前，发现她忙忙活活一整天做的 16 个菜竟然全部光盘，只剩下最后上桌的酸菜剩下一半。丈夫表示这是给妻子留的菜，可他不知道与他相伴近四十年的妻子一直都是不爱吃酸菜的。妻子的情绪由此爆发，向子女们控诉夫妻几十年间丈夫对她的轻慢、忽视，最终情绪崩溃，正式向丈夫提出离婚。

这是老年夫妻关系中常见的矛盾。如今的老年夫妻有很多是在 20 世纪四五十年代缔结婚姻关系，在夫妻关系中受传统观念影响较深，“男主外女主内”型的家庭关系比例较高。而在如今的新时代，女性的身份和权利意识渐渐增长，也会倾向于在家庭关系中主张平等的地位。因此，在日常的相处中，应注意上述矛盾发生的可能性，追求和谐的夫妻关系。那么，如何才能更好地处理夫妻关系中存在的矛盾呢？可以从以下几个方面入手。

3.1.1.2 如何解决夫妻关系中的矛盾

首先，要强化伴侣关系。老年夫妻关系怎样才能处好呢？俗话说，少时夫妻老来伴。老年夫妻要处好、强化这种伴侣关系，首先就要注意双方情感上的交流和沟通，在生活上互相体贴。著名翻译家傅雷谈夫妻相处的经验时，就谈到夫妻要常聊，每天再忙也要聊上一刻钟，以加强沟通，增进对双方的了解。老年夫妻都在家，闲暇时间很多，聊天很有条件。可谈天说地，回忆年轻时美好的时光或苦难的经历，也可一同议论经济开支、子女问题等，有不同看法和意见争论几句也无妨。二是要经常走走。散步是有益于身心健康的活动，但一个人显得单调了些，夫妻二人可饭后并肩或一前一后地走走，尽管不说什么话，但精神上也会感到十分满足。有的老年夫妻不注意这些问题，一大早就各奔东西去锻炼，然后又是麻将扑克忙一天，只有吃饭、睡觉时在一起，夫妻还不如邻里和朋友。伴侣作用还体现在生活上的互相体贴和关照。人到老年，身体素质下降，常常疾病缠身，夫妻间关照是最需要也是最合适的。有一方病了，另一方就要给予无微不至的关怀，使病人感受到夫妻恩爱。这里应特别指出的是一些男同志，他们习惯于妻子的侍奉，饭来张口、衣来伸手，而不懂得如何体贴照顾妻子。老年人要注意这一点，妻子身体不适的时候应主动承担一些家务，多些关心、体贴，帮助妻子战胜疾病，恢复健康。

其次，处好老年夫妻关系，还要克服呆板、琐碎的相处习惯，要经常不断给夫妻感情注入生机。比如在身体条件允许的前提下打起行装去旅游，到过去工作过的地方，到两人年轻时共同去过的地方，重温旧梦会充满柔情。又如，应重视纪念日，如银婚纪念日、金婚纪念日等，在生辰节日彼此都应互相惦记着赠送礼品，说些祝福的话语。这些都会给老年夫妻的生活增添情趣，使其焕发青春的光彩。

3.2　老年人朋友交往关系

公共交往关系主要包括老年人离开熟悉的家庭和邻里环境，在社会中与陌生人形成的公共交往关系。保持良好公共交往关系有助于老年人保持愉悦的心情。良好的人际关系有益于老年人的身心健康。周围的人对老年人表示尊重、爱戴、关切，会使老年人感到生活美满、精神愉快；如果到处都充满敌意、被人冷落、无人理睬，就会使老年人有厌世之感。良好的人际关系还有利于老年人的现实生活。人到老年，生活中有诸多不便。如果家庭、邻里关系和睦，当他们遇有困难时就会有许多人伸出热情的手。如果子女不孝、亲朋反目，老年人就会被生活中的烦恼所困扰。老年人的友情交往也是其社会交往中的重要组成部分。老年人的朋友可以是多年老友，也可以是新认识的朋友，不同朋友之间的相处方式还是有一些差异的。

3.2.1　老年人之邻里关系

随着年龄的增长，老年人身体机能逐渐退化，其日常活动能力和反馈能力都可能会不同程度下降，其社会交往能力也会不同程度地有所下滑。因此，在这个时候，与邻里的交往可能会比从前更加频繁。而爱好的相似、需求的互补等影响人际关系的内在动因也会使得部分老年人在与邻里交往的时候更具有内涵。一般情况下，人都会倾向于与自己爱好相似的人交往。老年人也是如此，他们更容易因某种共同的活动而熟悉起来，如下棋、跳广场舞等。

年轻人在与家人吵架时会与朋友诉说自己的心事。老年人也是一样，如果与子女之间因观念不合而发生争吵，或者与老伴儿产生矛盾，他们也想找个人诉说心事，而此时朋友就是最佳选择。因为老年人的朋友与其年龄相仿，其经历与年纪都是比较相似的，因此在出现不良情绪与他们交谈的时候，在很多事情上更能获得理解。所以，对于老年人来说，如果心情不好，不妨找三五好友聚一聚，喝茶聊天、跳舞娱乐，都是非常好的选择。

3.2.2 老年人之老朋友关系

3.2.2.1 老朋友交往的益处

俗话说，老朋友就像一坛佳酿，历经岁月愈加香醇。老年人与老朋友之间的相处就像美酒，随着岁月沉淀，愈来愈显示出深厚的友谊。当时光悠悠、不停向前，那些携手相伴的友情更显得弥足珍贵。“每日健康网”近日报道，随着年龄增长，拥有两三个好友，将成为一笔宝贵的晚年财富，而且对疾病有着“治愈”作用。有专家解释说，友情不仅是老年人际关系的黏合剂，更有助于摆脱孤独、提升健康、延长寿命。在《美国医学会杂志》发表的一篇论文里，研究者对1600名60岁以上老人进行了追踪。调查发现，常感孤独的老人减寿6年。这是因为，孤独会带来抑郁情绪，活动也会减少，导致身心状态变差。另一项研究则表明，缺乏归属感的老人患高血压的风险比其他老人高出124%。与此形成对比的是，英国医学杂志《柳叶刀》刊载的一项研究表明，对于乳腺癌和前列腺癌患者而言，亲友们的支持能提高他们的生活质量，延长存活时间。可见，友情甚至称得上抗癌路上的“战友”。①

案例1 傅奶奶有一个相识60多年的“老闺蜜”，她们的友谊从初中成为

---

① 交友难遇“夕阳红”老年友情赛良药［EB］/［OL］. http：//health. people. com. cn/n1/2016/0120/c21471-28070772. html.

同学开始，一直延续至今。谈起最初相识，傅奶奶笑得十分灿烂，她说两人都是很随和的人，聊天很投缘，上学期间常常互相督促、互相帮忙、共同进步。随着年龄增长，每当傅奶奶遇到烦心事，便会与“老闺蜜”交流，或者一起喝茶，或者电话沟通，不管什么方式，都能在谈话中消除所有的负面情绪。最近，傅奶奶与“老闺蜜”回忆当初上学时场景的频率越来越高。“聊起那些年发生的事，仿佛时光倒流，想起彼此曾经青涩的模样，历历在目。”

案例 2　66 岁的王奶奶住在杭州市上城区，她的“老闺蜜”都是社区里一起跳舞的朋友。一群人因为同样的爱好而相聚，每晚 7—8 点是她们享受欢乐律动的时光。大家在一个小区共同生活十几年，早已变得熟悉而默契。王奶奶说，和“老闺蜜”们跳着跳着节奏就契合了，跳舞前唠唠家常，跳完后依依不舍。最近，王奶奶与朋友们发现了一首新的歌曲，大家正计划着要编一支新的舞蹈，又发现抖音最近很火，想尝试在抖音上拍视频。虽然大家都不懂怎么操作，但王奶奶说，老伙伴们在一起研究，总能学会的。

老年人与年轻人相比，大脑活动明显减少。在前文中我们提到，人的大脑如果不经常使用，其衰老的速度会逐渐加快。因此，应保持大脑正常的使用频率，而交朋友就是一个非常好的办法。俗话说“三人行必有我师”，老年人与朋友交流，可以从朋友那里获得很多新的资讯与见解，朋友之间经常聊天沟通还会被帮助老年人的大脑维持在一种高活跃水平下，预防老年痴呆。有研究表明，一个人如果没有朋友或者朋友比较少，经常感觉到孤独，其患老年痴呆症的概率是其他人的 1.6 倍。因此，不管朋友多少，只要经常交流，就能保持大脑思维的活跃，老朋友在一起不管是交流还是学习，都能起到事半功倍的效果。

案例 3　68 岁的丁奶奶是她“闺蜜团”的主心骨。她们既是好朋友，更是好邻居。性格活泼开朗的丁奶奶是大家的开心果，有她在的地方总会有笑声。丁奶奶说，“好闺蜜”不仅要能有福同享，也要有难同当。前些年，姐妹中有人患了轻微的老年痴呆症，容易记不住事情，丁奶奶和“闺蜜团”成员经常在天气晴好的时候带她外出散心，多和她聊天，锻炼她的记忆力。还有一次，“闺蜜团”中有成员的家人摔倒，一直卧病在床，自己一个人实在照顾不过来，老友们就分批上门，今天你看护、明天我陪伴。丁奶奶还自学了按摩手法，帮助病人缓解疼痛。在丁奶奶看来，老友之间从来谈不上“麻烦”，也不会计较，而更多的是希望你来“麻烦”我、我去“打扰”你，一来一去，感情变得更加深厚。

应该说，老朋友交往可以帮助老年人重建社会支持系统。老朋友之间的交流不仅限于娱乐方面，更多的还是日常的交流与陪伴。尤其在老年人退休后，离开工作岗位，短时间内可能会对自己的人生价值产生怀疑，这时候老友的存在就是一剂强心针。老年人之间互相支持、互相陪伴，其实就是在无形之中重建了老年人的社会支持系统。老年朋友之间更在乎细水长流的陪伴，也都很愿意在朋友需要的时候给予帮助，他们觉得老友是除了家人之外最重要的人。毕竟，如果两个人之间能做几十年的朋友，就说明这种感情都是“患难见真情、日久见人心”的。这种友情非常难得，双方会有很多共同话题，就连回忆起往事来都能说上三天三夜。这也是发小会比其他关系更牢固的原因。而无论什么样的关系，经常联系都是保持友谊的最有效办法。如果同在一座城市，可以经常相约出来吃饭聊天、下棋散步等；如果不在一座城市，则可以经常通过电话保持沟通，偶尔相约共同旅行，或去对方所在的城市相互拜访。

3.2.2.2 如何维持与老朋友之间的友谊

其一，要保持联系，交流感情。所有的人际关系都是需要用心维护的，友情也是一样。但其实老朋友也不需要天天联系，每隔一段时间可以主动地请朋友聚聚。保持适度的联系是维系感情的一种方式。真正的朋友是即使很久没联系，默契和感情也依然不变。对待朋友就应该用心对待、真诚对待。朋友也是情感上的支持，经常联系会让彼此感受到互相的力量与支持。

其二，老年人之间不可攀比。在老年人与朋友交流的过程中，可以看到很多老年人特别喜欢攀比，比子女的收入，比房子，比成绩。这种行为是非常让人反感的，即便是老朋友之间也会产生隔阂。朋友相处应该真心诚意地交流，而不应该炫耀攀比。

其三，多参加朋友聚会。参加朋友聚会是放松身心的一种方式。老年人经常参加与朋友的聚会，大家坐在一起喝茶聊天、说说近况，有助于老年人保持良好的心情。

3.2.2.3 理智对待朋友离世的悲伤

由于本身就处于身体机能迅速退化、易出现健康问题的老年时期，因此老年人与朋友之间的交流就绕不开“好友离世”这一沉重的话题。很多老年人在面对好友离世时，第一时间会感到悲痛万分，悲痛之后就会联想到自身，担心自己的身体健康。那么，对于老年人说，应该如何应对友人离世的悲伤情绪呢?

第一，要避免当面送别。友人离世，很多老年人会想着参加追悼会送他一程，但是一定要注意，追悼会气氛悲伤，很容易使老年人受到冲击，进而导致老年人的身体出现问题。因此，如果获知友人离世的讯息，首先要调整好自己的心态，要认识到生老病死是人之常态，死亡也只是每个人生命的一个必经阶段；然后结合自身的身体情况和性格决定是否到场送别，如果身体素质较好、心态也比较好可以考虑到场，如果心理素质一般又很容易情绪激动则需慎重考虑，如无必要则应避免到场参加，以免受到太大的心理冲击。

第二，家人要持续关注老年人的状态。如家里老年人的友人最近去世，那么家里人一定要多关注老年人的身体状况和心理状况。如果老年人表示想采取一些方式如去寺庙祈福、去扫墓等，家人要尽量满足其愿望，并陪同前往。对于老年人来说，友人的离世难免会让他联想到自身，死亡对于老年群体的影响会远高于其他群体。因此，家人一定要认识这一问题的重要性。必要的时候可以采用一些办法来安慰老人，如外出旅行散心、做老人喜欢做的事，让他悲伤焦虑的情绪有放松的机会。

第三，要与老年人倾心谈话。当身边比较亲密的友人离世，老年人感觉悲痛是必然的，但不要因此就对这一话题避而不谈，仿佛它是可怕的怪兽。要知道，有时负面情绪是越压抑越严重的。相反，应及时与老年人沟通探讨，倾心谈话，帮助他们直面对死亡的恐惧，让他们明白死亡是一个必经过程。

第四，要肯定老年人的重要价值。家人要不断地肯定老年人在家庭中的存在价值，让老年人有存在感，感觉到自己是被家人需要的。当老年人开始向家人诉说心事的时候，家人一定要耐心倾听，并积极回应，让老年人知道他的情绪与意见对于家人来说是非常重要的，从而让老年人肯定自己的价值。这样，老年人才会逐渐消除负面情绪，把注意力重新放在自己的生活中。

第五，要帮助老年人分散注意力。虽然悲伤情绪不可避免，但应注意不要让老年人长期处在这种悲伤的情绪之中。因此，过一段时间之后，可以适时地引导老年人去做一些自己喜欢做的事情，结合他们的兴趣爱好引导他们参加一些娱乐活动，例如社区活动、文娱活动等，也可以参与一些义务活动，让老年人在帮助别人的过程中获得肯定。同时，如果老年人有养宠物的爱好，家人应尽量支持。宠物是非常好的感情寄托，养宠物也是老年人分散注意力的重要方式之一。

3.2.2.4 老年人与新朋友间的相处之道

老年人多交朋友是好事，尤其是那些远离故土、跟随子女异地生活的老人，更需要一个能够交心的好朋友。科学研究表明，多交新朋友对老年人的身心健康很有帮助。老年人结交新朋友很有意义。有研究表明，当一个人缺少朋友或者长期处于不良的人际关系中时，其体内应激激素的水平通常会异常升高，这种应激状态如果长期存在对身体健康的危害是非常大的，这也从侧面印证了长期孤独的人会更容易罹患心脑血管疾病。但如果有朋友相伴，经常交流沟通，那么其体内的应激激素水平就会逐渐下降，人的身体状况就会逐渐好转，患病率明显降低。与人际交往关系密切的老年人相比，人际交往单薄的老年人记忆力的退化速度更快。这可以充分证明，保持适当的良好的人际交往关系可以帮助老年人保持大脑活力，预防大脑退化。简单来说，就是多交朋友可以让老年人变得更聪明，衰老速度更慢。而与陌生人交朋友，则更会强化这一能力。当一个人在与陌生人交谈的时候，他们几乎是没有共同话题的，对彼此也很不熟悉，因此就需要不断地从大脑的知识库之中调取资料，尝试着进行沟通，这对大脑机能来说是一种非常有益的刺激。因此，除了与老友保持联系之外，多去认识新的朋友会帮助老年人更好地保持身心健康。

案例 4 乔先生的老家在上海，2012 年退休后他来北京帮忙带孙子。孙子上了幼儿园之后，乔大爷的生活一下子空了。除了早晚接送孙子，余下的时间他要么在家对着电视发呆，要么在小区里瞎溜达。乔大爷性格有点闷，也没啥爱好，去老年活动室转了几天，感觉和这些“闹腾”的同龄人聊不到一块去，索性就不出门了。这半年来，他越发沉默寡言，每天唉声叹气，对任何事情都提不起兴趣，最后被诊断出患了抑郁症。

老年人结交新朋友应注意如下一些问题：

首先，老年人交新朋友的时候要保持谨慎。害人之心不可有，但防人之心也不可无。虽然我们鼓励老年人多去认识新朋友，但是在现代社会中针对老年人的骗局真的是层出不穷，所以老年人在认识新朋友的时候还是要时刻保持警惕，毕竟陌生人的实际情况我们不能在第一时间就调查清楚。因此，可以交往，但是如果对方一旦开始讨论钱、存款、账号等问题，或是向你推销保健品等老年人关心的健康问题时，一定要提高警惕。老年人对现代社会的网络骗局不熟悉，所以在认识新朋友的时候应时常与家人沟通，年轻人上网的时间更多，如果是骗局的话他们更有可能会识破。

其次，要确定对方是不是一个值得结交的朋友。原本两个陌生的人，不管是什么原因让彼此有了交集，有了接触、了解的机会，从而成为朋友，这是需要过程的。刚开始不认识的人，都是通过交流相互熟悉的，从天气、兴趣爱好谈到来自哪里、工作、性格等等，其实这都是一个试探的过程。在这个试探过程中，人们渴望找到有共同兴趣爱好、追求的人成为朋友。如果在交流的过程中发现彼此性格、价值观、作风等不一致的话，以后就要减少交流。当你经过了解，觉得对方是一个值得结交的朋友，就要以诚相待。但是在生活中，也要保持自己的独立性，包括思想独立和经济独立。

再次，老人可以适度地与自己不同年龄段的人交朋友，即所谓的“忘年交”。年轻的朋友会给老年人带来更加新奇的体验，而他们的朝气也会感染老年人，让老年人的日常生活充满活力，不致过早地被社会淘汰，使自己的生活更加多姿多彩。当然，“忘年交”也有个“慎交”的问题。社会的复杂远远超出我们的想象，“天真”的我们往往难以应对。因此，在与年轻人交朋友的过程中应高度注意诈骗问题，尤其是涉及钱财问题更需要慎之又慎。最近有越来越多的年轻人打着“亲情”“友情”的幌子骗取老年人的钱财，其实就是看准老年人缺少陪伴、生活孤独的漏洞，大打感情牌来骗取信任。因此，老年人结交新朋友要时刻保持警惕。

总之，真正的朋友不在乎认识时间的长短，只看是否能够真心陪伴、彼此理解，老年人的友情应该在其日常生活中发挥重要的作用。

3.2.3 老年人之公共交往关系

老年人的公共交往是指老年人离开熟悉的家庭和邻里环境，在社会中与陌生人形成的公共交往关系。老年人保持良好公共交往关系有助于保持愉悦的心情。

3.2.3.1 老年人在公共空间中的交往活动

老年人离开熟悉的环境，进入陌生的公共空间之后，与陌生人之间的交往活动也是非常重要的。这关乎老人是否愿意在退休后重新融入社会，并获得良好的体验感。在公共空间中，年轻人应优待老年人，践行尊老爱幼的传统美德。对于老年人来说，则应注意不能凭借自身的老年身份要求别人对其优待。众所周知，老人、儿童、残疾人、孕妇被公认为社会上的弱势群体，每个公民都有责任和义务对他们给予关心和照顾。为了照顾这些弱势群体，公众场合醒目的位置经常贴有温馨提示语，提醒大家给这些弱势群体以关爱。不过，这样的爱心举动也只是提醒大家主动去做，没有强迫。而有些人一旦认为自己属于弱势群体，就强迫他人去献爱心。这样的举动就有些不恰当了。当前出现的很多个例事件都在抹黑老年人的形象，对老年人造成了非常不好的影响。

案例 1 在某市地铁上，一名女子刚刚上车，也许是因为在起点站，车上还有不少座位，她见没有人坐，就很自然地坐了上去。不料过了几站，上车的人越来越多，车内拥挤，女孩就坐在原位没站起来。这时候，来了一位六十多岁的老人，人高马大，身强体壮。他看到女孩坐在爱心专座上，立即要求女孩给他让座。女孩见老人一点礼貌都没有，要自己让座的态度极为恶劣，感觉很气愤，就故意不搭理他。让人意想不到的是，这位老人对着女孩就开口大骂起来。女孩也是个比较有个性的人，老人越要她让座，她就偏不让，也不搭理他。老人见女孩无动于衷，无视自己，觉得她不尊重老人，直接就去拉女孩。女孩尖叫着，甩开老人的手："别碰我！"老人不但没有搭理女孩，而且依然很用力拉扯女孩："这是老年座，我跟你说了！你给我站起来！"而车上的其他乘客看到是一位老人，都不敢上前劝阻。过了一会儿，有一位女士实在看不下去了，上前劝解，另外一位男性乘客直接把座位让给了老人。老人一番折腾，见有人让座，赶紧松开了女孩的手，走向让座的男子，还不断跟他说"谢谢"。此时，地铁上的紧张气氛才得以平息。

这次事件的视频被车上的乘客发到网上之后，引发网友热议。有网友认为，爱心专座是为有需要的人准备的，不应该以年龄判断。如果你 70 岁，但是身体健康，对方不让也没有什么问题。如果你 20 岁，但是身体有疾病，也可以坐爱心专座，因为你也属于弱势群体。而视频中的老人身强体壮，却倚老卖老，强制女孩让座。对于这种人，完全可以不用让座。也有网友认为，女孩就是不应该去坐爱心专座，爱心专座是专门留给老人、病人，孕妇、儿童用的。众说纷纭，各有判断。在这里，我们其实没有必要纠结该不该坐的问题。就这件事情本身而言，老人因外形年轻，上车后没有人主动让座。如果他需要座位，应该礼貌地询问女孩，而不应该无理地强制女孩让座，这会引起女孩的逆反心理，也会导致社会大众对老年人产生不好的印象。

当然，还有更多的老年人在公共空间都能保持自己本身的素养和风度。就像让座这件事，很多老人在被年轻人让座后都能表达感激之情，并主动提出帮年轻人提包来分担。然而，这样的事情大多不会引起关注，反而是纠纷和冲突更容易引发大众的关注。因此，老年人在公共空间中的交往也应该秉持应有的礼仪规范，而不应该凭借老年人的身份倚老卖老。

3.2.3.2　老年人再就业后的职场交往关系

在积极老龄化思想的指导下，很多退休后自觉身体状况较好、不愿意赋闲在家的老年人纷纷外出再就业，发挥自己的价值。第七次人口普查数据显示，截至 2021 年，我国 60 岁及以上的人口已经达到 2.67 亿，在总人口中占比 18.9%，这其中 70 岁以下的低龄老人约为半数以上。而随着如今生活水平和医疗水平的提升，很多低龄老人身体状况非常好，不管是从面相还是身体素质上来看都十分年轻，自身再就业的愿望也比较强烈。伴随我国人口老龄化程度加深，开发“老年红利”的呼声逐渐兴起。老年人的再就业非常值得鼓励，对于人力资源开发和实现老年人的价值来说都是非常必要的。目前在劳动力市场上，由于经济不景气而用工成本不断增高，各地经常会出现用工荒的问题，老年人就业者可以在一定程度上缓解这一难题。目前，我国的一些有关部门和地方政府纷纷针对老年人再就业的问题进行探讨落实，由此引发的老年人在职场生活中的交往关系也需引起我们的关注。老年人在退休后重返职场，可能会面临人际关系的调整和变化，而这些都是需要老年人自己主动适应的。

首先，要适应职场中身份和地位的变化。有些老年人回归职场之后可能不会继续在原单位原岗位工作，因此难免会面临身份和地位上的骤然变化以及周围同事态度的转变。面对这一问题，老年人应积极调整心态，适应新的岗位和新的身份，而不因为身份的转变失落、伤感。其实，对于老年人来说，放弃退休后的安逸生活回归工作岗位已经是常人所不能及的举动，无论身处什么岗位都应该自豪。

案例 2 “我认为有一技之长、社会经验丰富的人，退休后再就业的概率很高。”54 岁的杭女士目前在一家事业单位中负责人力资源工作，虽然还没有退休，但她已经开始规划起退休后的生活。“不是因为经济压力，而是不想天天在家闲着。我觉得自己一点都不老，找点有意义的事做，能够让生活保持年轻态。”基于杭女士自身多年的工作经验，她打算退休之后找一份企业人力资源管理咨询等相关方面的工作。事业单位与企业单位的管理模式不同，这也是杭女士想要去学习的东西。杭女士表示，人就是要活到老学到老，虽然退休了，但她仍然觉得自己充满了干劲儿与活力。杭女士还说，她身边的很多老朋友都在退休后选择再就业。他们都认为，老年人在力所能及的时候还是要多去外面接触不同的人和事，不要把自己封闭在家里。这样不仅能丰富自身的生活，也可以缓解国家的压力，贡献自己的一份力量。

其次，要接受身体机能的退化。老年人回归工作岗位之后，应合理结合自身的身体状况安排工作。老年人的身体素质肯定不如年轻人那么好，因此在工作中不能按照年轻人的标准来要求自己。如果遇到自己力所不及的工作任务和安排，应勇于说“不”并请其他人来接替。与 70 岁以下的老年人相比，70 岁以上的高龄老年人的就业意愿就不是特别强烈了。究其原因，主要是他们对自己年龄、身体条件以及用人单位的态度有所顾虑。这也是正常的，老年人应对自己的身体状况有所了解，如果无视身体情况强行工作反而会起到适得其反的效果，得不偿失。

案例 3 孙先生说：“刚退休那几年，单位返聘我，让我留下来带带年轻人。后来，有了小孙子，我自然得回家帮忙照顾。现在孩子大了，空闲时间有了，但要让我再去上岗，还真怕不适应。”话虽如此，孙先生说，自己其实也考虑过换个单位换个新的环境，但是一想到自己一把年纪了，合适的工作岗位真的不多，就又退缩了。“过去在单位搞技术，退休这么多年，知识都脱节了，也没地方去学。要是找个保安、保洁之类的，自己又觉得体力不够。托人问过几个‘补差’的地方，人家一听我这岁数，都拒绝了。咱也理解，企业不愿找岁数大的，万一出点闪失，可都是麻烦事！”虽然希望渺茫，但孙先生还是表示不想放弃外出工作的可能性，希望以后能有更多适合老年人的岗位，并且国家的各项政策法规能够保护老年人再就业的合法权益，让老年人安心就业，企业也能更放心地录用老年求职者。

应当关注再就业过程中大部分老年人存在的障碍，如就业保障不充分、年龄歧视等，这需要在全社会范围内构建良好的制度环境，完善相关的法律法规。老年人的再就业，不仅能够丰富老年人自身的生活体验，也会给社会带来更多的消费需求和劳动力。在世界各国普遍进入老龄社会的今天，劳动力就是一个国家的巨大财富，因此需要在全社会范围内普及老年人是优秀的人力资源而不是社会的负担的观念。

第4章

老年人权益保障问题

4.1　老年人社会保险权益保障

人口老龄化是指总人口中老年人口的比重不断上升的过程，一般是指一个国家或地区 60 岁或 65 岁及以上的老年人口占总人口的比重超过 10%或 7%。高龄人口是指 80 岁及以上的老年人口，人口高龄化主要是指在 60 岁及以上老年人口中 80 岁及以上老年人的比重不断上升的过程。当今社会，如何处理“人口—社会—环境”三者之间的关系显得尤为重要。有学者认为，能否正确面对人口老龄化，关系到国计民生、民族兴衰和国家的长治久安，必须从经济建设、政治建设、文化建设、社会建设和生态文明建设五位一体的中国特色社会主义事业总体布局的高度，制订实施战略和政策体系，动员政府、市场、社会三大部门统筹应对。

4.1.1　“老有所养”民生建设目标的提出

“老有所养”这个词语的提出可以追溯到中国古代的春秋时期，当时孔子和其弟子在《论语》中提到，“父母在，不远游，游必有方。父母之年，不可不知也；一则以喜，一则以惧”。意思是说，子女应该尽心尽力地照顾和赡养自己的父母。而在现代社会，老有所养成为世界各国政府和民众普遍非常关注的问题。尤其是随着人口老龄化趋势的加剧，老年人的养老问题成为社会关注的焦点。在这种情况下，许多国家开始推行养老保险和养老福利制度，以保障老年人的基本生活需求。

在我国，老有所养也是一项基本国策。新中国成立后，先后颁布了《中华人民共和国宪法》《中华人民共和国老年人权益保障法》等一系列法律法规，为保障老年人的合法权益和福利奠定了基础。同时，中国政府还积极推动社会养老事业的发展，不断完善养老保险制度，提高老年人的生活水平。《中国老龄事业发展“十二五”规划》提出，努力实现老有所养、老有所医、老有所教、老有所学、老有所为、老有所乐的工作目标，让广大老年人共享改革发展成果。

当前我国正处于改革攻坚阶段，还面临诸多深层次矛盾和问题。其中，人民生活总体上虽然达到小康水平，但收入分配差距逐渐拉大，低收入等弱势人群数量仍然占据很大比例。这不仅影响了社会主义共同富裕目标的实现，也造成了改革持续进行所依赖的社会基础的不稳定。社会建设与人民幸福息息相关，为了确保人民群众可以共享社会发展的成果，确保改革能够顺利、持续地进行，党和政府对"以改善民生为重点的社会建设"非常重视。党的二十大报告明确提出：必须在经济发展的基础上，更加注重社会建设，着力保障和改善民生，推进社会体制改革，扩大公共服务，完善社会管理，促进社会公平正义，努力使全体人民学有所教、劳有所得、病有所医、老有所养、住有所居，推动建设和谐社会。"老有所养"也成为民生建设目标的重要内容之一。

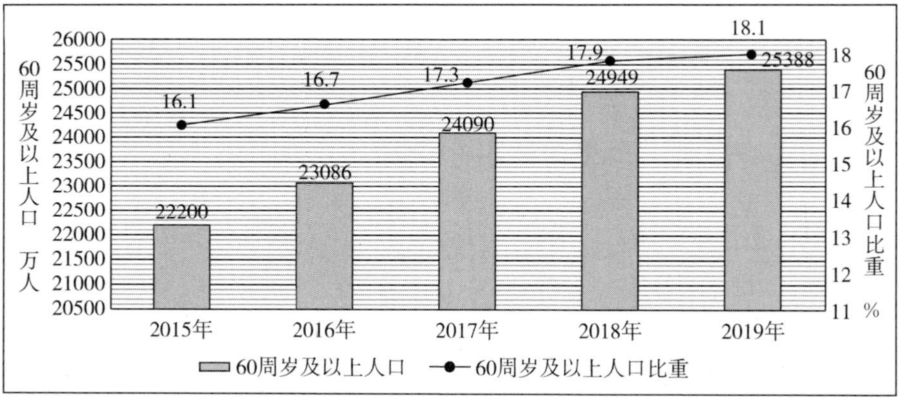

图 4-1 2015—2019 年 60 周岁及以上老年人口及其占全国总人口比重

4.1.2 我国养老保障制度

2012 年是我国养老保障事业快速发展的一年，基本养老保险制度实现全覆盖，城乡养老保险之间的衔接方式逐渐明朗，低保政策重新调整。建立和完善我国的社会保障体系，特别是建立多层次的社会保障体系，逐步提高对老年人的保障水平，已成为国家层面一项重要的职责和使命。

2013 年 7 月 1 日正式实施的新修订的《中华人民共和国老年人权益保障

法》中明确规定，“国家通过基本养老保险制度，保障老年人的基本生活；国家通过基本医疗保险制度，保障老年人的基本医疗需求；国家逐步开展长期护理保障工作，保障老年人的护理需求”。基本养老保险、基本医疗保险及长期护理等三项社会保障制度，构成养老保障的“安全网”。中共中央、国务院在 2021 年印发的《关于加强新时代老龄工作的意见》中提出“建立基本养老服务清单制度”。2022 年，党的二十大报告提出，“推动实现全体老年人享有基本养老服务”。中共中央办公厅、国务院办公厅印发《关于推进基本养老服务体系建设的意见》，是我国积极应对人口老龄化的一项国家战略部署。该意见中提出到 2025 年的具体目标——“十四五”时期重点聚焦老年人面临家庭和个人难以应对的失能、残疾、无人照顾等困难时的基本养老服务需求：到 2025 年，基本养老服务制度体系基本健全，基本养老服务清单不断完善，服务对象、服务内容、服务标准等清晰明确，服务供给、服务保障、服务监管等机制不断健全，基本养老服务体系覆盖全体老年人。

4.1.2.1　补贴及津贴制度

新修订的《中华人民共和国老年人权益保障法》中提出“享受最低生活保障的老年人和符合条件的低收入家庭中的老年人参加新型农村合作医疗和城镇居民基本医疗保险所需个人缴费部分，由政府给予补贴，对生活长期不能自理、经济困难的老年人，地方各级人民政府应当根据其失能程度等情况给予护理补贴”[①]。国家鼓励地方“建立 80 周岁以上低收入老年人高龄津贴制度”。截至 2022 年年底，老年人高龄津贴、养老服务补贴、护理补贴、综合补贴分别惠及 3330.2 万、546.1 万、97.1 万、67.2 万老年人[②]。以北京为例，高龄津贴标准依据年龄的增长划分为 3 个档次，80 岁—89 岁每月发放 100 元，90 岁—99 岁每月发放 500 元，100 岁及以上每月发放 800 元。

4.1.2.2　救助及扶助制度

新修订的《中华人民共和国老年人权益保障法》中提出，“国家对经济困

---

① 中华人民共和国中央人民政府. 中华人民共和国老年人权益保障法［R/OL］.（2021-10-29）［2023-10-6］. https://www. gov. cn/guoqing/2021-10/29/content_5647622. htm.

② 王悦，徐芸茜，等，养老市场再迎利好！国家基本养老服务清单出炉，2025 年基本养老服务体系覆盖全体老年人［N/OL］. 华夏时报，2023-5-24［2023-10-6］. https://baijiahao. baidu. com/s?id=1766775378149431060&wfr=spider&for=pc.

难的老年人给予基本生活、医疗、居住或者其他救助”。国家建立和完善计划生育家庭老年人扶助制度。国家鼓励慈善组织以及其他组织和个人为老年人提供物质帮助。老年人可以与集体经济组织、基层群众性自治组织、养老机构等组织或者个人签订遗赠扶养协议或者其他扶助协议。截至 2022 年年底，全国 1395 万老年人纳入最低生活保障，368 万特困老年人纳入特困救助供养，力争做到“应养尽养”；全国有各类养老机构和设施 38.1 万个，其中养老机构 4 万个、社区养老服务机构和设施 34.1 万个，床位 822.3 万张[①]。

4.1.2.3 公平和可持续社会保障制度

随着社会经济的发展和人口老龄化的加剧，社会保障制度成为各国政府关注的焦点。公平和可持续的社会保障制度对于维护社会稳定、促进经济发展具有重要意义。公平是社会保障制度的核心概念之一。在社会保障制度中，公平指的是每个个体应该平等地享有社会保障的权利和机会，不应该因为身份、性别、种族、地域等因素而受到歧视或排斥。可持续性是指社会保障制度能够长期稳定地运行和发展。在社会保障制度中，可持续性主要包括以下几个方面：一是资金来源。社会保障资金的筹集应该具有可持续性，不能过度依赖单一的渠道，例如政府财政补贴或某个企业的赞助，而应该通过多渠道筹集资金，包括个人缴纳、企业缴纳和国家财政补贴等，以确保制度的长期稳定运行。二是财务状况。社会保障制度的财务状况应该是可持续的，即制度运行所需的资金应该能够得到满足，不会因为资金不足而导致制度的崩溃。三是经济增长。可持续的社会保障制度应该有利于促进经济增长，通过建立合理的社会保障制度，可以刺激消费、促进就业、减轻贫困等，从而推动经济的增长。四是社会参与。可持续的社会保障制度应该鼓励社会广泛参与，包括政府、企业、社会组织和个人等，通过广泛的社会参与，可以增强制度的公信力和透明度，提高制度的运行效率和质量。社会保障制度旨在通过立法和行政手段来为公民提供各种形式的物质帮助、保健、福利和优抚安置等保障措施，以满足公民的基本生活需求，提高生活质量，促进社会公平。

---

① 老人们迎来了好消息！国家安排集中养老？［BE/OL］. 搜狐新闻，2023-9-12［2023-10-1］. https：//www. sohu. com/a/719709166 _ 121124571.

4.1.3 养老保障能力的逐步提升

4.1.3.1 我国基本养老保险

养老保险是老年人社会权利的重要组成部分。通过养老保险，老年人可以在工作期间通过缴纳一定费用获得退休后领取养老金的资格，减少进入老年陷入贫困和依赖社会救助的概率。本质上，养老保险正是国家强制性地以一种制度的方式确保公民在进入老年阶段时依旧能活得有自由和有尊严。养老金也是很多人讨论的话题，对于退休人员来说，养老金上涨是他们共同关注的。财政部2019年3月5日对外发布的《关于2018年中央和地方预算执行情况与2019年中央和地方预算草案的报告》中提出，提高养老保障水平，从2019年1月1日起，按平均约5%的幅度提高企业和机关事业单位退休人员基本养老金标准。这意味着，2019年退休人员的养老金将实现“15连涨”。预算草案提出的平均约5%的涨幅，与2018年养老金5%左右涨幅持平。

在制度建设方面，特别表现在企业职工个人账户逐步做实方面。2012年出台的《社会保障“十二五”规划纲要》中明确提出，继续做实企业职工基本养老保险个人账户。党的十八大报告中也提出，逐步做实养老保险个人账户。坚持统账结合的基本养老制度不动摇，继续完善目前的养老保险制度。这是党和政府文件或政策的要求，但个人账户在做实过程中面临巨大的财政压力，借支个人账户基金以弥补统筹基金的不足现状仍然很明显。另外，城乡养老保险制度衔接办法的出台，推进了城乡区域、不同保险之间的有机衔接。2012年11月，国务院出台了《城乡养老保险制度衔接暂行办法（征求意见稿）》，提出在职工保险、新农保、城居保中参加过两种或两种以上的且处于缴费期、未领取养老保险待遇的参保人员，进行城乡保险制度衔接。

2012年，基本养老保险制度实现制度全覆盖。到2012年年底，参保人数超过7.8亿。如今，各项制度待遇标准持续提升，各个养老保障制度之间的衔接不断增强，城镇职工养老保险和城乡居民保障之间的衔接方式逐渐明朗。我国城镇职工养老保险人数、基金结余稳中有升，如图4-2所示。2022年年末，全国参加城镇职工基本养老保险人数为50349万，比上年末增加2275

万，参加城乡居民基本养老保险人数为 54952 万，增加 155 万[①]。

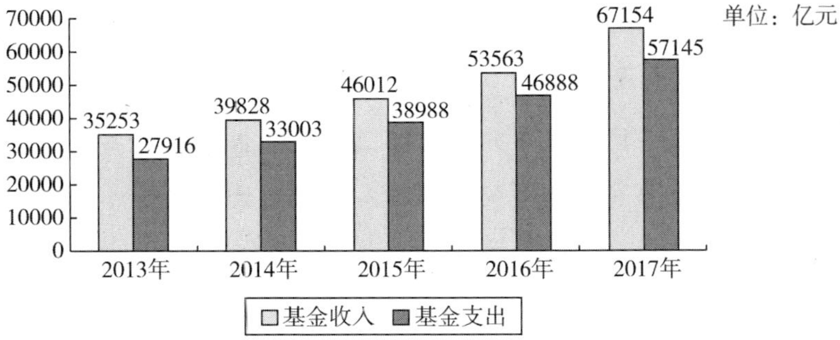

图 4 - 2　近五年社会保险基金收支情况

4.1.3.2　新农保、城居保的覆盖

2008 年，在党的十七届三中全会上，国务院决定推出新型农村社会养老保险制度。2011 年 6 月 7 日，国务院出台了《关于开展城镇居民社会养老保险试点的指导意见》，决定从 2011 年 7 月 1 日开始试点城居保。国务院决定从 2012 年 7 月 1 日开始，在全国所有区县实施新农保和城居保制度全覆盖计划，符合条件的老年人可以领取养老金。城乡养老保险制度全覆盖实现了几千年来广大居民尤其是农村居民不敢想的事情，老年人的经济供养不再像从前那样只依靠家庭子女供养或靠自身劳动收入来养活自己，开始出现了由国家提供一定补贴的新来源。农村老年人及城市无工作单位养老保险的老年人开始享受由政府提供的养老保障。老年人由晚年靠子女或自己的养老保险、储蓄保障的养老经济来源，逐渐转变为国家和老年人自身及其家庭共同分担的资金支援机制。

4.1.4　老年人社会保险权益

在全球人口老龄化的趋势下，在人口赡养比不断提高的情况下，养老保险的重要性日益凸显。社会养老保险事业既关系到个人的切身利益，又关系到社会经济的长治久安，其改革和发展越来越受到人们的关注。社会养老保险基金是养老保险制度运行的物质基础，没有足够的、能够满足当前和长远

① 吴澳燕，人社部推进个人养老金制度运行［BE/OL］. 中研网，2023-5-22［2023-9-6］. https：//www. chinairn. com/news/20230522/1649437. shtml.

需要的资金，养老保险制度的顺利实施就无从谈起。所以，毫无疑问，社会养老保险基金是社会养老保险事业的核心。

4.1.4.1　养老金问题

2019 年 4 月 10 日，中国社会科学院世界社保研究中心在上海发布《中国养老金精算报告 2019—2050》。报告中的“中国养老金发展指数 2018”部分显示，中国养老金制度发展迅速，养老金发展指数得分为 70.38 分，较 5 年前上升 13.39 分，但是仍面临较大的老龄化压力。养老金发展指数包括三个一级指标：充足性、可持续、多层次。目前，可持续得分最高（81.9 分），多层次得分最低（40.93 分），充足性则介于二者之间（73.61 分）。中国养老金制度在充足性方面取得了长足发展，全国各地虽有差异，但总体趋势向上；全国层面可持续性良好，但地区间差异极大，需要财政转移支付压力增加较快，地区间失衡问题日渐突出；多层次总体发育缓慢，各地差异明显。

报告指出，中国养老金制度发展的一个显著特点是，老年人口保障水平提升迅猛。在 5 年前的养老金发展指数中，当时领取基本养老金人口占城镇 60 岁及以上人口比率只有 38.4%（全国），而在最新的养老金发展指数中，该指标数值已经提升到 71.79%。短短 5 年时间，基本养老保险制度提供的养老金收入已经成为老年人晚年经济收入中最重要的组成部分。

目前，我国养老金支出规模稳步提升且待遇相对稳定。5 年来，基本养老金支出提升明显——占 GDP 比率从 3.24%提升到 4.63%，所有省份的养老金支出占 GDP 比率均在提升。与此同时，在养老保险待遇方面，以城镇单位在岗职工平均工资计算（各地如另有规定者从其规定）的平均替代率水平从全国角度来看基本持平。5 年前社会平均替代率为 49.23%，5 年后为 49.99%，这意味着虽然养老金的绝对支出数额始终上涨，但养老金待遇相对水平则大体保持稳定。

4.1.4.2　养老金制度的核心目标

养老保障涉及很多领域。经济学研究认为，养老金制度的经济目标有两个：一是养老金制度具有一个关键的功能，即为劳动者提供一个终身的消费平滑机制。这一机制可以提供养老保险，以缓解老年时期可能出现的收入和财富减少所带来的压力。这种养老金的“存钱罐”功能，就如同一个储备基金，为个人在老年时提供经济保障，确保其生活品质不至于大幅下滑。二是养老金制度具有扶贫和收入财富再分配的功能。这一功能确保所有退休老年人都能过上体面的生活，因此被称为“罗宾汉”功能。通过减贫和再分配，养老金制度可以确保每位老年人都能获得足够的经济支持，从而安度晚年。这种再分配的功能不仅提高了老年人的生活水平，也有助于缩小社会经济差距，进一步促进社会公平和稳定。

总的来说，养老金制度的主要目标就是通过消费熨平、保险、减贫和再分配，使老年人保障及其成本最优化，以实现老年人生活的有效保障。从个人角度来说，“消费熨平机制和养老保险”是保障老年人收入的工具。

消费平滑的目标在适用于个人的同时，同样也适用于家庭。通常情况下，由于存在许多未知因素的影响，人们无法确定自己的生命的长度，如果仅依靠个人储蓄来养老，那么将面临两种可能的选择：一方面，他们可能不得不面对由于长寿导致的储蓄资金不足的困境，这可能会给他们的生活带来负面影响，甚至带来痛苦；另一方面，他们可能不得不降低整个老年期的消费水平，以应对可能的储蓄资金不足的问题。虽然我们无法准确预测每个人的寿命，但我们可以根据某一群体的平均预期寿命进行预测。这种预测与每个人的实际寿命可能存在差距，导致提供保险产品的养老金计划和政府面临一定风险。然而，这些计划确实可以帮助个人整合未来的预期风险，为其提供更为可靠的经济保障。对一生的收入进行再分配，这是养老金制度的重要功能，这一功能对收入累进税再分配功能形成了有效的补充。通过向收入较低的群体支付更高比例的养老金，我们可以进行个人一生收入的再分配，以帮助那些收入较低但不至于贫困的人平缓其消费水平。由于个人的终身收入存在不确定性，该制度可以避免在退休期间因低收入而对老年人的生活产生负面影响，为低收入退休人员提供了一定程度的保障。此外，养老金也可以实现跨代再分配。政府可以通过降低当代人的缴费率或提高养老金的收益，让下一代承担更高的缴费率或享受更低水平的养老金，从而形成向后代的再分配。

4.1.5 世界各国养老保险制度模式

世界各国建立养老社会保障制度已有100多年的历史。尽管各国（地区）的养老保障模式大体上都经历了创立、发展和完善的阶段，但由于其政治、经济、历史和文化不同，其养老保障模式类型也有很大的差异，如表4-1所示。

表 4-1　世界主要国家养老社会保障模式情况

	德国	瑞典	美国	新加坡	英国	日本
保障模式	社会保险型	福利国家型	市场保障型	强制储蓄型	福利国家型	社会保险型
保障对象	劳动者为核心	全民共享	劳动者为核心	劳动者为核心	全民共享	劳动者为核心
责任归属	责任分担三方	政府责任	责任分担三方	个人责任，政府监督	政府责任	责任分担三方
基金筹集	雇主＋雇员（国家仅提供伤残和养老保险补贴）	政府	雇主＋雇员（国家适当资助）	雇主＋雇员＋政府	政府	雇主＋雇员（国家适当资助）
保障特点	权利义务统一，互助共济，共担风险	法制健全，全面保障，公平为主，效率次之	公平和效率原则	建立个人账户，缺乏互济性	法制健全，全面保障，公平为主，效率次之	社会保险制度多元化、年金制度一体化、保险费负担全民化
保障内容	法定体系；企业养老体系；私人养老体系	国家养老金；职业养老金；私人养老金	政府强制金养老计划；雇主养老金计划；个人储蓄养老金计划	养老金制度；家庭养老；社区养老；机构养老	国家养老金；私营养老金；补充性缴费、储蓄和商业保险	养老金制度；企业补充养老金制度；个人储蓄养老金制度

4.1.5.1　加拿大养老金投资

加拿大养老金投资公司成立于1997年，其治理结构采取标准的大型养老基金投资者的治理结构，其基本宗旨为“与政府保持距离”，旨在实行投资的自我管理，不受政治的干预。其20年的优秀业绩引起全球业界的广泛关注，被誉为世界上最优秀的养老金大型机构投资者之一，甚至被称为“枫叶模式”。

4.1.5.2 美国“联邦老、遗、残保险信托基金”

自 1940 年运转以来，其资产全部持有国库券，从未进行过市场化和多元化的投资，这是美国主权养老基金的最大特点，也是其长期坚守的根本理念。

4.1.5.3 英国“国家保险基金”

英国“国家保险基金”既要用于当期待遇的支付，还要做好高失业率、流行病暴发等突发情况的应对，因此基金资产既需要高度的流动性，也需要高度的安全性，这就决定了“国家保险基金”的投资工具相对简单。

4.1.5.4 德国主权养老基金

德国作为现代社会保险鼻祖，二战后被很多发展中国家所赞赏和效仿，但在人口老龄化和经济全球化的压力下，20 世纪 90 年代以来却不得不多次被迫进行改革，从而也在一定程度上说明建立主权养老基金的必要性。

4.1.5.5 瑞典国民养老基金

瑞典国民养老基金从 1960 年建立以来，一个显著的特点是由几个相对独立的子基金来分别进行投资，通过引入竞争来规避治理的难题、提高投资管理绩效。

4.1.5.6 丹麦 ATP 养老基金

丹麦 ATP 养老基金由 ATP 集团运营，而该集团下设十三家分公司，几乎每家公司都有专属且单一的投资领域，这也成为该基金专业化投资的最大特点。

4.1.5.7 爱尔兰社会保险基金

爱尔兰社会保险基金除按要求将部分资金存在中央银行之外，剩余资金由财政部授权国债管理局对投资账户资金进行投资，资金主要投资于财政部短期票据、银行存款和欧元区政府债券，相对比较保守。

4.1.5.8 芬兰国家养老金

芬兰国家养老金采取分散化管理，不同的养老金提供者之间存在竞争的关系。在每个季度开始的第一天，参保人可以将其收入关联型养老金转移到另外一个养老金的提供者。充分的竞争也促使养老金提供者做出了漂亮的投资业绩。和欧洲其他国家相比，芬兰人口储备基金的投资限制最为严格，一直没有投资国外证券的自由，只允许投资国内资产。

4.1.5.9 日本“年金积立金”和韩国“国民年金基金”

日本“年金积立金”在 2001 之前主要投资产业和基础设施，因此产生大量呆坏账，这是值得我们警惕和深思的。

韩国“国民年金基金”面临的一个重要的问题就是，如何确定国民年金基金未来的发展战略，通过基金的长期运作保持年金财政的平衡性。

4.1.6 社会养老保险存在的问题

2012 年以来，我国养老保障制度在取得空前发展的同时，也存在很多问题。养老保障资源合力作用不足，财政养老资金需求压力不断增加，退休低龄化不利于制度发展，不同群体养老金差距日益扩大，失独或贫困家庭老年人养老困难等，这些都需要不断完善。

4.1.6.1 养老保障的财政压力不断加大

1997 年，我国确立了基本养老保险制度，与市场经济体制相适应。随着制度的实施和不断完善，制度对财政的资金需求压力越来越大。以财政对基本养老保险的补贴来看，2007 年是 1157 亿元，2011 年突破 2000 亿元，达到 2272 亿元。近几年来，财政补贴数额越来越大，受养老保险统筹层次不高的影响，财政补贴数额还会继续加大。在补贴数额增加的同时，财政缺口数额也在增加。2010 年，在 32 个统筹单位中，剔除财政补贴，缺口高达 679 亿元；2011 年，缺口高达 767 亿元。清华大学就业与社保研究中心主任杨燕绥教授认为，如果现行退休金政策不变，机关事业单位退休金年支出总成本到 2020 年将达到 7000 亿元，到 2035 年约达 2.7 万亿元。从基本养老保险制度面临的人口老龄化这一因素来看，在目前统账结合制度结构保持不变、统筹层次难以提高、机关事业单位养老保险还未改革的前提下，未来财政补贴的需求将会进一步加大，财政的养老资金需求压力会越来越大。

4.1.6.2 养老金制度尚不完善

党和政府提出要建立更加公平可持续的社会保障制度。养老金缺口逐渐被政府和学界所认可，养老金双轨制也被民众诟病，因此退休养老金制度改革势在必行。综合性养老金制度建设是退休养老金改革的主要内容之一。政府层面需要做好底线公平，实现基础养老金全国统筹，建立健全合理兼顾各类人员的社会保障待遇确定和正常调整机制[①]。为应对养老金财政支付压力大，一方面可以通过量的增加来减压，如扩大参保缴费覆盖面，发展企业年金、职业年金、商业保险，增加养老金来源的多元途径；另一方面可以通过减少养老金的支付来减压，如实行渐进式延迟退休年龄政策、降低养老金金额或延迟领取养老金等。

4.1.6.3 社会保障管理体制和经办服务体系尚有欠缺

目前，我国社会保障管理的特点有：一是资金来源部门多。针对老年人的养老保障资金来自多个部门，既有人力资源和社会保障部门的养老保险、民政部门的社会救助和社会福利，也有计生部门的奖励扶助制度和特别扶助制度。这些制度政策的覆盖对象包括各年龄段的人群，而不仅仅是单纯的老年群体。二是不同群体养老金差距大。我国养老保险分属三类群体，即企业退休职工、机关事业单位退休人员、城乡居民等。前两者在新中国成立后就开始享受养老金待遇，随着 20 世纪 90 年代养老保险制度改革，两大群体的养老金待遇差距在逐渐拉大。在职职工工资不断提升，政府连续八年提高养老金待遇，但替代率却一直下降。机关事业单位养老金依靠财政支出，其替代性没有问题。而城乡居民的新农保、城居保从无到有，虽然基本上实现全覆盖，但覆盖层次和水平的差异性非常明显：标准水平低，对生活的保障力度很小，便携性还很差，转移接续比较难。其结果是，既对中青年人吸引力不足，又影响了劳动力的流动。

4.1.7 完善社会养老保险制度

随着我国人口老龄化程度日益加剧，进一步完善社会保险制度，对于保障农村老年人的基本生活和提高农村老年人身心健康显得至关重要。我国目前的社会养老保险包括城镇企业职工基本养老保险制度、城乡居民社会养老保险制度。整体而言，养老保险能够显著缓解老年贫困，但存在一定程度的

---

① 中华人民共和国中央人民政府. 国务院关于建立统一的城乡居民基本养老保险制度的意见［R/OL］.（2014-2-21）［2023-10-2］. https://www.gov.cn/guoqing/2021-10/29/content_5647622.htm.

城乡及性别差异。养老保险对于缓解老年多维贫困具有积极作用，因此国家财政应加大对养老保险的扶持力度。实际上，养老保险全国统筹工作的推进已经持续多年。2010 年，《中华人民共和国社会保险法》做出“基本养老保险基金逐步实现全国统筹”的规定；2012 年，十八大报告提出“实现基础养老金全国统筹”；2015 年，十八届五中全会提出“实现职工基础养老金全国统筹”，次年写入国家“十三五”规划；2017 年，十九大报告要求“尽快实现养老保险全国统筹”，同时提出“建立全国统一的社会保险公共服务平台”；2019 年，十九届四中全会再次提出“加快建立基本养老保险全国统筹制度”。

4.1.7.1　适度提高基本养老保险待遇水平

基本养老保险待遇水平的提高，应该在政府财政支出的基础上，建立基础养老保险金与居民消费指数的联动增长机制，从而使养老保险发挥有效保障农村老年人基本生活的作用。人力资源和社会保障部、财政部联合下发通知，明确从 2022 年 1 月 1 日起，为 2021 年年底前已按规定办理退休手续并按月领取基本养老金的退休人员提高基本养老金水平，总体调整水平为 2021 年退休人员月人均基本养老金的 4%。以广东为例，退休人员每人每月增加 28 元。挂钩调整体现多缴多得、长缴多得的激励机制。以江西为例，如按缴费年限挂钩调整，对缴费年限 15 年及以下退休人员每人每月增加 16.5 元，超过 15 年的按每满一年增加 1.1 元调整；按基本养老金水平挂钩调整，则每人每月按本人 2021 年 12 月份基本养老金的 1.23%增加。政策适当倾斜，体现出对高龄人员、企业退休军转干部和艰苦边远地区退休人员的重点关怀。比如，黑龙江对年满 70—79 周岁老人每人每月额外增加 30 元；年满 80 周岁以上的老人每人每月额外增加 40 元；对艰苦边远地区退休的人员，根据地区类别分别额外增加 5 元、10 元和 15 元。

4.1.7.2　建立科学动态的养老金调整机制

随着社会经济发展和人口老龄化加剧，养老金调整机制的合理性和可持续性变得越来越重要。为了确保老年人生活水平的稳定和提高，有必要建立科学动态的养老金调整机制。第一，确定调整因素。在确定养老金调整因素时，应考虑经济发展水平、财政状况、物价上涨、工资增长等。其中，经济发展水平和财政状况是主要因素，物价上涨和工资增长则需要根据具体情况进行适当调整。在确定调整因素的基础上，需要对各项因素进行量化和预测，以便为后续调整计划的制定提供依据。第二，制定调整计划。在制定调整计划时，需要综合考虑各项调整因素，并确定合理的调整标准和调整时间。此外，还需要制定相应的实施方案和监督措施，以确保调整计划顺利实施。在计划制定过程中，需要广泛征求各方意见和建议，增强计划的民主性和科学性。第三，建立调整机制。建立科学的动态养老金调整机制是关键的一步。具体而言，就是要根据经济社会发展状况、财政承受能力、物价变动情况等因素，定期对养老金进行调整。在调整机制中，需要明确调整标准、调整时间、调整方式等内容，并建立相应的数据监测和评估体系，及时掌握养老金发放情况，确保调整过程的公正和透明。第四，实施调整政策。将调整政策及时、准确地通知相关机构和人员是实施调整政策的重要环节。具体而言，需要将调整政策通过官方网站、新闻媒体、社会公告等多种渠道进行广泛宣传和告知，让相关机构和人员了解政策内容和实施要求。同时，还需要建立畅通的政策咨询渠道，及时解答社会各界的疑问和关切。第五，建立监督机制。为了确保养老金调整政策的公正实施，需要建立相应的监督机制。具体而言，可以由政府部门设立专门的监督机构，对养老金的发放、调整政策的执行等情况进行监督和检查。此外，还可以引入社会监督力量，比如公开透明地接受社会各界的监督和举报等，以保证调整过程的公正性和透明度。第六，优化调整政策。在实施养老金调整政策的过程中，需要根据评估结果不断优化政策内容和实施方式。例如，可以根据实际情况适当扩大或缩小养老金的覆盖范围、提高或降低养老金的发放标准等，以确保养老金调整机制的合理性和可持续性。此外，还需要加强相关政策的宣传和培训，提高相关机构和人员的执行能力和服务水平，以更好地满足老年人的养老需求。

总之，建立科学动态的养老金调整机制是保障老年人基本生活的重要举措。在实施过程中，需要综合考虑各项因素，不断优化政策内容，加强监督和评估，以确保调整机制的合理性和可持续性。同时，还需要密切关注经济社会发展的变化，积极应对人口老龄化带来的挑战，为老年人提供更好的养老保障。

4.1.7.3 协调养老金制度与医疗保障制度、社会服务制度之间的关系

养老金制度、医疗保障制度和社会服务制度是现代社会中重要的三个制

度，它们之间相互关联、相互影响。在协调养老金制度、医疗保障制度和社会服务制度时，需要清晰明确地表述各制度之间的关系和作用。这有助于避免误解和不必要的矛盾。在协调养老金制度、医疗保障制度和社会服务制度时，需要规范结构，按照一定的结构进行布局。这有助于提高协调的效率和清晰度。在协调养老金制度、医疗保障制度和社会服务制度时，需要确保规章制度的合法合规。这包括遵守法律法规、符合政策规定，以及确保各项制度之间的协调一致。在协调养老金制度、医疗保障制度和社会服务制度时，需要确保规章制度的实用性和可操作性。这需要充分考虑各项制度之间的衔接和协调，以确保其能够有效实施。

4.2　老年人医疗权益保障

2019 年 10 月 28 日，国家卫生健康委员会同国家发展改革委、教育部等八部门联合印发了《关于建立完善老年健康服务体系的指导意见》，这也是我国第一个关于老年健康服务体系的指导性文件。该指导意见指出，到 2022 年，二级及以上综合性医院设立老年医学科的比例达到 50%以上。在人口老龄化背景下，易患病老年人群的医疗服务需求较大，老年人医疗支出占我国总医疗支出的比例也不断提高，"因病致贫"和"因病返贫"现象频发。另外，在两亿六千万老年人口中，有超过一半的老年人生活在农村地区，当地经济社会发展较为落后。我国农村老年人的健康问题更加严重，这受到经济发展水平不平衡、医疗服务水平落后和社会保障待遇水平低等因素的影响。改善我国农村老年人的健康问题，需要政府、社会和家庭共同努力，采取多种措施，加强医疗保障、医疗救助和制度整合等方面的建设，为农村老年人提供更好的医疗保障和服务。

4.2.1　老年人医疗保障制度

2015 年，世界卫生组织（WHO）将"健康老龄化"界定为发展与维持老年人行为能力以增进老年人幸福感的过程。该理念为医疗卫生服务与养老服务整合发展提供了全新的视角。健康老龄化的全球实践表现出一定的结构相似性，也存在较大的差异性。发达国家的健康老龄化探索起步早、进展快，为发展中国家推进健康老龄化进程提供了经验借鉴。

4.2.1.1 城镇医疗保险制度

社会医疗保险是国家和社会通过立法，建立医疗保险基金，为劳动者提供疾病所需医疗费用资助的一种社会保障险制度。医疗保险基金来源有两个渠道：一是政府通过财政手段，提供社会医疗保险资金；二是市场主体参与其中，通过商业医疗保险的方式为被保险人提供医疗保障。其中，社会医疗保险是社会保险的一个组成部分，是当人们生病或受伤需要接受治疗时，由国家或社会为其提供必需的医疗服务或经济补偿的一项制度。该保险的实质是由全社会共同分散医疗风险，共同承担可能出现的医疗费用，旨在确保患病劳动者在治疗和康复过程中能够维持正常的生活水平，不受经济方面的过大压力。医疗保险作为社会保险的一个项目，具有社会保险的强制性、互济性、福利性和社会性等基本特征，以及普遍性、复杂性、短期性、发生率高、医疗给付补偿形式、费用难以控制等自身较为突出的特征。

医疗保险系统是指围绕医疗服务需求和供给所进行的资金筹集、资金支付、医疗费用补偿和组织管理过程中各个要素以及各个环节之间相互作用、相互依存而形成的一个有机整体，维系着医疗保险活动的进行和开展。影响这一过程的各个方面构成了这一系统的要素，其中构成医疗保险运行过程或医疗保险市场的基本要素包括卫生服务需求者、卫生服务提供者、组织者、管理者和相关政府部门。这些要素构成了社会医疗保险的主体，即被保险人（Insurant）、保险（Insurer）、医疗服务提供者（Provider）、管理者（Regulator）以及组织（organizer）。社会医疗保险系统是由医疗保险机构、被保险人、医疗服务的提供者三方以及与政府之间的相互作用所形成的医疗保险运行系统。其中，医疗保险的风险转移、补偿损失的作用正是通过医疗保险系统的运作而得以实现的。在现代社会医疗保险系统中，形成了由保险人、被保险人、医疗服务提供方和政府组成的四方三角关系，如图 4 - 3 所示。这四方之间的关系错综复杂，其中被保险人既是保险的需求方，也是医疗服务的需求方。被保险人通过保险人获得医疗服务提供方的服务，而政府则对整个系统进行管理和监督。这种复杂的四方三角关系对于医疗保险系统的正常运行至关重要。

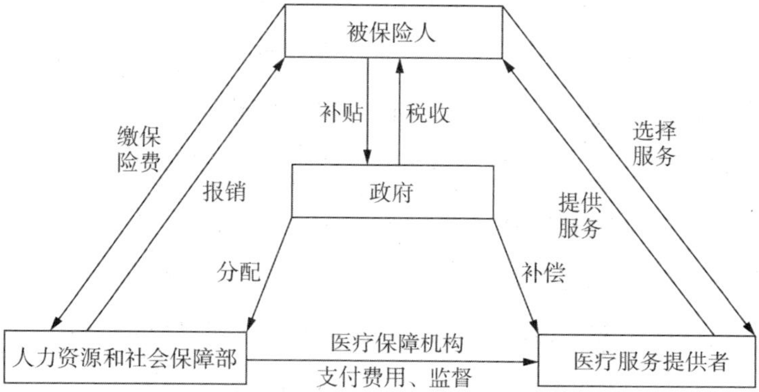

图 4 - 3　医疗保险系统运行结构

国务院于 1998 年 12 月下发了《国务院关于建立城镇职工基本医疗保险制度的决定》〔国发（1998）44 号〕，部署全国范围内全面推进职工医疗保险制度改革工作，要求在 1999 年内全国基本建立新的职工基本医疗保险制度。该决定颁布以来，我国职工医疗保险制度改革工作取得了积极进展，各地也在加快建设医疗保险体系、制定相应的管理办法，以提高医疗保障水平，更好地保障职工的身体健康。

4.2.1.2　新型农村合作医疗

我国 70%—80%的人口为农业人口，农民、农村及农业一直是我国全局性、战略性的问题。新中国成立后，我国农村在实践中建立并发展了具有中国特色的合作医疗制度。作为一种以互助共济为基础，依靠集体经济和群众集资举办的以解决农民基本医疗保健问题为目的的医疗保健制度，合作医疗制度较好地解决了农民基本医疗卫生问题。但随着改革开放的深入，合作医疗制度逐渐瓦解，农村医疗卫生保障重新面临严峻挑战。从 2002 年开始，中共中央、国务院发布《关于进一步加强农村卫生工作的决定》，提出建立以大病统筹为主的新型农村合作医疗。至 2010 年，全国已逐步建立了基本覆盖农村居民的新型农村合作医疗。

新型农村合作医疗制度（简称“新农合”）是指由政府组织、引导、支持，农民自愿参加，个人、集体和政府多方筹资，以大病统筹为主的农民医疗互助共济制度，采取个人缴费集体扶持和政府资助的方式筹集资金。新型农村合作医疗制度是我国政府为了提高农村居民医疗服务水平而推行的一项重要政策。该制度以农村居民为覆盖对象，通过政府资助、个人缴费和集体扶持等多种渠道筹集资金，旨在解决农村居民看病难、看病贵的问题；是在政府不断努力解决“三农”问题、构建和谐社会背景下出台的一项重大惠农政策。其主要目标是帮助农民减轻因患重大疾病产生的经济压力，以减少农村居民因病致贫和因病返贫的现象。该制度着重于大病保险，将政策重心主要集中在住院医疗费用和大额医疗费用上。其中，政府补贴的人均 20 元和农民自己缴纳的人均 10 元主要用于补助大额医疗费用或住院费用。

4.2.2 老年人医疗保障存在的问题

在我国当前老年健康工作所面临的挑战中，首先值得注意的是，随着人口老龄化进程的推进，老年人口的数量庞大，且高龄老年人所占比例较高。与此同时，慢性疾病的患病率较高，且带病生存的时间较长，这使得老年人的医疗卫生服务需求持续增长。然而，现有的保障服务能力相对有限，无法满足日益增长的老年人医疗需求。二者之间形成了明显的差距。这一挑战要求我们采取有效措施，增强老年健康工作的保障服务能力，以满足老年人的医疗需求。

其次，老年卫生政策和措施的不完善以及缺乏针对老年人特点的专业化医疗卫生服务是一个重要的挑战。为应对这一挑战，我们需要对老年卫生政策进行完善，并根据老年人群体的特点制定相应的医疗卫生服务措施，以提高他们的医疗保健水平和生命质量。

因此，与老年人生活质量密切相关的医疗保障问题已成为全社会关注的重大问题。解决这些问题不仅需要政府部门的努力，也需要全社会的共同参与和支持。通过综合施策，我们有望为老年人提供更好的医疗保障和服务，让他们在晚年享受更高水平的生活质量和健康保障。

4.2.2.1　老年人健康问题

在老年人群面临的各种问题中，身体健康方面的劣势最为显著。随着年龄的增长，老年人会加速出现“老化”现象，这种现象不可避免。由于身心功能的衰退，老年人逐渐失去部分或全部的工作能力，生活自理能力也随之下降甚至完全丧失。他们的日常行动变得艰难或不便，还会失去许多人际关系。同时，老年人常常面临许多健康问题，包括生理和心理问题。因此，老年人群一般被视为处于劣势地位，他们不断遭受着社会地位和角色的退化和丧失。

2009 年，卫生部制定的《国家基本公共卫生服务规范》，将老年人健康管理服务作为国家基本公共卫生服务的内容之一，以帮助老年人尽早发现健康风险因素。比如开展疾病防控知识教育、建立居民健康档案、为已确诊的老年高血压和糖尿病患者提供规范化管理、对体检发现异常的老年人建议定期复查等。据统计，60 岁以上老年人慢性病患病率是全部人口平均患病率的 3.2 倍，伤残率是全部人口平均伤残率的 3.6 倍，老年人消耗的卫生资源是全部人口平均消耗卫生资源的 1.9 倍。因此，老年人无疑是疾病的高发人群，需要占用较多的医疗卫生资源。如表 4-2、表 4-3 所示。

表 4-2　各年龄段慢性病患病率（单位：千人）

	20—29 岁	30—39 岁	40—49 岁	50—59 岁	>60 岁
心脏病	1.61	6.07	14.70	41.22	153.71
骨关节病	6.61	19.73	45.29	79.32	83.38
慢性支气管炎	2.51	6.97	16.23	34.44	63.58
高血压	0.53	3.38	12.47	40.55	61.03
脑血管病	0.18	0.63	2.55	10.83	24.50

资料来源：根据卫生部相关信息整理。

表 4-3　60 岁以上人群患病率与全部人口的对比

	60 岁及以上（A）			全部人口（B）		
	总体	城市	农村	总体	城市	农村
慢性病患病率	540.3	789.3	398.3	169.0	285.8	130.7
年人均患病天数	64	87.9	39.8	17.0	28.6	13.1

资料来源：根据卫生部相关信息整理。

4.2.2.2 老年人医疗保障体制和结构的缺陷

尽管中国面临日益严重的老龄化问题，政府有关部门和社会各界人士也对其给予充分的关注，但由于中国在社会经济发展尚不成熟的情况下进入了老龄型社会，与经济发展相比，卫生医疗事业的发展相对较为滞后。随着社会的发展和进步，老年人医疗保障体制和结构面临许多挑战和缺陷。首先，老年人的医疗保障体制不够完善。目前，我国老年人的医疗保障主要依赖于医疗保险制度，但医疗保险制度在覆盖范围、报销比例等方面还存在一些问题，导致一些老年人无法得到充分的医疗保障。此外，由于一些老年人身体状况较差、经济困难等，无法享受到医疗保险的待遇。其次，老年人的医疗保障结构存在缺陷。目前，我国老年人的医疗保障结构主要以医疗保险为主，而其他一些疾病如慢性病、老年病等也需要得到相应的保障。比如，目前我国约97%的老年人以居家和社区养老为主，疾病和失能老人的就医、康复和照护问题困扰着千家万户，存在的主要问题包括上门医疗服务存在供需矛盾、社区养老驿站医疗服务缺乏、长期护理保险制度支撑不足等等。居家、社区适老化改造应注重满足老年人医养结合需求，需要进一步完善医疗保障结构，增加对慢性病、老年病等疾病的保障力度，推动家庭和社区相衔接、改造和服务相统筹。

4.2.2.3 老年人健康不平等问题普遍存在

健康不平等是指健康在不同人群中的分布情况，即不同社会阶层之间的系统性健康差异。健康不平等是一个复杂的问题，其原因并非单一或独立的，往往是多个因素相互交织和影响的结果。首先就是经济因素，经济不平等可能导致不同人群在获取医疗资源、营养和日常饮食方面的差异，这些都是导致健康不平等的重要原因。低收入人群往往面临更高的健康风险和疾病负担，而收入较高的人群则容易获得更好的医疗保健和营养供给。此外，贫困地区的医疗资源往往相对匮乏，也会加剧健康不平等现象。因此，健康水平与经济地位之间存在显著的正相关关系，但在确定这种关系的因果关系方面仍存在争议，表现为两种观点：社会因果论和健康选择论。社会因果论认为，社会因素（例如经济、教育、环境等）是导致健康不平等的根本原因。这些因素可以影响人们的生活方式、医疗保健和社会资源获取等方面的能力，从而导致不同社会群体之间的健康差异。健康选择论则认为，健康状况是导致社会阶层差异的原因之一。在这种情况下，健康状况与经济地位之间相互作用：较差的健康状况可能导致人们在获取资源和机会方面处于不利地位，从而加剧社会不平等；同时，这种不平等又可能进一步影响人们的健康状况，形成一个恶性循环。虽然这两种观点在证明因果关系上仍存在争议，但它们为我们理解健康不平等的机制提供了重要思路。

除此之外，还包括教育差异、社会因素、健康服务供给等因素。比如，教育程度较低的人群往往更容易受到疾病的影响，同时在健康知识获取和掌握方面也可能存在差距。教育程度低的人群可能无法获得足够的信息和知识来预防和治疗疾病，也无法理解并应用健康政策和医疗服务。再如，社会因素，如种族、民族、性别、地理位置等也会对健康不平等产生影响。这些因素可能影响人们的资源获取、社会支持、生活方式以及面对的健康风险等，从而导致不同人群之间的健康不平等。例如，某些种族或民族可能面临更高的疾病负担和健康风险，而地理位置的不同也可能导致人们在获取医疗资源方面存在差异。同时，健康服务的供给也是影响健康不平等的因素之一。不同地区和国家的医疗资源、医疗技术和医疗服务质量可能存在差异，从而导致人们在获取优质医疗服务方面存在不平等。此外，医疗服务的可用性和可及性也会影响不同人群的健康状况，进而导致健康不平等现象。

4.2.3　构建新型老年医疗健康保障体系

不论是过去还是现在，老年人的社会劳动都为国家和社会创造了巨大的财富，同时他们自身也积累了丰富的经验。作为社会的重要成员，老年人享有平等的公民权利，并且理应分享社会发展带来的成果。为了改善医疗条件，实现政府提出的“人人享有初级卫生保健的目标”，确保老年人“老有所养、老有所医”，我国应构建一个多层次的新型老年人医疗健康保障体系。同时，全社会应共同努力，改善医疗条件，为老年人提供更好的医疗服务。

4.2.3.1　构建政府主导的投资与融资体系

应当形成全民范围内多样化且个人积累的机制，以确保老年人在医疗保障方面有稳定的资金来源。政府需要增加对公共医疗卫生领域的投入，全面提升社会医疗条件，将公共卫生经费在GDP中的占比从目前的0.5%提高到1%以上，并将其纳入社会发展规划中。我们应切实履行老年基本医疗保障与老年社会医疗救助，以实现全面改善和提升老年人医疗保障体制和结构的目标。

为了提高医疗保障的覆盖范围，应该将外资企业、私营企业、乡镇企业等非公有制企业纳入其中，并实施由用人单位和职工共同缴纳医疗保险费的政策。这样可以形成合理的个人积累机制，同时建立基本医疗保险基金。这一措施能够扩大统筹基金、缩小老年人医保基金的缺口。

城镇应深化医疗保险制度变革，使之更具包容性，并大力发展老年商业医疗保险。同时，应在规范的社会化管理模式下，鼓励民间慈善组织和公益团体等提供相应的保障服务。总体目标是确保稳定的医疗保障资金来源，使每一位老年人都能享受到政府所提倡的初级卫生保健的权利，并在此基础上建立一个多层次的老年人医疗卫生保障体系。

4.2.3.2 改革老年人就医制度

改革老年人就医制度需要从多个方面入手，优化就医流程、完善医疗服务、建立健康档案、开展家庭医生服务、推进医保制度改革、加强医疗队伍建设以及建立长期护理保险制度等都是重要的改革措施。比如，可以优化预约制度，针对老年人就医流程烦琐、挂号难等问题，建立便捷的预约制度，通过电话、网络、自助设备等多种方式，为老年人提供便捷的预约服务，开通绿色通道，为老年人提供优先就诊服务，减少等待时间；可以改进就医环境和服务，优化医院布局，设置方便老年人的就医标识和设施，提供轮椅、平车等辅助器具，方便老年患者行动。应加强对医护人员的培训，提高对老年患者的关注度和医疗服务质量，可以为老年人建立电子健康档案，记录基本信息、疾病史、用药情况等。应方便医疗人员了解老年人的健康状况，为老年人提供个性化的医疗服务；应完善医疗保险制度，扩大医保覆盖范围，将更多老年人纳入医保保障体系。应制定合理的医保政策，降低老年人的医疗费用负担，加强长期护理保险服务的管理和监督，提高服务质量。应加强对护理人员的培训和考核，提高护理人员的专业素质和服务水平。同时，还要加强对服务机构的监督和评估，以确保老年人得到优质的护理服务。只有通过各方面的共同努力，才能实现老年人就医制度的全面改革，提高老年人的医疗卫生服务质量。

4.2.3.3　建立和完善社区老年人医疗卫生服务体系

为了充分利用城市现有的卫生资源，应完善社区老年医疗护理网络。这个网络应包括社区医疗保健站、托老所、养老院、护理院、照料中心等机构，它们可以为社区老年人提供优质、便捷、经济的医疗卫生服务。应建立老年人健康检查制度，为老年人提供预防、医疗、护理和康复等多种服务。还可以为老年人建立医疗健康档案，以逐步解决他们的基本健康问题。这种档案有助于监测和预防老年人的健康问题。为了完善县、乡、村三级医疗预防保健网，应加快乡、村医疗卫生组织建设，并努力改善老年人的医疗卫生条件，包括提供充足的医疗设备和技术支持，以及培训足够数量的医疗人员，他们应具备为老年人提供高质量医疗服务的技能和知识。通过这些措施，可以有效地改善老年人的医疗卫生条件，并为他们提供更好的医疗护理服务。这将有助于提高老年人的生活质量，并为我们的社会带来更多的和谐与稳定。

应积极挖掘社区老年人的自我照顾能力，并为他们提供医疗护养和家庭照料等服务。此外，鉴于社区老年人对医疗资源的需求及相应的经济承受能力存在差异，应建立一个适应不同收入、不同需求和不同形式的社区老年医疗保障体系和保障制度，将相关的预防、医疗、保健、康复、照料等服务内容纳入这个保障制度，并对其进行统一规范的管理。此外，还应强化社区的医疗护理功能，从而为社区老年人提供更全面、更贴心的服务。通过这样的方式，可以有效地满足不同老年人的医疗需求，进一步提高他们的生活质量。

4.2.3.4　建立城乡医疗救助制度

低收入老年人群是指收入水平较低、生活较为贫困的老年人。随着社会经济的发展，尽管大部分老年人的生活水平得到了提高，但仍有部分老年人面临医疗费用负担过重的问题。他们往往无法承担昂贵的医疗费用，导致病情得不到及时治疗和有效控制，生活质量下降。因此，建立低收入老年人群的医疗救助制度，对于保障他们的基本医疗需求、提高生活质量具有重要意义。建立低收入老年人群的医疗救助制度需要政府出台相关政策法规，明确医疗救助的对象、标准、程序和监管措施等。例如，政府可以制定《低收入老年人医疗救助管理办法》，明确医疗救助的范围、申请条件、审核程序、资金管理等方面的要求，为医疗救助制度的建立提供法律依据。为低收入老年人群提供基本的医疗保障，包括常见疾病的诊断、治疗、护理等服务。此外，针对老年人常见的慢性病，政府可以设立慢性病管理中心，为他们提供专门的医疗指导和健康管理；可以设立药品供应保障机制，通过集中采购、价格谈判等方式，为低收入老年人群提供价格合理的药品。同时，应加强对药品质量的监管，确保低收入老年人群能够用得上质量合格的药品。应当将“大病救济”的理念扩展为保障低收入人群基本医疗权利，减轻其医疗负担，改善其健康状况。

4.2.3.5 加强家庭养老和护理功能

社会医疗保障体系的基本单元就是家庭。著名经济学家克莱因认为，在未来 20—30 年的时间里，随着老龄化高峰的来临，中国可能无法积累足够的财富来支持老年医疗保障，因此中国人仍需依赖子女来养老。为解决这一问题，我们需要采取一系列措施。首先，必须加强尊老、敬老的道德建设。我们应大力弘扬中华民族敬老、养老的传统美德，通过广泛的宣传教育和舆论法治监督，营造良好的家庭尊老、助老、养老的社会氛围。其次，家庭成员应加强对老年医疗护理知识的学习，以承担一些最基本的老年护理功能。这样一来，家庭就能在解决老龄化社会所带来的老年人医疗健康问题上发挥重要作用。最后，应构建和完善老年人医疗保障体系，这样不仅能够解决老龄化社会所面临的一些老年人医疗健康问题，还可以为维护社会的稳定和持续发展做出积极贡献。

4.2.3.6 探索长期护理保险的发展路径

长期护理保险制度（Long-term Care Insurance，LTCI）在我国以及其他国家都是新兴的险种，对解决老年人的长期照护起着重要作用。《“十三五”国家老龄事业发展和养老体系建设规划》中明确提出“探索建立长期护理保险制度”。在我国，LTCI 刚刚起步。目前，全国实施长期护理保险试点共 15 个，其中山东省青岛市最早，于 2012 年 7 月开始实施长期护理保险，资金筹集依靠医疗保险基金；2015 年 5 月，吉林省长春市进行了类似探索，主要依靠医疗保险基金结余支付；其他试点城市则主要是在人社厅下发 80 号文后，陆续开展长期护理保险试点。如表 4 - 4 所示。

表 4-4　长期护理保险制度试点城市名单（15 个试点城市）

河北省承德市	吉林省长春市	黑龙江省齐齐哈尔市
上海市	江苏省南通市	江苏省苏州市
浙江省宁波市	安徽省安庆市	江西省上饶市
山东省青岛市	湖北省荆门市	广东省广州市
重庆市	四川省成都市	新疆维吾尔自治区石河子市
注：吉林和山东两省作为国家试点的重点联系省份		

资料来源：根据中华人民共和国人力资源和社会保障部网站相关信息整理汇编。

从已经出台试点方案的试点地区的资料看，基金筹资的渠道大体分为三类：

第一类，主要或者全部源自医疗保险统筹基金、医保个人账户划转，如承德、长春、安庆、上饶、青岛等。

第二类，规定单位缴费比例，但是单位缴费仍由医保基金结余或者医保统筹基金划转，个人暂不缴费，如上海市和成都市。

第三类，财政补助一部分，如南通、苏州、荆门。以南通为例，南通目前财政补助占比 40%，未来南通市计划视人均可支配收入增长和基金收支情况调整，其资金筹集方向是逐步提高个人缴费、财政补助所占比重，逐步降低甚至取消医保统筹基金的划拨额度。

我们在探索长期护理保险的发展路径过程中得出以下经验：一是探索了"医＋养＋康＋护"相结合的新型保障模式；二是探索了建立长期护理保险自有基金；三是逐步扩大覆盖范围；四是配套建设，提升制度可持续性；五是统筹协调，提升制度实施效率。

4.2.3.7　解决老年人异地就医问题

随着社会的发展、人口流动和城市化进程的加速，老年人异地就医的需求日益增加，已成为必须解决的现实问题。

首先，解决老年人异地就医问题，关键在于异地医保政策的制定和实施。当前，各地医保政策存在较大差异，报销比例和范围各不相同，这给老年人异地就医带来了一定的困扰。因此，制定统一的医保政策是当务之急，以确保老年人在异地就医时能够享受到公平的医保待遇。为完善异地医保结算制度，应简化结算流程，为老年人异地就医报销提供便利。应建立全国统一的医保信息平台，实现医保信息的共享和交换，从而提高结算效率。这一举措将极大地改善老年人在异地就医过程中的体验，减轻他们的负担。通过统一的医保政策、简化结算流程以及建立全国统一的医保信息平台，我们可以更好地解决老年人异地就医问题。这些举措将为老年人提供更优质的医疗服务，进一步促进社会的和谐与稳定。

其次，解决老年人异地就医问题的一个必要的手段是建立健全跨地区医疗服务体系。为了形成全面覆盖的医疗服务网络，我们需要对各级医疗机构、专科医院、疗养院等资源进行合理配置。此外，我们还需要努力加强医疗资源的整合和共享。这不仅可以满足老年人的跨地区医疗服务需求，还能促进医疗资源的流动和调配。我们可以推广医疗联盟、医疗集团等模式，以实现医疗资源的优化配置和共享。通过建立健全的跨地区医疗服务体系，我们可以更好地解决老年人异地就医问题，为他们提供更优质的医疗服务。

第三，远程医疗是解决老年人异地就医问题的一种重要方法。通过运用现代信息技术，我们可以建立远程医疗平台，提供远程会诊、远程诊断、远程治疗等服务。为了提高远程医疗的水平和质量，我们需要进一步加强远程医疗技术的研发和应用。这种技术的运用可以更好地满足老年人的远程医疗服务需求。此外，我们还可以鼓励医疗机构和医生开展远程医疗业务，从而扩大远程医疗的覆盖面，提升服务质量。通过建立远程医疗平台、加强技术研发和应用、鼓励医疗机构和医生参与等方式，我们可以更好地利用远程医疗解决老年人异地就医问题。

第四，要解决老年人异地就医问题，医疗信息共享是必不可少的条件。为此，应建立一个全国性的医疗信息共享平台，从而实现医疗信息的互认和共享。同时，应制定医疗信息共享的标准和规范，以确保信息的标准化和安全性。这样，我们可以通过医疗信息共享来减少老年人在异地就医时面临的信息不对称问题，从而提高他们就医的便利性和效率。

除了以上措施，我们还应重视对老年人的医疗服务进行改善。首先，应加强健康教育，提高老年人的健康意识和自我保健能力，引导他们正确选择医疗服务。同时，还应加强医疗服务的针对性和个性化，以满足老年人的特殊生理和心理需求，并提供贴心、温馨的医疗服务。此外，建立健全医疗服务评估机制也是必不可少的。这将有助于我们及时发现并解决医疗服务中存在的问题，并不断提高医疗服务的质量。通过医疗信息共享、制定标准和规范、加强健康教育、提高医疗服务针对性、建立评估机制等措施，我们可以更好地解决老年人异地就医问题，从而提高他们的生活质量。

4.3　老年人社会优待权益保障

4.3.1　老年人社会优待及其内容

老年人的社会优待权是指基于老年人自身特点，国家和社会在老年人食、住、行、用、娱以及经济、服务、维权、医疗保健等方面给予的广泛关怀照顾及物质优惠。老年人的社会优待权是老年人享受的社会权利之一，除此以外，还包括老年人的社会保障权和社会服务权。修订后的《中华人民共和国老年人权益保障法》新增了享受社会服务的权利，这项权利是指为了满足老年人基本生活、日常照顾服务和医疗保健等方面的基本需求，老年人有权利享受由政府或其他社会组织提供的各种相关服务，包括养老机构等各类社会机构为老年人提供的各项服务。

4.3.1.1　中国传统的老年人社会优待

老年人的社会优待与我国千百年来尊老敬老的传统是分不开的，古代有皇帝赐老莱，即老年人受到特别的尊重，尤其是那些长寿的老人，皇帝会赐予老莱（老人）特殊的礼物和荣誉，以示尊重和祝福。汉朝的“王杖制度”规定，年满一定年龄的老人可以获得一根象征权威和尊贵的王杖。家族会在宗庙中祭祀祖先，以示对先人的敬仰和纪念。这种祭祀不仅是一种宗教仪式，也是家族团结和认同的表现。儒家学派的创始人孔子非常重视尊老敬老的价值，他提倡孝道，强调尊敬和照顾父母的重要性。早在西周时期，中国就有了“乡饮酒礼”的习俗。唐朝时期有了“矜老恤幼”的原则，而“矜老”就是优待老年人的意思。自西周起，对老年人的优待从未中断过。随历史演进，法制逐渐完备，老年人渐渐受到更多法律和政策的优待。社会不断进步，精神文化不断提升，尊老、敬老、助老的理念得到了进一步的体现和实施。

4.3.1.2 现代社会老年人社会优待

我国积极推动和完善老年人优待政策，包括国家层面和地方层面。在国家层面，主要依据《中华人民共和国老年人权益保障法》和其他相关政策，为老年人提供各种优待。例如，该法规定，国家应建立和完善老年人社会保障体系，发展养老服务，保护老年人合法权益。而在地方层面，各地根据自身实际情况和国家法律，制定了符合本地情况的老年人优待政策。这些政策通常包括医疗保健、生活照顾、交通出行等方面的优待。在资源分配时，老年人通常被优先考虑。例如，在公共场所和公共交通工具上，老年人可以享受优先购票、优先上下车等优待。此外，在人人平等的基础上，老年人还可以享受一些特殊待遇。例如，在医疗保健方面，许多医院和社区卫生服务中心都设有老年人专用的门诊和病房，医生会为老年人提供更加细致周到的医疗服务。这些优待政策的实施，不仅有助于提高老年人的生活质量，也体现了社会对老年人的尊重和关爱。如表 4 - 6 所示。

表 4 - 6 我国实施老年人优待政策的具体项目

优待项目	优待理由	具体内容
政府服务优待	老年人因身体机能低下，活动不便，无法继续从事繁重的工作，所获得的薪酬就会相应减少。为了满足老年人的生活需要，就应减轻老年人的生活负担和经济压力	• 制定社会救助、保障政策，对贫困、失能老年人重点照顾，发放高龄津贴（80 周岁及以上） • 百岁以上老年人津贴 • 贫困家庭丧葬费用减免/老年人丧葬费用补贴 • 住房政策优待 • 农村筹劳任务减免 • 无障碍设施改造

续　表

优待项目	优待理由	具体内容
医疗保健服务优待	老年人在身体机能和身体健康方面处于绝对劣势，医疗卫生保健服务的完善及专门针对老年人的医疗优惠政策对于解决老年人晚年治病看病难具有重要意义：一方面减轻了老年人的经济负担，另一方面老年人在完善的医疗优惠环境中也会更加主动地关注自身的身体健康，减轻子女挂念，促进社会和谐。还有文化娱乐休闲优待	•常住老年人免费建立健康档案，每年至少提供 1 次免费体格检查 •对行动不便的老年人，提供上门健康指导服务 •推进“医养结合”养老服务模式 •将“三五”“五保”和贫困老年人纳入医疗救助范畴 •医疗机构提供就医优先、优惠及便利
维权服务优待	老年人面对权益受到侵害时所选择的维权途径应尽量简单明了且方便快捷，应提供高效便民的咨询平台，及时为老年人答疑解惑。各区域应主动关心该地区老年人的生活情况，遇到生活存在困难的老年人应主动为其提供援助。司法上更应简化法律程序，涉老案件优先审理，让老年人权益得到高效而有力的保护	•健全完善老年人法律援助体系 •交纳诉讼费确有困难的，可以申请司法救助，缓交、减交或者免交诉讼费 •社会法律服务机构减免和服务费用
生活服务优待	在老年人的日常生活衣食住行等方面提供相应的便利条件，实施社会生活服务优待	•公共交通、公路、铁路、水路和航空客运优先优惠/减免，提供老年专座 •兴建无障碍设施 •免费使用公厕 •商业服务机构为老年人提供优先、便利、优惠服务

续 表

优待项目	优待理由	具体内容
文体休闲优待	老年人和其他群体一样也需要一定的文娱活动，其精神文化世界在老年时期同样也需要丰富和深化，因此需要国家和社会向老年人免费提供其所需要的文体场所，为老年人精神文化生活的提高和丰富创造便利。	• 公益性文化设施免费或优惠开放 • 公园、园林、旅游景点提供门票减免 • 优先优惠使用公共体育馆和设施 • 影剧院提供票价优惠和场地使用优惠 • 老年大学/学堂教学资源公开、优惠、减免

资料来源：根据我国部分地区民政部门网站中的老年优待政策整理。

4.3.2 国家老年人优待政策的发展

在国家层面，中华人民共和国成立以后，针对我国老年人生活保障、权益维护、优待服务的政策主要分为两个阶段：

第一阶段：1949—1996 年，我国的人口结构还没有明显地进入老年型，同时城镇化率也相对较低。在这种背景下，老年人大多依靠家庭进行养老。尽管在某些法律文件中有涉及老年人权益的相关规定，但并没有针对老年人权益保障的专门法律文件，这些法律文件主要包括宪法、刑法、劳动法、继承法和民法通则等。这些法律规定中虽然包含涉及老年人权益的相关规定，但这些规定相对较少且较为分散。法律规定中含有其保障措施，尽管如此，这些有关的法律规定还仅局限于退休金、继承和遗产以及劳作等方面。在其他方面，例如医疗保健、福利服务、住房保障等方面，老年人的权益保障仍然存在较大的空白。因此，为了更好地满足老年人的需求、提高他们的生活质量，需要进一步完善相关的政策和法律规定。

第二个阶段：1996 年至今，我国老年优待政策逐步得以重视和发展。

1996 年，我国颁布了《中华人民共和国老年人权益保障法》，这部法律的颁布是我国老年人权益保障进程中的里程碑。我国第一次在法律层面提到针对老年人群体的优待活动，这使得老年人可以在参观、游览、日常出行等方面得到各级政府的照顾。这些优待措施和服务项目的力度和范围，取决于当地政府的能力和当地经济的现状。之后，我国于 2009 年、2012 年、2015 年、2018 年对老年人权益保障法进行了逐步完善和修正。这些修正和完善工作进一步推动了我国老年人权益保障工作的深入发展，为老年人提供了更加全面、优质的保障和服务。

2005 年，全国老龄委发布《关于加强老年人优待工作的意见》，这是我国第一部关于老年人优待工作的全国性专项文件。文件中明确了优待对象、基本原则和具体内容，并将优待项目大致分为六类。2013 年，全国老龄委和其他 24 个部门联合发布《关于进一步加强老年人优待工作的意见》，该文件详细且全面地规定了老年人优待工作的具体内容和相关环节，是当前最为全面的有关老年人优待的专项政策文件。

2011 年，国务院发布《关于〈中国老龄事业发展“十二五”规划〉的通知》，其中明确提出要“进一步完善老年人优待办法，提升老年人的社会福利水平”。2017 年颁布的《关于〈印发“十三五”国家老龄事业发展和养老体系建设规划〉的通知》中，国务院对老年人优待政策有了更进一步的要求，即“到 2020 年，普遍建立健全老年人优待制度”。在地方层面上，各地区以《中华人民共和国老年人权益保障法》为政策依据，结合当地的发展情况和条件，逐步发布实施了适应本地区的老年人优待政策文件。我国政府相继制定了一系列老年人优待政策文件，这些文件涵盖医疗保健、养老服务、交通出行、文化娱乐、教育和培训、就业创业以及权益保障等方面，为老年人提供了全方位的保障和关爱。

4.3.3　老年人优待政策执行中的问题呈现

4.3.3.1　优待政策执行不到位

优待是老年人的一项重要权利，因此必须根据当前的经济社会发展情况来加强老年人优待工作。制定具体的优待范围和水平是非常重要的，而且随着经济社会的发展，其范围应该不断扩大，水平也应该不断提高。只有通过这样的方式，才能更好地满足老年人的需求，让他们在晚年享受更多的关爱和尊重。在实施老年人公交优待政策的过程中，一些地方政府重点考量提高老年人的出行便利性，然后再考虑是否给予一定的优惠。然而，由于政府部门未充分预见到政策执行中的挑战，导致政策执行不力。此外，因缺乏有效的监管机制，在免费乘车过程中暴露出诸多问题，如冒用敬老卡、强行要求让座等老年人乘车安全问题。大量老年人的出行在不同程度上加重了市区交通拥堵，尤其是挤车占座可能给非老龄者带来不好的体验甚至反感情绪。社会上甚至出现了暂停该优惠政策的呼声。此外，实行优惠政策导致公交公司利润减少，而申请补贴流程又较为烦琐，因此公交公司对此政策的配合程度参差不齐。这导致老年人在不同线路的乘车体验大相径庭，服务水平也有所差异。

国家和各地政府部门对老年人群体都有着许多优待，这体现了政府对老年群体的关爱，弘扬了敬老爱老的传统美德。年满 60 周岁老年人的优待一般包括：优先购买车船、飞机票（老年人在购买车船、飞机票时可以享受优先服务，通常可以提前预约或者由工作人员协助购买）；优先上下车船、飞机（在上下车船、飞机时，老年人可以享受优先服务，这为他们出行提供了便利和安全保障）；优先办理金融、供电、供水、供气、电信等业务（在办理金融、供电、供水、供气、电信等业务时，老年人可以享受优先服务，节省了他们的时间并提高了办事效率）；免费进入政府兴办或者给予资金支持的公园（政府提供资金支持的公园等场所对老年人免费开放）；等等。65 周岁以上老年人除享受上述规定的优待外，还可享受免费进入景区景点，免费乘坐交通工具等优待。由于过渡期内身份证和老年证并行使用的情况存在，一些提供涉老优待服务的单位和部门仍然只认可老年证，这导致许多手持身份证的老年人无法享受优待，从而削弱了这项惠民政策的效果。首先，政府部门需要加强对这项惠民政策的宣传力度，以确保每位老年人及其家人都了解政策内容。通过广泛的宣传途径，可以避免一些不知情的老年人走弯路，不必再为办理老年证而烦恼。此外，相关单位和部门也能更好地了解政策要求，不再为难仅持身份证的老年人。其次，我们可以通过高科技信息技术手段来提高政策执行效率。例如，运用身份证识别系统，可以迅速确认老年人的年龄，使他们只需刷一下身份证就可以享受免费优待。这种做法不仅降低了人工识别成本，减少错误率，而且提高了政策执行的效率和准确性。

4.3.3.2 社会支持不到位

其一，养老机构之间的水平参差不齐。养老机构服务质量参差不齐，不同机构之间的服务水平存在巨大差异。这主要体现在服务流程、员工素质、服务质量等方面。一些机构服务流程不规范，没有形成标准化的服务体系，导致服务质量和效率无法得到保障。同时，员工素质参差不齐，部分员工缺乏专业培训和技能，无法为老年人提供专业、周到的服务。养老机构对照顾者的培训和支持不足的问题主要表现在培训内容、培训方式、支持政策等方面。首先，培训内容不够全面，无法满足照顾者在服务过程中所需的专业知识和技能。其次，培训方式单一，缺乏灵活性，无法满足照顾者的个性化需求。最后，支持政策不足，照顾者在工作中遇到的问题无法得到及时解决和帮助。

其二，养老机构内部服务项目差距较大。需求评估指标不明确、评估结果应用不充分，导致需求评估与服务质量不一致。一些养老机构缺乏对老年人需求的深入了解和分析，无法准确把握他们的真实需求，从而无法提供有针对性的服务。养老机构对老人心理健康的关注不足主要表现在心理需求、心理干预等方面。老年人由于孤独、焦虑、抑郁等问题，对心理健康关怀有很高的需求。然而，很多养老机构往往只关注老年人的物质需求，而忽略了他们的心理需求，导致老年人心理健康问题得不到及时有效的解决。

其三，优惠待遇不公平。新政策下，福利改革的实际效果并不理想，例如上海市推出“老年综合津贴制度”，但这并不意味着所有老年人的福利待遇都得到了提高，反而一部分老年人原本享受的优惠待遇被降低了。比如，一位身体健康、喜欢乘坐公交车的 70—79 周岁的老年人每月领取 150 元津贴后，只能乘坐约 75 次单程公交车或 30 次单程地铁，这比原先在非高峰时段可以多次免费搭乘的福利降低了。福利改革的目的应当是提高福利水平，但实际实施中却只是做到了平均分配。政策的初衷是在老年人现有福利的基础上提供更多福利，而不是将原本享受较好政策的老年人的福利分割出去。

4.3.3.4　生活照护尚存不足

目前，老年人的生活照护服务还存在一些不足之处。一些老年人需要居家式的服务，但是一些养老机构或医疗机构提供的照护服务时间很短，无法满足真正的护理需求。此外，基层医疗机构或养老机构的医护人员工作压力大，缺乏服务的动力，而双边治理的责任不明确，缺乏有效的监管和问责机制，导致协议双方互相推卸责任，无法保障老年人的权益。因此，需要弥补生活照护服务的不足之处，保障老年人的福利。

4.3.4 老年人优待权益的保障

4.3.4.1 应"老有所居"的优化与拓宽

首先，应优先照顾困难老人入住廉租房。通过实施针对老年人的廉租房政策，特别是对于那些处于贫困状态或者生活困难的老人，应当优先考虑为他们提供安全的、低成本的住房环境。在危房改造等项目中，应保证老年人的住房权益，将他们列入优先考虑的范畴。其次，应给予特殊老年群体住房优待。对于残疾和失独的老人，他们需要更多的关怀和支持。在住房政策上，应提供特殊的优待，例如提供优先的拆迁租房补助和房屋选择权。第三，应探索反向抵押贷款模式。对于拥有较好住房条件的老人，我们可以研究反向抵押贷款的模式。通过这种方式，他们可以将其住房价值转化为一种收入来源，同时也可以在一定程度上改善他们的经济状况，提高生活质量。第四，应给予租金补贴和租金优惠。在适当的情况下，可以考虑通过提供租金补贴或者租金优惠的方式，来帮助老年人承担一定的住房负担。这样做不仅可以减轻他们的经济压力，同时也有助于提高他们的生活质量。

4.3.4.2 应建立老年人服务专门评估机构

应建立一个专门的评估机构来评估为老年人提供的服务。该机构应制定明确的评估标准和程序，以确保为老服务机构能够满足老年人的需求。此外，该机构还应进行严格的培训和考核，并给予奖励和惩罚，以激励服务机构提高服务质量。通过这些措施，我们将能够更好地监督养老服务水平，提高护理和照顾质量，并充分关注老年人的身体和精神需求。这将使我们的老龄工作更加科学化、制度化和规范化。

4.3.4.3 应健全推广养老服务单位保险制度

老年人因为身体机能退化和健康状况较差，常常会出现突发情况。如果老年人发生意外事故，由保险公司和养老机构共同承担理赔风险，这将减轻养老机构的经营压力，避免经营困难或破产的情况发生。这些保障和支持将鼓励更多的为老服务单位全心投入老年事业，不断提升服务水平，使老年人受益。

4.3.4.4 应建立多元化资金投入机制

在我国，老龄事业所需的资金投入正在逐渐实现多元化。尽管财政部门已在逐步增加对老龄化事业的财政投入，但随着老年事业的快速发展，仍需要大量的专项资金来满足其不断增长的需求。如今，越来越多的人开始意识到投资于老年事业的重要性，他们通过各种途径为我国的老年事业发展提供资金支持。例如，通过购买股票来实现养老资金的保值和增值，彩票收益的部分投入老年事业的建设，以及社会上的老年健康教育、老年活动演出等不仅为老年人提供了娱乐，同时也为老年事业的发展提供了资金积累。总的来说，经过多年的努力，我国老龄事业得到了规范化的管理和运营，社会上的老年组织也日趋成熟。这使得更多的社会资金愿意投入进来，建立健全多元化的资金投入机制。这种机制可以在社会上营造良好的投资氛围，鼓励更多的机构和个人参与到老年事业中来，共同推动老年事业的快速发展。

4.3.4.5　应建立多部门联动的社会支持系统

应建立一套由多个部门联合行动的社会支持系统，以推动为老服务的发展。这种新的为老服务模式将颠覆过去政府大包大揽的模式，而转向以政府指导、资源整合为主，更注重挖掘社会上一切有利的资源，并借助第三方力量来共同推进老龄事业的发展。当老年人需要办理相关业务时，金融单位应在政策上给予支持，确保业务流程高效、便捷。例如，可以设立一个专门的导引体系，为行动不便或患病的老年人提供上门咨询或第三方代理业务。此外，金融单位还可以为购买养老保险的顾客提供优惠政策，以减轻他们的经济压力。对于开展转账、外汇流程或选购投资理财产品的老年人，金融单位必须按照相关规定予以办理。同时，还应对相关的风险进行具体阐述，确保老年人全面掌握交易的具体内容，并给予必要的提示。可以在各大网络智能提款机、储蓄柜台等地方贴置警醒标语，通过高科技方式来预防老年人受骗，真正让老年人了解可能存在的风险因素。

4.3.4.6　应推进医养结合进程

推动医养结合的进程，需要采取新的发展模式——政府主导、市场推动。为实现这一目标，需要采取以下关键措施：首先，应调整当前的医疗资源，改变预防和卫生投入的比例。应确保落后地区的人们获得足够的卫生医疗援助服务，以降低老年人的患病率。这一点对于改善他们的生活质量、提高健康水平至关重要。其次，应针对特定群体进行健康防御和疾病全程追踪。特别是要加强老年人健康安全宣传和卫生医疗的推广，以控制慢性病的发病率。

这样可以增强老年人的自我健康意识和自我管理能力，减少慢性病的发生，降低医疗负担。第三，应关注老年病的预防和治疗工作，提高老年人的自我安全防护能力。应采取积极有效的措施，控制致残率并降低依赖程度。这样不仅可以让老年人保持独立的生活能力，还可以提高他们的生活质量。最后，应关注老年人的心理变化，提供心理咨询服务。应确保真正满足老年人的心理需求，增强他们的心理适应能力，让老年人树立自强不息、独立自主的生活观念。这样可以帮助老年人更好地适应生活的变化，提高他们的心理健康水平。

第 5 章

老年人社会心理问题研究

随着现代社会生活节奏的不断加快，心理问题逐渐引起了大众的关注。老年人是一个特殊群体，是常规概念中已经退出社会工作领域的群体，由于老年人不经常出现在当今的主流媒体中，导致了青少年的心理问题更受关注，而老年人的心理问题则常常会被忽略。因而，除了学术界以外，普通社会生活中对于老年人心理问题研究与关注较少。

5.1　老年人的抑郁心理

抑郁，一般指抑郁发作，常见的症状为情绪低落、思维缓慢、语言动作减少和迟缓。抑郁状态有诸多危害，会使人陷入极端情绪无法自拔，严重者甚至可能会出现自残行为。老年人如果经常出现抑郁心理，就很容易导致患抑郁症。抑郁症是老年人最常见的精神疾病之一，并常伴有其他躯体疾病，这也造成了普通人尤其是亲属难以在疾病初期发现该症状并予以干预。老年抑郁症在精神科中是十分常见的，临床上通常把老年抑郁症分成两种情况：第一种，是指在老年阶段首次发病的抑郁症；第二种情况是指老年人在青年时期就曾经患过抑郁症，经过治疗有所好转，在老年时期再次复发的情况。不管属于哪一种情况，老年人的抑郁都会明显带有老年时期的特点。当前，老年抑郁问题不仅在各大综合医院中非常常见，在各种专科心理门诊或精神门诊中也是比较多的，甚至可以说已经是 21 世纪的一种流行性疾病了。

抑郁是中老年人最常见的心理健康问题之一，对中老年人生活质量、日常生活能力、老年性疾病发病率、自杀率等有着重要影响，不仅严重降低中老年人的幸福感和生活满意度，还给家庭乃至社会带来沉重的负担，已成为我国重要的公共卫生问题。①

案例 1　小孙子上小学，被儿子、儿媳接回家了，原本每天围着小孙子团团转的老太太，一下子无事可做了。本来，老两口尽管觉得带孙子有点辛苦，

① 李甲森，马文军. 中国中老年人抑郁症状现状及影响因素分析［J］. 中国公共卫生，2017，33（02）：177-181.

但是每天都能听到小宝贝“爷爷、奶奶”地喊，觉得也是乐在其中。而现在三房两厅的家里，就只剩下了两位老人，儿子一家一个月才会来一次，实在太冷清了。渐渐地，老太太觉得心里空空的，晚上睡不着觉，白天没精打采的。最近的两个月，老太太不愿意做饭，整日躺在床上唉声叹气，就连平时喜欢的麻将也没有兴趣了。后来，经过专业医生诊断，老太太患上了抑郁症。

抑郁症是以情绪低落、悲观消极、活动减少、思维迟钝等为主要特征的老年人常见的精神障碍之一。那么，哪些老年人容易产生抑郁心理呢?

5.1.1 老年人抑郁心理的产生

5.1.1.1 缺乏感情支持者

老年人退休后，离开了工作岗位，原本朝九晚五忙碌的状态出现了变化，变得清闲。而随着退出工作岗位，老年人在家庭中原有的地位和扮演的角色也会发生改变，自己觉得在家庭中的重要性下降了，人际交往的圈子变小了，能与他们交流感情的人也越来越少。子女整天忙着上班，亲朋好友也各有自己的家庭，于是老人们开始感到寂寞和孤独，甚至产生了一种“被遗弃”的失落感。

5.1.1.2 有慢性躯体疾病者

随着年龄的增大，老人患慢性疾病的数量逐渐增多。有研究发现，身体患有疾病的老年人比身体健康的老年人患抑郁症的概率更高，达到50%以上。糖尿病及高血压患者罹患抑郁症的比例均明显高于健康人。而其他疾病例如老慢支、胃溃疡、关节炎、甲状腺疾病、恶性肿瘤等慢性疾病，除了疾病本身会影响大脑的氧供和血供，再加上治疗时间长、疗效一般，常常会使老年人感到无能为力、心情沮丧。

5.1.1.3 长期服用某些药物者

有些老人长期服用药物，如普萘洛尔、利血平、左旋多巴、甲基多巴、肾上腺素、糖皮质激素等，这些药物很可能引起老年人药源性抑郁。

5.1.1.4 被负面生活事件刺激者

医生常说，负面生活事件发生的频率与老年抑郁症发生率密切相关。丧偶、亲友去世、无法调和的家庭矛盾等，都会给老年人带来沉重打击，产生悲观绝望的情绪。

5.1.2　老年人抑郁的表现

具体来说，老年人抑郁有以下几个方面的表现。

5.1.2.1　自卑感

老年人会表现出疑心重重，感觉身边的人都看不起他、讨厌他，甚至鄙视他。这种怀疑感与精神分裂症的怀疑感不一样，它原发于情绪障碍，是由情绪低落而产生的。

案例 2　付先生是车间技术员，还曾被单位返聘过一段时间，已习惯了忙碌的日子。退休后的他发现“无事可干”的日子很难熬。渐渐的，付先生的精神状态越来越差，身体也受到影响，退休后不到半年时间，腿脚已经不太利落了。之前大步流星的付先生不见了，现在走路弓腰驼背、长吁短叹。对付先生来说，原来的工作虽然忙碌劳累，但是车间里的同事每天聊天说笑，人的身体很累，但精神状态非常好。现在退休了整个人虽然闲下来了，但没有了聊天说话的人，每天只是单调地重复着吃饭、睡觉的轨迹，十分无趣。付先生经常去医院看精神科，每次都会带回一堆药来，但这些药似乎也治不了他的心病。

5.1.2.2　思维活动受限

老年人大脑反应迟钝，总是称自己变笨了，生活中简单的问题有时不能自己独立解决，并因此增加了已存在的自卑感。尤其是在退休后离开原有工作岗位之后，在工作岗位上发光发热的感觉消失，觉得自己现在一无是处。

案例 3　刘先生从没有想过自己的退休生活会如此无趣，每天都“度日如年”。刘先生平时没有什么爱好，下了班回家就是看看电视，然后睡觉，第二天再去上班。每天如此，循环往复，也没觉得有什么。但是退休之后，他渐渐发现自己的生活很成问题，每天睡醒后除了看电视之外没有别的事做。看了一天电视的他一到晚上就头昏眼花、腰酸背痛，连吃饭都觉得没有胃口。久而久之，睡眠质量越来越差。就这样，原本身体很好的他现在身体越来越差，脾气也越来越差，似乎没有什么让人开心的事儿，看到什么都觉得心烦，还经常因为一点儿小事就跟家人大发雷霆。

生活中像二位老先生这样的老年人很多，他们往往没有太多的兴趣爱好，退休后骤然改变了生活轨迹，又没有兴趣爱好来帮助他们度过退休后的过渡时期，因此往往会陷入一种忧郁的情绪之中无法自拔。这种现象在社会学中被称为“角色失调”。角色失调是指一个人在他所扮演的多种角色之间无法有效地协调，从而导致角色混乱、茫然无绪。当人处在角色失调的状态中时，人的心理状态很容易受到影响，产生一种深深的无力感，精神状态就会越来越差。

5.1.2.3 自我贬低与谴责

患者往往认为自己什么都做不好，把芝麻大点的事想象成不可饶恕的错误，感觉谁都对不起，内心不断责备自己。

案例4 据子女描述，现年74岁的王大娘，近些日子来好像忽然变了个人，以前经常与姐妹一起跳广场舞，现在却每天待在家里，不爱运动，动作缓慢，轻巧的家务劳动也需要花很长的时间才能完成。家人与她聊天，她也回复得很慢，有时的回复只有一两个字。面部表情也很少，经常发呆，对别人的行动也无动于衷。只有在提及她已故的老伴时，她才会有所回应，眼含泪花，表示自己感觉自己什么都做不好，以前擅长的事情全忘了，甚至经常觉得生活无趣，活着也没什么意思。

5.1.2.4 情绪不稳易激动

有的患者会无故表现出焦虑、烦躁不安等症状，因而会长吁短叹或捶胸顿足；有的老年人则是因为受到外界刺激发脾气。很多老年人发脾气之后家人会觉得他的脾气变大了，而不会想到这是由抑郁心理导致的结果。抑郁的表现形式有很多种，有的人是不爱说话不喜交流，有的人则表现为情绪暴躁易怒，这种情绪上的变化往往会被忽略，不会与抑郁心理联系在一起。

5.1.2.5 失眠

失眠是老年忧郁症的一大典型症状，以早醒为主要特征。凌晨醒后情绪非常低落，对于即将到来的白天及如何度过非常苦恼。其实，单纯的失眠不一定就是抑郁的表现。老年人年龄渐增，睡眠时间减少也是一种正常的生理表现。但如果失眠现象伴随着情绪低落，则需要引起注意。尤其对老年人的家人来说，如果观察到老人持续早醒，睡眠时间减少，并伴随着明显的情绪低落，则要提高警惕，应及时带老年人就医问诊，确定病症。

5.1.2.6　全身性酸痛乏力

这是这类精神疾病的躯体表现，主要体现在穿衣、走路、吃饭等简单的日常活动上。由于全身酸痛乏力，患病老人需要下很大决心，费很大气力才能完成。同样的，躯体上的症状也很容易被误认为老年人身体的正常退化。然而，需要注意的是，老年人的抑郁心理也会有一些躯体表现。

5.1.3　老年人抑郁心理的调适

通过上述案例我们会发现，老年人的心理其实十分脆弱，这是老年人机体退化的正常反应，因此老年群体罹患抑郁症的比例也非常高。抑郁症对老年人的日常生活影响很大，因此要重视对抑郁症的防治工作，一旦确诊抑郁症则需要及时就医，在医生的指导下积极地配合治疗康复。预防大于治疗，所以要注意预防的重要性。可以从以下三个方面入手帮助老年人积极地预防抑郁症。

5.1.3.1　个人层面的调适

首先，要从老年人自身做起，注意自身的身体健康和心理健康，自觉了解心理保健知识，注意自我心理调节，提高抵御不良情绪的能力。不吸烟者应继续保持良好习惯，若有吸烟史，应尽量戒烟，这样对身体健康和心理健康皆有好处。同时，睡眠习惯也很重要，以 5—7 小时的睡眠为宜。还要积极参加社会活动，尽最大努力发挥余热，增加与人交流的机会，加强人际交往和沟通，从社会生活中寻找生活的动力和乐趣，进而减少孤独感和失落感。[①]

其次，要转变自己的观念。很多老年人认为自己退休了，就变成了一个对社会没用的人、需要他人供养的人。实际上，这种观念是非常错误的。老年人辛苦工作一辈子，在达到一定年龄的时候退居二线是非常必要的，是社会人性化的体现，也是正常的社会分工导致的，不能因此就认为自己没用了，对自己失去信心。应及时转变观念，适应自己的新角色。

---

① 裴青燕. 中国老年人抑郁症状及影响因素分析［D］. 郑州：郑州大学，2019.

再次，积极进行社会交往。对于很多低龄老年人来说，他们退休后身体状况依然非常健康。这种情况下，可以结合自身实际情况回归到社会生活领域中。例如，积极参加社会公益活动，根据自身特长实现退休后的再就业等。这些都是非常积极的社会参与过程，对于激发老年人的信心和决心来说意义重大。

5.1.3.2 家庭层面的调适

对于老年人来说，来自家庭层面的支持是其对抗抑郁心理、健康生活的强有力的保障。相关研究表明，独居老人更有可能出现抑郁症状，所以家人应该充分发挥作用，关注老年人的精神健康。子女应注意照顾家中的老年人，特别是独居老年人，并经常探望，或通过不同的沟通方式与他们进行情感交流，从而让老年人感受到被尊重和认同。这是对老年人最好的精神慰藉。对于身体残疾、身体疼痛或日常活动能力受损的老年人，家庭成员应给予更多的关爱和照顾。针对有身体疼痛的抑郁老年人，应尽量采取措施减轻疼痛，以缓解他们的不良情绪。

具体来说，包含三个方面：

第一，发现风险因素，及时采取措施。研究发现，老年人患抑郁症与心理因素有很大的关系，如老年人独处或老年人自觉孤独等，因此应及时发现生活中可能存在的这些风险因素，避免老年人陷入这种境况中，不要让老年人长期处于孤独的情绪中，帮助老年人增强其自身的价值感和信念感。具体来说，可以从以下几方面努力：带老年人走出家门，参加集体活动，多与他人沟通交流；避免让老年人独自居住，与家人同住并保持家庭的良好氛围，建立良好的亲友、邻里关系；帮助老年人寻找适合他们的兴趣爱好，也可以鼓励老年人在身体允许的情况下适当承担一些家务劳动；等等。通过这些方法帮助老年人排除生活中的风险因素对预防老年人抑郁症有着十分重要的作用。

第二，及时就医治疗，增强社会支持。除了应加强预防以外，还应关注有病史的老年人的复发情况。所以，哪怕部分老年人的抑郁症已经治愈，也应重视对其的关注；如果发现有复发的苗头，应及时带老年人就医问诊，获得专业的帮助。同时，还需要关注老年人的心理情绪，正确认识疾病。人食五谷杂粮，生病是再正常不过的事情，不要因此而产生自卑情绪，积极配合医生治疗方为上策。

第三，积极关注老年人的心理健康情况。如果发现老年人已经出现抑郁的苗头，如少言寡语、行动迟缓等，应及时寻求专业人员的帮助。千万不要觉得抑郁症只是心情问题，也不要觉得抑郁症可以自愈，要知道抑郁症本身是一种精神疾病，需要专业医生根据病人的情况制定治疗方案进行治疗，不要被传统观念影响而耽误了最佳治疗时间。研究证明，抑郁症越早干预治疗效果越好。

5.1.3.3　社会层面的调适

社会层面包含政府部门和相关社会组织，所以也应该从两个方面来进行努力。

首先，政府层面的政策引导。一方面，政府相关部门应逐步健全医疗服务和保障体系，保障老年人的身体健康和心理健康，这对于缓解和改善老年人抑郁状况具有重要意义。此外，也应关注到在我国老年人养老的过程中照顾责任多由配偶或子女承担，由保姆、社区等第三方提供服务所占的比例极小，这说明应进一步构建和完善我国的社会化养老服务体系，由家庭养老逐渐向社会养老过渡可以说是大势所趋。另一方面，政府应建立养老服务保障和心理健康保障相结合的老年人服务保障体系。要进一步扩大我国医疗保险和养老保险的覆盖面，以确保老年人的基本日常生活得到保障；加快养老服务供给侧结构改革，吸引各类社会资本对养老服务业的投入，以满足老龄化带来的巨大养老需求；充分发挥政府的宏观调控作用，做好养老服务业的规划和监管工作，合理配置资源，促进养老服务市场持续、快速、可持续发展。

其次，社会的援助。对于老年人来说，其所接触的最直接也是最多的社会组织就应该是社区了。在这一问题上，社区应多为老年人提供各种活动，充实老年人退休后的业余生活。同时，也可以经常开办各种讲座和心理辅导等，帮助老年人正确地面对变老过程中的种种现象和问题。老年人经常与同龄人待在一起，分享心得交流经验，也是对抗抑郁的一种方式。

5.2 老年人的焦虑心理

老年人焦虑症的发生可能与既往焦虑症病史、生活环境和生活习惯改变、其他疾病诱发等因素有关。老年人焦虑症通常表现为紧张、恐惧、思虑、心慌、心跳加快、尿频等症状，老年人焦虑症的治疗分为药物治疗、心理疏导等。老年人焦虑症本来是一个非常容易治疗的精神疾病，但往往因为难以识别与辨认（内科医师对其识别率仅为10.5%），使得患病老年人得不到及时救治，严重者可能会导致患者出现自杀、自残等行为，严重危害老年人的健康。

5.2.1 老年人焦虑心理及其表现

老年人焦虑症的主要症状为注意力不集中、容易焦虑紧张、脾气极度暴躁、经常心烦意乱等，因为这种症状与其他的心理精神类的疾病有一些相似的地方，所以医生也很难辨认。

5.2.1.1 担心自己患病又不相信医生

很多病人在患病之后也能够及时就医，想要求得治疗办法，他们见到医生时对自己的疾病症状说得头头是道，如心情不好、没有食欲、浑身难受、失眠、闹心等负面情绪。医生根据其叙述安排相关检查，结果发现，病人自述头疼脑涨，但颅脑核磁和CT均无异常；病人自述胸痛，查心脏彩超等也没有发现异常；病人自述胃胀、无食欲、反酸等症状，经胃镜肠镜检查也全都正常。偶尔会遇到患者有轻度的高血压、高血糖等老年人常见的慢性病，其严重程度也不像老人自述的那样。类似这样的情况，经过各种器质性检查均未发现明显异常，但老年人就是感觉身体不舒服，偶有疼痛等现象。由这些症状基本可以判定为焦虑症，并且已经开始在躯体上有所体现。其主要的病因一般是精神焦虑导致神经系统功能失调、交感神经亢奋，这就是典型的疑病型焦虑症。

案例1 60岁的张女士从小身体不好。青年时期曾患过胃病，但并不严重。几年前，一位与张女士关系很好的朋友不幸罹患胃癌去世。亲见好友的不幸事件后，张女士也开始感觉担忧和恐惧。她总是害怕自己年轻时的胃病会复发甚至转化成胃癌，常常感觉到非常不安，偶尔胃不舒服也会疑神疑鬼觉得自己患了重病。家人带她去医院治疗，医生通过胃镜和CT检查确定张女士患的是“胃窦炎”，只是轻度炎症，并不像她自己想得那么严重。但张女士对此十分怀疑，继续走遍了全市的医院去进行检查。每家医院得出的检查结果都是一样的，但张女士仍然不肯相信，认为医生向她隐瞒了实情。张女士整天活在“胃癌”的阴影下，根本无法正常生活。

案例2 王先生性格内向，几年前退休后每天重复着两点一线的生活，很少与外人交往，甚至连电视也不看。不久之后，王先生开始感觉双腿乏力，无法正常行走。他觉得自己一定是患了重病，所以忧心忡忡、郁郁寡欢。家人带他到医院去检查，没有发现任何问题，但是王先生依然要求住院治疗。家人没办法，只能安排他入院调养。在医院调养期间，王先生为了证明自己确实患病了，每天都不肯下床，也不回家。每当医生告诉他可以出院回家时，王先生就会立刻表现出站立不稳即将摔倒的样子。医生也是哭笑不得，不知道该如何来治疗他。

以上两个案例反映的就是在老年人中非常典型的疑病型焦虑症，常常伴随着老年人对绝症和死亡的恐惧根据。前者一般是因为亲近的人患病十分悲痛，进而开始极度关注自身的身体变化，有一点感觉就觉得惊恐不安；后者则是老年人常见的恐惧心态，随着年龄渐增，老年人对死亡的恐惧也会逐渐加深，进而产生一些反常行为。

5.2.1.2 对亲人过分依赖

很多老年人患有焦虑症的表现是非常依赖亲人和医院。在医院经常会看到一些老年病人在子女的陪同搀扶下，走遍医院的各个科室。西医不行就看中医，中医不行再转回西医，更有甚者已经跑遍了全国各地的医院，偶然听到别人提起某家医院好就会立即前往。在这个过程中，儿女付出了相当多的精力，但老年人的病非但没有好转反而越来越严重。这种现象被弗洛伊德称为“后增益效应”，意思是在病人罹患焦虑症后，极度缺乏安全感，需要家人全心全意的呵护，使其获得精神和物质上的满足。而家人和医生无微不至的关注也使得病人感觉因病获益，因此这种病症就会一直持续下去。

案例3 来自河北承德的大鹏今年27岁，毕业后留在北京工作。大鹏生长在单亲家庭，早年父亲因病去世，家里只剩母亲留在承德。妈妈对他总是放心不下，每天至少打两个电话与大鹏沟通。谈到妈妈，大鹏表示，每次跟妈妈视频的时候妈妈都会事无巨细地从早上几点起床、吃了什么、晚上几点下班，一直问到穿什么衣服、晚上回家要做什么。大鹏感觉妈妈还没意识到他的儿子已经27岁了，恨不得24小时与儿子保持沟通。有几次大鹏因工作太忙而妈妈又迟迟不肯挂断电话，他没忍住就跟妈妈吵了几句。没想到妈妈立刻就表现出非常痛苦和伤心，这又让大鹏感觉十分后悔。其实，他知道这是妈妈对他的爱，但他真的觉得很累很压抑。他希望妈妈能有自己的生活，而不是把所有的关注都放在他的身上。

案例中的母亲存在着这种极度依赖子女的情况，这就是俗称的“黏小”。子女觉得这是妈妈对他们的过分关注，其实这很可能是父母亲患病的一种表现。

5.2.1.3 担忧所有的事情

很多老年人其实身体健康没有疾病，或者仅仅是一些老年人常见的疾病，但是他们却总担心治不好，不断地奔波于医院求医问药；也担心看病花太多钱，即使家庭条件很不错，也会表现出对于钱的担忧；还有的老年人不放心老伴，也不放心子女，总是对一些还没发生的事情感到极度担忧。这种“杞人忧天”式的担忧其实也是焦虑症的一种症状。它的主要表现就是时时刻刻处在忧虑之中，对周遭的一切都表现出极度恐惧和不安。这一诊断标准，可在ICD-10和CCMD-3中查找到。

5.2.1.4 药物成瘾性依赖

很多精神类的药物治疗原来都是通过一些舒缓神经类的药物使病人安静下来，类似于麻醉药物的原理，而这类药物往往都有一定程度的致瘾性。尤其是部分病人病情严重，需要通过静脉注射此类药物，病人会很快感觉舒服，但注射类的药物成瘾性更快，也更难以戒断。很多病人一旦停药，马上会表现出强烈的戒断反应，甚至不惜以自残来获得药物。

5.2.1.5 多次表达自杀想法

一些严重的焦虑症患者经常会表现出自残的倾向，因为对他们来说，身体上的疼痛与精神上的疼痛相比几乎不值一提。因为老年人的耐受性本身就比年轻人差，因此一些病人难以忍受病痛的折磨最终选择了自杀。因此，家人一定要对此高度关注，当病人出现自残、自杀的倾向时应及时进行干预，帮助病人选择正规医院进行治疗，尝试新的治疗方法。平时也要保证病人的周围时刻有人陪伴、寸步不离。

5.2.2　老年人焦虑心理的调适

当老年人出现焦虑心理的时候，应从多方面进行调适，以帮助其尽快从这种状态中解脱出来，否则很容易引起其他方面的连带问题。

5.2.2.1　保持良好的心态

老年人应该知足常乐。俗话说："事能知足心常惬。"首先，老年人应对自己的经历有满足感，并努力适应退休后的生活，不能老是缅怀过去，沉浸在怀旧情绪之中。如果一个人不能向前看，老是在回忆过去，那是非常危险的。老年人对自己一辈子的经历应该有满足感，并主动适应退休后的日常生活，不能老是沉湎于过去无法自拔。如果总是回忆过去，为自己曾经做的事情感到悔恨，那是非常不利的，也没有任何的意义，毕竟世界上没有后悔药。作为一个理智的老年人，应该立足当下、展望未来。其次，老年人要保持心理情绪的稳定。现在流行的说法"情绪稳定"，其实指的就是不管遇到什么事都要放平心态，不要大喜大悲。"笑一笑十年少，愁一愁白了头"，"君子坦荡荡，小人长戚戚"。老年人应该心宽一些，凡事看得开，前文中所说的建议老年人经常上网了解最新的时事也是缘于这个原因。要时刻更新自己的知识，多了解世界的变化，对于陌生不熟悉的事情要有更高的接受度。最后，老年人要学会控制自己的情绪，不要轻易发脾气。

5.2.2.2　积极与自己对话，进行自我疏导

老年人应该及时关注自身的身体变化，如果感觉出现焦虑的症状，就应该及时地依靠个人的力量去调整。当出现类似现象时，首先要明确是否确实存在焦虑心理，如果确认是则要正确认识这种情绪，不要回避，而要迎难而上。其次是要坚定信心，相信自己一定能战胜负面情绪。应充分调动自己的主观能动性，多去做自己喜欢做的事情，分散注意力，努力消除焦虑情绪。事实证明，当你的注意力放在别的事物上时，随之而来的好奇心会逐渐驱散

焦虑心理。

5.2.2.3 家人的理解与鼓励

与抑郁心理一样，当老年人出现焦虑心理时，家人的支持与鼓励是非常重要的。很多老年人焦虑的起因都是自觉无用，不管是对家人还是对社会都没有任何作用，这种自我否定逐渐使他们产生了抑郁、焦虑的情绪，甚至迫切地想做些努力来改变现状，但结局往往适得其反。因此，此时来自家人的支持就很必要。家人应该向老年人讲清楚，不管多大年纪，不管是否工作，不管身体是否健康，他都是家庭的重要成员。甚至如果老年人的身体状况允许，家人也可以在合适的范围内帮他找一些事情来做，这样可以分散他的注意力，有助于改善他的焦虑心情。

5.2.2.4 采取药物治疗

如果老年人的焦虑症状已经达到非常严重的程度时，一定要及时就医治疗，遵照医嘱服用抗焦虑的药物，但主要还是要靠自己心理调节。因此，最好的办法就是当发现老年人有抑郁倾向时及时就医，由医生来评估目前的病情，以避免由于自己和家人的多方猜测而延误病情。

5.3 老年人的疑虑心理

老年人疑虑心理是指随着年龄的增长，老年人经常怀疑自己怀疑他人。实际上，人老多疑在心理学上是一个很常见的现象，因为身体机能逐渐退化，再加上社会的发展速度持续加快，很多老年人逐渐产生跟不上时代变化，周遭的陌生事物越来越多，对自身的怀疑再加上对世界的怀疑就会越来越严重，即便是一件微不足道的小事，也能让老人琢磨猜忌很久[①]。

猜疑是一种不良心理个性，具体表现为神经极度敏感，遇到事情就容易浮想联翩。从心理学角度来说，猜疑是一个人的主观想象，有时候会给人带

① 老年人疑心病重是什么原因［J］. 家庭科技，2018（12）：42.

来一种不良自我暗示。猜疑心较重的人，在判断事情的时候往往会以自己的猜测为准，而无视现实情况，进而把自己看到的一些细枝末节的小事与自己的猜测联系在一起，自己编造出一个事实来。俗话说，“疑鬼就有鬼”，“疑心多见鬼”。《列子·说符》里有一则“疑邻窃斧”的寓言：有个人丢了把斧头，怀疑是邻居的儿子偷的，于是看他走路的姿态，像是偷斧头的；脸上的表情，也像偷斧头的；听他说话，还是像偷斧头的。总之，在这个人心中，邻居儿子的一举一动都像一个偷斧头的人。又过了几天，这个人自己去山里挖地，找到了自己的斧头，这时候他看邻居家的儿子又不像是一个偷斧头的恶人了。

在老年人中，猜疑也是常见的现象。老年人之所以多疑，往往是源于身体机能的逐步退化。耳朵渐渐听不到声音，视力也会越来越差，对于周围世界的信息不能及时获知，就会自己猜测，而猜测也不一定全是对的，实际上是老年人自觉无法跟上时代发展的步伐，对捕风捉影、似是而非的事却往往很认真，疑虑缠身，常把听错、看错的事当作对他的伤害而感到伤心不已。这种心态大多发生在一些长期缺乏与他人沟通和来往的老人身上[①]。生活中有很多这样的老人：他们对所有事情都不放心，经常怀疑这个怀疑那个，有的时候子女们费尽口舌解释了半天，老年人依然不肯相信、固执己见；当看到邻居同事在一起聊天的时候，就觉得他们是在背后说自己的坏话。疑心过重。会让老年人的生活变得很不幸福。

5.3.1 老年人疑虑心理产生的原因

5.3.1.1 生理衰退造成的多疑

老年人在逐渐变老的过程中，身体的各项机能都处于逐渐退化的过程中。视力和听力水平逐渐下降，看不清也听不清，身体机能退化，很容易感觉疲惫，会让老年人逐渐产生一种失控感。实践证明，越是年轻时健康的老年人在年老时所产生的失控感就越强烈。这种失控感会使老年人逐渐在心理上出现恐慌、疑虑的现象。

疑心变重是老年人中特别常见的一种心态。年纪大了，可能耳聋眼花，

① 王延群. 老年人如何克服多疑心理 [J]. 现代养生，2008 (05).

影响信息获取，因此容易主观臆测、听信只言片语，有时儿女无心说了一句不顺耳的话，就会胡思乱想。此外，一些与衰老有关的器质性病变也确实会诱发疑虑心理的出现，如老年痴呆症。由于记忆力不断衰退，经常有被偷、被害、生病的疑虑，这其实是各种精神性疾病的前兆。

案例 1 李女士 70 多岁了，近来却突然性情大变、疑神疑鬼，总是怀疑老伴有了外遇，在家里大吵大闹，把整个家庭闹得不得安生。这可把女儿给愁坏了。李老太的老伴也 70 多岁了，按说那么大年纪了，是不可能有外遇的。然而李老太却偏偏怀疑，只要看到老伴与女性讲话，就跑过去把对方骂个不停，让人哭笑不得。其女儿只能向人家连忙赔罪。更过分的是，李老太经常晚上拿个手电筒，在家里照来照去、翻箱倒柜，寻找老伴出轨的证据。李老太的女儿实在受不了了，感觉母亲可能生病了，就带母亲去了医院。经检查得知，原来李老太患上了老年痴呆症。

5.3.1.2 社交范围缩小导致的“无价值感”

老年人退休后，停止了工作，离开了自己原来的工作岗位，其社会交往活动就会在一定程度上减少，家庭生活地位也会逐渐转变。这一切都有可能损伤老年人的自信心，让其时常处在紧张的防备状态中。社会活动减少，家庭地位改变，生活主题从事业转为家庭，都可能伤害他们的自尊心，使其处于紧张的防御状态之中。社交范围的缩小，一方面会使老人越来越不了解外面世界的变化，与人的交流减少，对新鲜事物也知之甚少，生活中的一切都变得极为陌生。另一方面，老年人每天待在家里，很容易产生一种无力感，再加上个别新闻媒体的宣传误导，使得很多老年人越来越怀疑自己。

5.3.1.3 过度的自我关注

有的老年人非常关注自身，个性固执，一旦发现有人不重视自己就会呈现出一种极端的心理问题。这一现象在退休前身居高位的老年人中非常常见。有的老年人退休前在单位处在重要职位，有的甚至是领导，日常生活中前呼后拥，对别人的关注和重视已经习以为常，退休后身份地位的骤然改变使得这种生存环境发生变化，有的老年人就开始产生一些负面心理情绪。这实际上就是太把自己当回事了，总怀疑别人的某些行为是在针对自己，这也是产生疑虑心理的主要原因之一。

5.3.2 老年人多疑心理的调适

5.3.2.1 对待多疑老人要开诚布公

其实，很多老年人之所以喜欢猜疑和多想，有时是因为对事实还不够了解。究其根源是年轻人平时与老年人的交流太少，使得老年人对外面的世界一无所知，对家人的生活也知之甚少。什么都不了解，才会什么都靠猜测。因此，当发现老年人出现多心或者猜疑的行为时，应耐心与老年人沟通，做个倾听者，主动去了解老年人在想什么，如果有误会应及时澄清。

5.3.2.2 消除老年人多疑不能“硬碰硬”

多疑的老年人通常还伴随着不同程度的固执己见，很多老年人即便多次与他解释也无法让其相信真相。这个时候千万不能硬碰硬，而应该避免因此发生矛盾，应尽量站在老年人的角度去理解他们，结合老年人的性格特征去与他们沟通。

5.3.2.3 请“外援”与老年人沟通

有的时候，老年人会对子女和亲友的解释劝说半信半疑，这时不妨请“外援”来与老年人进行沟通，例如老年人的同学、朋友等。相比于家人，老年人更愿意相信他们的朋友会站在他们的角度来想问题。他们都是同龄人，因此他们在沟通的时候往往会取得事半功倍的效果。

5.3.2.4 拓展老年人的社会交往范围

很多老年人多疑是由于独自闭塞在家，海阔天空地幻想造成的，因此平时可以多鼓励他们出门活动、与人交流，多培养些兴趣爱好。如果能多走出门与人交流，培养兴趣爱好，跳跳舞练练剑，增加休闲娱乐活动，就能很好地改善多疑的心理问题。

案例 2　59 岁退休在家的刘女士拥有一个幸福美满的家庭。可最近几年，刘女士却患上了一个怪毛病，每次睡觉前她必定要检查好几次门锁，甚至半夜都会突然爬起来检查，出门后也不能放心，总要折回来查看。她总是怀疑门没关好，家里会进小偷。一开始，老伴被她惊醒了很多次，为此老伴还经常跟她吵架。后来，老伴搬到了女儿家，她就越来越像惊弓之鸟。为了防止小偷进门，近几年来，刘女士家里的门锁换了又换，可这依然没有改变她害怕和恐惧的心理。最近一段时间，她越来越觉得担忧，在家里待着也没有安全感，甚至怀疑小区的物业公司已经和小偷内外勾结了。家人多次劝说也不肯相信。

5.3.2.5 必要时带老年人就医寻求专业帮助

医生的权威性和专业性使得老年人更容易相信医生在专业问题上的建议。医生在治疗的过程中，应与家属勤加沟通，了解老年人的基本情况。在治疗的时候，应注意培养老年人的乐观情绪，引导他们用积极的情绪对待生活。只有情绪稳定了，身体才会健康。同时，医生还可以指导老年人通过正确的途径去学习医学知识，而不能偏听偏信、盲目照搬，这种方式往往会对老年人的身心造成极大伤害。

第 6 章

老年脱贫返贫问题

6.1 老年城乡返贫的出现

党的十九大在全面建成小康社会的基础上勾画出新时代“两阶段、两步走”的宏伟战略蓝图，从 2020 年到 2035 年再到本世纪中叶，分阶段实现从全面小康到社会主义现代化再到社会主义现代化强国的目标。然而，随着中国生育率的不断降低、预期寿命的持续延长，加上新中国成立初期生育高峰人口逐步进入老龄阶段，未来与“两阶段、两步走”相伴随的将是人口老龄化的横向拓展和纵向深化。联合国《2019 年世界人口展望》方案估计，在 2020 年、2035 年和 2050 年，中国 65 岁及以上的老年人口规模分别达到 1.7 亿、3 亿和 3.6 亿，老年人口占总人口比重分别达到 11.97%、20.68%、26.07%（United Nations，2019），在加速老龄化的过程中，逐步转向重度老龄化。

中国正面临人口老龄化的挑战，在富裕程度还未达到标准的情况下迎来了老龄化的到来，这样的趋势并没有减少我国所要面对的困难。相比于年轻的人群，老年人更容易受到贫困的影响。这主要是因为许多老年人缺乏稳定的收入来源、健康状况的下滑以及缺乏充足的储蓄。在 2020 年成功实现 9899 万贫困人口的脱贫目标后，防止这些已脱贫的人口重新陷入贫困以及避免新的贫困人口出现，将是接下来要面对的重要挑战。此外，在脱贫期内被认定为贫困的农村老年人，他们可能会在 2020 年后的某个时间点转为相对贫困群体。

6.1.1 农村老年返贫现象

随着人口老龄化速度加快，农村老年人所占比例将持续上升。此外，城市化进程的快速发展将吸引大量青壮年劳动力进城务工，而劳动能力较弱的老年人则被迫留在农村。随着年龄的增长，农村老年人患病的概率增加，致贫风险加大，相对贫困的概率也更大。因此，在 2020 年后继续推进相对贫困治理的过程中，需要关注农村老年人相对贫困的发展趋势，认真分析农村老年人相对贫困治理所面临的挑战，及时制定应对农村老年人相对贫困的策略，以更好地防止农村老年人返贫以及预防新贫困的发生。

老年贫困是多种风险性、不确定性的集合体，它与老年人所处的一系列弱势与劣势地位的生活境况相联系。现有研究对老年贫困的测量并没有统一的标准，但主要可以归类于对老年人经济贫困的测量和对老年人多维贫困的测量。前者主要基于经济指标来区分老年人是否处于贫困，后者则基于更广泛视域上的经济、健康、文化和精神等维度对贫困标准进行探讨。对多维贫困的研究一般离不开对经济贫困的界定，部分多维贫困研究可以说是对经济贫困研究的延展。

在脱贫攻坚战役中，低龄贫困青壮年已经按照现行标准全部脱贫，贫困老年人在精准扶贫政策的帮扶和支持下也已经脱贫。然而，相对于低龄贫困青壮年，老年人在2020年后更有可能成为相对贫困群体的重点关怀对象。无法阻挡的是，我国老龄化的速度正在不断加快。在脱离贫困的基础上，人民更迫切地想要稳步迈向富裕。然而，同样重要的是，农村老年人能否与其他群体一样，在稳定的脱贫基础上逐步实现共同富裕，这是2020年以后需要面对的一个重要现实问题。因此，继续推进农村老年人相对贫困的治理显得尤为重要。

6.1.2 农村老年返贫的原因

6.1.2.1 人口老龄化与未富先老并存发展

中国总体上正面临人口老龄化程度不断加深的问题，农村地区的老龄化程度更是高于城镇，并且增速也快于城镇。这种情况在未来仍将持续并可能进一步扩大。在2020年之后，中国的人口老龄化进程仍在加速，我们既面临着无法避免的老龄化问题，同时也处于从深度老龄化社会向重度老龄化社会过渡的阶段。快速的人口老龄化过程与我国经济发展的阶段形成了鲜明的对比，我们尚未完全实现富裕，但已经进入老龄化社会，这种现象在农村地区尤为明显。因此，我们需要高度关注农村地区应对老龄化的政策和策略，农村老年人相对贫困的发展趋势值得我们密切关注。在未来的社会发展中，人口老龄化与未富先老并存的现象可能会成为我国社会发展的必然趋势。因此，我们必须正视这一现实，并采取有效的措施和策略，以尽可能地减缓这一趋势的影响，为农村老年人提供更好的社会保障和福利，以实现共同富裕的目标。

随着未富先老的发展趋势，我们更需要关注农村老年人的相对贫困问题。在未富先老的背景下，农村老年人能否与其他人群一样，在脱贫的基础上逐步共享发展成果，考验着党和政府的基层治理能力，也检验着以人民为中心的发展思想在基层的落实情况。然而，值得注意的是，未富先老的发展趋势更需要我们关心和关注农村困难老年人，特别是那些失去部分或全部生活能力的老年人，以及生活无人照料的农村老年人。这些老年人在实际生活中处于相对贫困的境遇，对于这些无劳动能力的农村老年人的实际帮扶与支持，更能体现党的初心与使命，更能展现出党和政府接续治理相对贫困的决心与信心。

6.1.2.2　农村相对贫困治理压力的增大

随着人口老龄化的迅速发展，老年人口数量不断增加。这种现象对当前的养老政策、兜底保障政策和医疗服务政策等各项惠老政策带来了巨大的挑战。为了应对这些挑战，我们需要不断调整和优化现行的老年政策，构建更加积极的老龄化政策。此外，随着老年人口数量的不断增加，一些农村老年人可能会因各种风险和挑战而陷入贫困境地。因此，农村相对贫困治理应重视农村老年人，并对其进行综合保障，以避免其陷入贫困陷阱。

2020 年后老年相对贫困治理必须重视的重大问题就是人口老龄化与未富先老的发展并存。党的十九届四中全会强调要“坚决打赢脱贫攻坚战，建立解决相对贫困长效机制”。农村老年人作为脱贫攻坚的重点人群，在实现 2020 年脱贫目标之后要继续推动农村老年人实现稳定持续脱贫，必须建立农村老年相对贫困治理机制。而在具体实践中，人口老龄化与未富先老的发展并存是建立这一机制必须考虑的现实问题，必须给予足够的重视。

6.1.3　农村老年人稳定脱贫的行动策略

在 2020 年脱贫攻坚战役中，农村贫困老年人成为重点脱贫人群。在接下来的工作中，我们必须继续关注并巩固提升他们的脱贫能力。保持这部分人群实现稳定脱贫的任务仍然十分艰巨，因此我们必须将其作为 2020 年后扶贫工作的重点。

6.1.3.1 农村老年人自身的脆弱性对稳定脱贫的影响

首先，农村老年人的生理脆弱性对稳定脱贫造成了一定的影响。由于年龄的增长，农村老年人的身体机能逐渐衰退，劳动能力下降，同时慢性病、突发病等疾病增加或因疾病导致生活自理能力较差。这些因素使得他们仅依靠自身力量来实现稳定脱贫的目标变得更加困难，因此他们对于家庭、社会政策和社会的依赖性较大。随着2020年后老龄化速度的不断加快，农村老年人数量逐步增多，具备生理脆弱性特征的农村老年人要实现稳定脱贫的目标对外界的依赖性也将变得更大。

其次，农村老年人抗风险能力的脆弱性对稳定脱贫产生了影响。困难群体在重大突发事件中往往面临更高的风险和脆弱性。尽管重大突发事件会对每个人产生严重影响，但困难群体面临的风险更大。因病、因残、因生活不能自理等原因导致相对贫困的老年人，他们的正常生活和发展需要家庭和社会政策等方面的支持和帮助才能得以保障，以避免再次陷入贫困。然而，在遭遇不可抗力的情况下，如意外伤害、重大疾病、自然灾害等，他们的生活将变得更加困难。如果没有外界及时有效的帮助和支持，他们很可能会陷入绝对贫困之中。

最后，农村老年人社会支持体系的不完善是影响其稳定脱贫的重要因素之一。农村老年人的社会支持体系可以分为两种主要类型：一种是基于子女、亲属、朋友等核心成员的非正式社会支持体系。这种体系在为农村老年人提供经济支持、生活照料和精神慰藉等方面扮演着重要角色，是当前和未来帮助农村老年人脱贫并稳步迈向小康生活的重要支持。另一种则是基于社区、社会工作者、国家等主体力量参与的正式社会支持体系。这种体系在为农村老年人，特别是孤独老人和困难老人等群体提供必要的支持方面发挥着不可替代的作用。当前，农村老年人的社会支持体系还存在一些制约因素，例如子女的自身经济实力会限制其提供的支持，对农村老年人的支持随意性较大，没有固定制度。此外，农村老年人的照护服务设施落后，照护服务人才缺乏，需要在未来稳步建立起特惠式的照护服务体系。这些因素的存在致使农村老年人，尤其是处于相对贫困境遇的农村老年人在遭遇疾病、意外伤害时由于社会支持体系不完善，可能会影响其稳定脱贫。

6.1.3.2 家庭结构变迁对农村老年稳定脱贫的影响

随着农村家庭结构的变化，例如家庭规模缩小、家庭中年轻人外出务工等，农村老年人在家庭中的地位可能会发生变化，例如经济支持减少、生活照料不足等问题。这些问题可能导致农村老年人长期处于贫困状态，从而加剧农村老年贫困的程度和持续性。此外，家庭结构变迁还可能对农村老年人的社会联系和心理健康产生负面影响，进一步加剧老年贫困的程度和稳定性。因此，针对家庭结构变迁对农村老年贫困的影响，应采取相应的政策和措施，以减轻农村老年贫困的程度。

其一，家庭规模小型化所引发的居住模式转变，增加了农村老年人陷入贫困的风险。在持续推动的乡村振兴过程中，一方面随着农村基础设施不断完善和发展，城乡之间基本公共服务的差距不断缩小，这将会吸引大量离乡的年轻人返乡创业。另一方面，受到现代化市场观念的影响，青壮年的思想观念和行为方式可能与受现代农业文明影响较深的农村老年人产生冲突。为了避免这种冲突，以及追求自身的自由发展，许多年轻人可能会选择与老年人分开居住。这种居住模式一方面反映了农村经济社会的发展以及青壮年子女经济实力的明显增强，另一方面也间接地增加了农村老年人的贫困概率。同时，农村老年人的贫困概率会间接增加，因为他们收入来源少，生活压力大，特别是当子女不在身边时，他们的日常经济生活会变得更加困难，很容易陷入贫困的边缘。

其二，家庭少子化增加了低收入农村家庭的养老负担，进而对农村老年贫困产生影响。随着少子老龄化现象的推进，农村子女赡养父母的压力逐渐增大，尤其是对于那些经济条件相对较差的农村家庭来说。这使得农村老年人在生活照料、精神慰藉和健康状况等方面面临更多风险。老年人在生活中遇到突发事件或重大疾病需要救助时，如果成年子女不能及时提供支持，他们就可能会陷入各种不可预料的情况中，从而使其陷入困境。当农村老年人遭遇突发事件或重大疾病需要紧急援助时，如果他们的成年子女无法及时提供支持，就可能会出现各种不可预料的突发情况。这些情况可能会使老年人的生活陷入困境，甚至导致他们陷入绝对贫困的边缘。因此，及时有效的救助和支持对于农村老年人的生活至关重要。

6.1.3.3 农村地区独居空巢贫困老年人继续发展

随着社会经济的转型和家庭结构的变化，越来越多的老年人独自生活或空巢居住，缺乏经济上和情感上的支持，陷入贫困和生活困境。他们的生活条件相对较差，缺乏必要的生活照料和精神慰藉，面临着多重风险和挑战。如果这种状况得不到改善，就可能对老年人的身心健康和社会稳定造成不良影响。

第一，城乡二元结构的长期影响。由于长期受到城乡二元结构的影响，大量农村青壮年选择进城务工，以追求相比农村更高的工资待遇和更好的居住生活条件，导致那些劳动能力较弱或不具备劳动能力的老年人被迫留在农村。此外，部分进城务工的子女由于自身能力有限，无法承担让年迈的父母进城一起居住生活的成本，只能选择让年迈的父母留在农村，从而产生农村老年人独居生活的情况。这种独居生活使农村老年人在经济、精神和社会参与等方面更容易陷入贫困。

第二，中青年思想观念的变化。随着市场经济的不断发展，农村青壮年劳动力外出务工，他们积极参与到市场经济中，旨在获取相比农村更优质的就业、教育和医疗服务等生产生活条件。此外，他们在参与市场发展的过程中，自身的思想观念也在发生着变化，更加向往独立自由的生活，并且自身的经济实力也在不断增强。因此，他们往往更希望与老年人分开居住，既可以减少青壮年子女与老人之间的矛盾和冲突，也可以减少来自家庭的束缚，为其自身的独立自由发展提供更大的空间。在这种思想观念的影响下，农村老年人独居成为不可避免的发展趋势。

第三，工业化信息化的快速发展。在工业化与信息化的演进过程中，农村青壮年劳动力参与到工业化与信息化的推进中，为这一发展进程积极贡献自己的智慧和力量。同时，他们的参与也在深层次上改变了人们的生活和居住方式。这迫使他们与农村老年人分离，在客观上使农村出现留守老人。

6.2　防止城乡老年返贫的策略

老龄化进程与社会主义现代化进程相互交叠，老年群体因其脆弱性更容易遭受贫困风险，老龄化过程必然伴随着老年贫困的挑战。

6.2.1　完善农村相对贫困老年人的社会保障机制

2020 年以来，为了解决农村老年人相对贫困问题，我们不仅要继续实施现有的农村老年人帮扶政策，还需要进一步完善多层次的社会养老保障体系、加快推进农村医疗保障制度、完善更加健全的社会救助体系，以覆盖更广泛的农村老年相对贫困人口。

6.2.1.1　完善多层次的农村社会养老保障

随着人口老龄化的趋势日益明显，需要养老的人数不断增加。然而，老年人的期望并不仅局限于满足基本的物质需求，他们更渴望实现高质量的养老。在这种情况下，如果仅依靠家庭或社会单方面承担农村老年人的养老责任是不现实的，也不符合农村养老事业的发展需求。因此，需要结合农村的实际情况，逐步建立起包括政府、社会、市场和家庭在内的多元化养老服务供给机制，通过多种养老方式来满足不同老年人的需求。同时，应采取协调措施，促进农村养老事业的发展。

6.2.1.2　完善农村老年人的医疗保障制度

为了确保农村老年人的健康和医疗福利，应该将 2020 年后所有的农村老年相对贫困人口都纳入基本医疗救助和大病保险报销范围，这样可以全面覆盖农村老年相对贫困群体的医疗服务。同时，应降低医疗报销的门槛，逐步提高报销比例，以切实减轻农村老年相对贫困群体的医疗支出负担。此外，还应逐步提升村镇医疗卫生服务农村老年人的能力和水平，定期为农村相对贫困老年人进行健康检查，以便及时发现并治疗小病，防止因病致贫而又因贫致病的情况出现。最终通过完善的医疗保障制度实现农村老年人有大病可以治疗、有小病可以及时发现并有效治疗的医疗卫生服务体系。

6.2.1.3 完善农村老年人社会救助和社会福利制度

为了确保农村老年人能够获得充分的生活保障，对于孤寡老人、残疾老人和事实上无人赡养的老人，应采取专项社会救助措施。根据他们的实际情况，可以采取集中供养、家庭供养、社区供养等多种形式和层次的保障措施，以确保他们能够实现最基本的生活需求。同时，应进一步扩大救助范围，对符合条件的贫困老人实施应保尽保原则。此外，应当不断完善针对失能老人、高龄老人、残疾老人的津贴补助制度，并随着地方经济的发展不断提高津贴补助水平。最终通过社会救助和社会福利制度，从根本上防止老年人陷入绝对贫困，最大限度发挥对农村老年相对贫困群体的兜底保障功能。

6.2.2 拓展农村相对贫困老年人的收入渠道

第一，建立一套完善的农村老年人再就业机制，鼓励农村地区有劳动能力的老年人重新就业，是减轻农村老年人多维贫困的有效途径。对于那些低龄且仍具有劳动能力的相对贫困老年人，应根据他们的个人意愿进行合理的工作安排，这样不仅能增加他们的经济收入，缓解农村老年人口的贫困现状，而且能激发他们积极参与社会的主动性和积极性，避免因突然从工作岗位上退休而出现精神懈怠等问题。政府在农村地区设立的公益岗位，应当优先考虑聘用那些年龄较低、有劳动能力且生活相对贫困的老年人。

第二，建立低保、退休金和养老保险金等保障性收入的稳定增长机制，是农村老年人摆脱相对贫困的重要途径。在脱贫攻坚期间，通过兜底保障等措施，农村老年人已经摆脱了绝对贫困。然而，这部分群体在2020年后仍需要关注，因为他们具备群体贫困沉淀的基本特征，需要继续推进脱贫攻坚成果的巩固和拓展。同时，也需要关注新出现的相对贫困老年人。对于这些相对贫困的老年人，需要制定更加精准的政策措施，包括提供更加稳定的社会保障、加强教育和培训、改善医疗卫生条件等方面，帮助他们解决实际困难，实现稳定脱贫。只有通过持续推进脱贫攻坚工作，加强对农村贫困老年人的扶持和帮助，才能更好地推动农村贫困地区的发展和振兴。

第三，拓展土地、资产等多渠道收入来源，并制定向农村相对贫困老年人倾斜的制度机制。农村地区的老年人拥有土地这一资源优势，与城市相比，更应该盘活农村老年人手中拥有的闲置土地，积极推动农村老年人手中闲置土地的流转与经营，从而保障农村老年人的土地收益权益。

案例 1　某地区贫困户张大爷拥有一片闲置土地。当地政府通过引导和协调，将这片土地流转给当地的农业合作社经营。合作社不仅支付给张大爷土地租金，还为他安排了园艺工作，他可以获得工资。这样，张大爷就通过土地租金和劳动收入两种方式增加了自己的收入。

案例 2　某地风景秀丽，当地政府通过资金扶持，引导贫困户发展农家乐等乡村旅游项目。李奶奶家就在这个地区，通过经营农家乐，她可以将自家的农产品销售给游客，同时也能增加家庭的住宿收入。

案例 3　张叔叔是某贫困村的村民。政府在一些贫困村建立了扶贫车间，这些车间提供了一些劳动密集型的工作岗位，让贫困户可以在当地就业。张叔叔就在扶贫车间里工作，通过这份工作，他每月都能获得稳定的收入。

6.2.3　构建农村相对贫困老年人防贫机制

6.2.3.1　建立农村老年人相对贫困综合治理机制

相较于其他群体，农村老年人在老龄阶段由于生理特征、家庭地位及社会角色的特殊性，其生存与发展的脆弱性更大。因此，他们更可能在 2020 年后面临相对贫困的风险。随着人口老龄化速度的不断加快，农村相对贫困老年人的数量将比以往更多，这就对贫困治理提出了更高的要求。同时，与其他群体相比，农村老年人对美好生活的向往更为强烈。因此，我们需要建立一套现代、多元的农村老年人相对贫困综合治理机制来应对这一问题。建立针对农村老年人的稳定持续帮扶长效机制，以确保可持续脱贫与减贫。在 2020 年 12 月召开的中央农村工作会议上，习近平总书记指出："对摆脱贫困的县，从脱贫之日起设立五年过渡期，过渡期内要保持主要帮扶政策总体稳定。"对于脱贫但尚未稳定脱贫的农村老年人，尤其要在过渡期内进行重点监测。我们应当重点关注那些新陷入相对贫困的老年人，及时为他们提供必要的帮助和支持。对于那些仍未实现稳定脱贫的农村贫困老年人，我们需要继续进行长期稳定的帮扶。为确保农村老年人既能脱贫不返贫，又能实现稳定可持续减贫的目标，我们需要建立健全针对农村老年人的稳定持续帮扶长效机制。

6.2.3.2 多向度改善老年贫困状况

首先，提高农村老年人的经济收入。政府可以加大对农村老年人的补贴力度，如增加高龄补贴、基本养老金等，以改善他们的经济状况。此外，政府还可以设立面向农村老年人的社会福利制度，如医疗救助、生活救助等，进一步提高他们的生活质量。例如，河北省某市建立了以“慈善＋救助＋扶贫车间”三位一体的救助模式，通过慈善捐赠、社会救助、扶贫车间等多元化收入来源，改善农村老年人的贫困状况。再比如，浙江省某县实施“关爱老年人”扶贫项目，多向度改善老年贫困状况。该项目包括社会福利、医疗救助、教育资助等多项措施，提高农村老年人的收入水平和生活质量。同时，该项目还通过建立社会关系网络的形式，为老年人提供社会支持和帮助，有效地缓解了他们的贫困状况。

第二，慢性病状况是老年多维贫困的重要指标之一。慢性病是指长期存在的疾病，如心血管疾病、糖尿病、慢性呼吸系统疾病等，这些疾病对老年人的身体状况和生活质量产生很大影响。慢性病状况对老年多维贫困的贡献率较高，主要是因为慢性病不仅会给老年人带来身体上的痛苦和不便，而且会增加医疗费用支出，使得他们的经济状况更加脆弱。因此，在健康老龄体魄维度下，降低老年人的慢性病发病率、提高慢性病管理和预防水平是非常重要的。政府和社会应该加强对老年人的健康教育和宣传，提高他们的健康意识和自我保健能力，增加对慢性病管理和预防的投入，从而降低慢性病对老年多维贫困的影响。

第三，在老年人的积极老化精神维度中，孤独感是一个不可忽视的指标。由于社交圈子相对狭窄、子女离家等因素影响，老年人往往会产生孤独感。长期的孤独感可能导致老年人情绪低落、焦虑和抑郁等问题，从而影响他们的身体健康和生活质量。通过提供社交支持、加强心理辅导和增加健康投入等措施，可以缓解老年人的孤独感和积极老龄化问题，进一步促进社会的积极老龄化。

案例 4　在我国某乡村，老年人的生活并不像城市那样丰富多彩。由于子女外出务工，很多老年人独自在家，孤独感很强烈。他们往往缺乏社交活动，无法满足精神上的需求，这种情况不仅影响了他们的生活质量，也对他们的心理健康产生了负面影响。为了缓解老年人的孤独感，村委会和当地社会团体合作，开展了一系列活动：通过提供文娱活动、建立老年人协会、开展心理咨询服务和建立志愿者队伍等措施，村委会和当地社会团体帮助老年人缓解了孤独感。这进一步促进了社会的积极老龄化，提高了老年人的生活质量和社会福祉。

这个案例显示出，通过村委会、社会团体和个人的共同努力，我们可以有效地缓解老年人的孤独感，不仅有助于提高老年人的生活质量，也有利于构建一个更加和谐、包容和富有活力的社区。

第 7 章

老年人生活照护问题

7.1 老年人家庭照护及其现实困境

7.2 老年人社区照护困境

7.3 机构养老的现实困境

7.1　老年人家庭照护及其现实困境

1999 年，我国开始全面进入老龄化社会，中国社会的急剧变迁与人口老龄化进程加速几乎同时发生，两者的关联既影响社会稳定，也对老年人及其家庭的生活产生影响。虽然有学者对老年人家庭照护的功能下降趋势持悲观看法，但资料显示，家庭仍扮演着照顾残障老人的重要角色，家庭与老人的关系仍然十分紧密。因健康或能力下降，在需要健康照护或社会支持协助时，大部分老人宁愿求助于家人和朋友，而不是向正式的老人服务系统求助。彼此互助互惠的生活模式永远是人类家庭追求的永恒目标。让那些衰弱老人仍然可以持续居住在社区的主要原因，是有家庭及其他非正式的支持和协助。因此，我们应该肯定家庭成员所付出的全时照料，这对社会是有极大助益的，应该被广泛肯定和赞许。

7.1.1　老年人照护中家庭的地位

当前不容忽视的现实是随着人口寿命的延长，承担照护责任的家庭成员自身也逐渐步入老龄阶段，开始演变成为需要协助的老人。生育率和死亡率的降低，往往会使家庭照护者的数量减少，而需要基本协助的老人数量却大规模增加。老龄群体中出现了老老人父母与低龄老人子女共存的局面，照护者往往由那些即将或已经成为老人的成年子女来担当，这种问题的严重性可想而知。解决家庭照护压力的方式很多，如给那些提供家庭照护支持的家庭予以协助，缓解家庭照护中遭遇经济和人力方面的压力。目前，我国还缺少那些为提供老年照护的一般家庭给予协助的政策，有些地区开始尝试给予部分特需家庭照护的协助政策，但所产生的功能并不很明显。要真正舒缓家庭照护的压力，就必须健全家庭支持政策，充分整合正式和非正式支持系统的功能，对老人及其照护者提供较有效的服务。

养老是家庭的一种传统职能。每个家庭都有世代更替，每个家庭成员都要经历幼年、青年、壮年和老年这样的生命周期。当家庭某些成员进入老年阶段时，由于生命老化，必然要产生养老问题。应该说，养老问题与家庭存在着一种必然的联系。老化是一种自然规律，是一种不可抗拒的生命现象。生活在家庭中的每个成员都与家庭成员生命周期的前后阶段互相联系，他们承担着不同代际的抚育与赡养职能。家庭的养老职能，既是自然规律的要求，也是社会伦理道德风尚方面的优良传统。

日益增加的老人数量会使家庭照护能力及意愿发生改变，老人家庭支持系统的本质及稳定性均会受到影响。寿命的延长、家庭代际的增加、老人及其家庭对服务需求的增加、老年残障人口增加，使需要来自老伴或老年子女的协助也会相应增加。家庭结构变化，离婚及再婚率升高，加上人口流动增加，使维护老人留在社区所需的大量人力可能流失。人口迁移也常常被解释为家庭养老出现延续性的障碍因素，其实人口迁移并没有割断家庭亲情，家庭情感联结的紧密性并没有因为关系的改变而改变。当然，父母与子女共度家庭在结构、联系、情感、价值以及各阶段的功能性改变是客观事实。

第一，家庭对老人的照护责任实质上是家庭与政府、社会间责任的平衡。照护的功能必须由多元主体共同分担，根据各种不同的任务而发挥不同的功能。家人提供给老人更多个性化且满足其情感需求的照护服务，而政府通过出台政策，鼓励社会力量创办多种类型的社会照护组织，给予照护需求者居家援助服务，借此减轻老人日常生活对非正式系统的依赖。随着人口老龄化程度的加深和高龄化人口规模的增加，老年人照护压力正在快速加大，政策制订者期待家庭承担大部分照顾老人的责任，以分担政府的财务重担。

第二，家庭在解决老龄化问题上扮演着重要角色。传统观念认为，家庭和社区在养老问题上的角色是相互排斥的，即家庭是首选，提供基本的照护和支持，而社区只能在家庭无法或不愿意照顾老人时才介入。然而，现在人们越来越认识到家庭和社区服务应该是相互补充的，因为它们可以满足不同的需求，因此应该将两者结合起来，建立一个协调的制度。家庭可以为老年人提供情感支持和慰藉，然而由于专业知识和技能的限制，家庭往往无法为老年人提供最佳的照护和服务。相比之下，医生、护士、社会工作者、营养学家、心理学家等专业人员更具技术和专业知识，能够更好地满足老年人的多元化需求。因此，在家庭养老中，家庭应扮演协助角色，帮助老年人明确他们的需求和要求，并寻找合适的社会服务来满足这些需求。同时，家庭还应对社会服务进行监督和评估，以确保符合老年人的期望和要求。通过这种方式，家庭可以与专业机构和人员合作，共同实现老年人的最佳照护和关怀。

第三，家庭是解决养老问题重要的社会力量。在不同时期，家庭与养老之间的联系程度各不相同。在传统社会中，家庭是赡养老人的主要依靠，老人生活所需和照料护理等服务均由家庭负责。然而在现代社会，家庭和养老之间的联系也在不断变化发展之中。应该意识到这种关系的演变是必然的，我们需要随着时代的变化来重新审视家庭和养老的关系。

随着社会的不断进步和发展，这种紧密的联系不可避免地发生了变化，家庭和养老之间的必然联系也经历了一些微妙的变化。老年人口数量增加以及家庭养老能力弱化的双重因素造成家庭和养老之间出现了矛盾。一方面，老年人群体的状态发生了显著变化。由于科技进步、经济发展、生活品质提升以及医疗卫生事业的进步，死亡率大幅度降低，人口的平均预期寿命得到极大延长，人口老龄化速度加快，老年人口数量日益增多。因此，每个家庭需要赡养的老年人数量不断增多，导致赡养负担显著增加。另一方面，家庭结构也发生了重大变革。家庭规模逐渐缩小，核心小家庭成为主要的居住方式。受经济条件和生活方式的影响，生育率也在下降，导致由一对夫妇和未婚子女组成的核心小家庭中的子女数量减少，独居或空巢老人性质的老人家庭数量不断增加。这种转变对家庭与养老关系产生了影响，当前已由子女、亲属服务支持为主的传统型家庭养老逐渐向由政府、市场、子女及亲属、义工等多元力量服务支持的现代型家庭养老转变。

在传统社会，由于人口的平均寿命较短、生育率较高，出现了被赡养者较少而赡养者较多的局面。在这种情况下，家庭中通常由女性专门负责照顾和照料老人，而社会习俗则将温饱与孝顺视为最高的赡养目标。家庭养老主要由子女直接提供照顾和支持，呈现出机械式的养老服务。然而，随着当前经济社会的发展和医疗卫生条件的改善，人口寿命不断延长，需要赡养的老年人数不断增加，而供养他们的后代人数却在日益减少，就形成了人口金字塔倒置的状态。适龄劳动人口既要负担日益增多的老人，又要抚养下一代，负担较重。赡养人难以负担全部经济责任，再加上居住地的分离，给赡养工作增加了新的困难。女性越来越多地参与就业，在家庭中用于照料老人的时间减少，同时家庭经济压力也日益增大，这导致家庭的赡养功能、水平和能力逐渐降低，因此家庭往往无法独立承担赡养老年人的全部责任。这种情况客观上要求国家、集体、家庭、社会和市场等多元力量共同承担起赡养老人的责任。

第四，家庭始终是养老过程中不可或缺的重要因素。对待老人的态度和行为是衡量和评价一个家庭伦理道德水平的关键标准。老年人生活在家庭环境中，熟悉周围环境，其生活方式和习惯长年保持不变。在这样的环境中，他们能够感受到内心的舒适与协调，鲜少感受到空虚和孤独。同时，老年人还可以在家庭中发挥积极作用，协助处理家务和照顾孩子，为减轻年轻一代的家务负担做出贡献。这种支持与帮助激发了年轻一代对老年人的感激和尊敬之情。家庭成员间的相互支持、照料、关怀和尊重让他们深深体会到家庭的温暖与欢乐。这些积极的行为不仅有利于巩固并弘扬尊老爱幼的美德，同时也保障了家庭的和谐与稳定。家庭类型和模式的变化、需要赡养的老年人口的增加及子女数减少，并不会导致养老和家庭的联系断裂。家庭自身发展和社会发展的客观现状要求明确家庭对老年人的赡养和照料责任。虽然家庭提供养老的内容和方式出现了某些变化，如经济供养由健全的养老保险制度来提供保障，生活照料也由完善的养老社会服务体系来提供协助等，但家庭一直是老人养老的重要基石。

7.1.2 家庭养老模式

目前，大部分学者均认为“家庭养老即是由子女供养老人”。这是将传统家庭养老进行固化的典型表现。养老主要涉及经济供养、生活照料和精神慰藉等三方面。传统社会中，由于多方面因素影响，三种养老需求均由家庭来提供，并且主要是由子女提供赡养。但进入现代社会，经济的发展和社会的进步带来了养老保障制度的完善和公益慈善、友爱互助社会氛围的营造。养老支持力来源并不像传统社会那样单一，出现了多元组合的现实状况。从养老支持力来源进行分类，可以分为子女供养型、自我自养型与社会助养型等三种家庭养老类型。子女供养型是家庭养老的主体形式，从传统延续至今。自我自养型和社会助养型在传统社会家庭养老中占次要地位。受到经济社会发展、子女数减少及流动性加快、家庭居住模式等多因素影响，自我自养型与社会助养型家庭养老所占的比重越来越大，逐渐成为现代社会绝大多数家庭养老的主要方式。

7.1.2.1　子女供养型家庭养老

此种模式强调家庭养老资源全部来自子女，由子女给予家庭中老人经济供养、生活照料及精神慰藉。费孝通先生将其称为“反馈模式”养老方式。这是与西方家庭养老的“接力模式”相对应的。费孝通认为，“父母对子女抚育的义务，这是双方相同的。所不同的就在子女对父母有没有赡养的义务”。在西方世界，一代人（甲）承担起养育下一代人（乙）的责任，而下一代人（乙）则继续养育再下一代人（丙），这种代际间的抚养关系呈现出一种连续的接力模式。然而，在中国，一代人（甲）不仅养育下一代人（乙），而且下一代人（乙）反过来赡养上一代人（甲），再下一代人（丙）又承担起养育下一代人（乙）的责任，并由下一代人（乙）负责赡养再上一代人（丙）。这种代际间的抚养关系则呈现出一种包含反馈的模式。

子女供养型家庭养老更加突出地反映出亲子间的抚育与赡养的双向反馈，这也非常明显地将中国家庭养老模式与中国文化中伦理道德观念很好地结合起来。儒家所倡导的孝道体现了社会上广泛存在的模式，进而从思想意识上巩固了这种模式，从而赋予家庭养老模式道德化的属性。一个人是否牢记父母的养育之恩，是否尊敬并照顾老人，成为评价其道德水平的关键标准。

7.1.2.2　自养型家庭养老

此种模式强调家庭养老资源主要来自老人自身，主要是那些自理能力较强、家庭功能尚属完整的老人，但也包括一些自理能力下降以及一些自我功能弱化的老人，他们可以借助政府、亲属子女、市场和社会义工组织的援助性服务，实现老人的自养。这种类型的家庭养老模式与经济社会发展变迁相一致。自养型家庭养老反映的是一种较发达的人口老龄化社会的现实状况，它依赖于快速的经济发展和成熟的社会制度。经济发展为人口老龄化养老提供了较充足的经济资源，成熟的社会制度为养老提供了多元社会服务支援。老年人在家庭中安度晚年，经济供养由健全的养老保障制度来支持，长期照料由完善的医疗保障、长期护理保险制度来维持，而生活照料和精神慰藉则通过政府、市场、亲属邻里和志愿者组织来提供，通过互联网技术或系统化服务，确保老年人需求能在家庭中得以实现。

7.1.2.3 社会助养型家庭养老

此种模式强调家庭养老中养老主体的自助性功能下降，主要类型为半自理、半失能或失能型，以及养老功能弱化家庭中的老年人。来自政府、市场、亲属邻里及义工组织提供的社会助养服务，能够弥补家庭功能，增强老年人在家养老能力，延续其在家庭中生活的机会。社区照顾是社会照顾发展的产物。它主要针对社区内身体和精神需要帮助的人，包括老人、儿童、弱能者和残障者，通过正式或非正式的社会服务系统为其提供援助和支持。

社会助养型家庭养老，既是纠正大型养老院对老年人照顾的负面影响，又是充分利用社区资源，强化社区人文关怀、社区人的归属感模式的直接反映。社会助养型家庭养老使有困难的老人所需要的家庭照顾社会化，减轻家庭的负担；通过大量的入户支持性服务，确保老年人仍然能留在家庭中生活，并不会因家庭趋向小型化、独生子女家庭的增长，而使家庭养老模式在中国逐渐失去意义。社会助养型有公益性、福利性和市场性特质，依据年龄、需求及福利评估标准来进行划分。其福利性，更多是从政府兜底和保基本的需求来进行划分的。社会助养型家庭养老最终是将传统的照顾和扶养老年人的责任在家庭和政府、市场及社会这些多元主体中进行分担。

7.1.3 家庭养老面临的困境

长期以来，由于中国家庭养老的传统和文化对于老年人的影响，以及我国机构专业化照顾不完善及不成熟，家庭养老依然是我国老年人养老的首选。老年人不仅期望通过家人提供照顾和服务的过程以获得实际生活中的帮助，更期望在这个过程中获得心灵上的满足感。经济社会的发展与社会、文化的变迁，带来家庭居住方式转变、子女数减少、女性照顾者参加工作等诸多因素的改变，家庭养老正面临多重困境。

7.1.3.1 养老中家庭职能的弱化

养老保险制度不完善，存在地区差异、城乡差异及不同人群之间的差异，低水平养老金及欠完善的养老保障制度不能弥补家庭中因子女数量减少所带来的经济压力，“老有所养”中经济供养存在一定难度。出台相应的家庭支持政策，增强家庭养老过程中的功能发挥，是使家庭养老方式继续存在的重要保证。

7.1.3.2 政府与社会支援力不足

目前，我国在养老金和医疗保障制度等方面还有许多亟待完善之处。比如，在“中国与拉美养老金制度国际研讨会”上，中国社科院专家透露，中国养老保险个人账户的空账已达 1.3 万亿元。2011 年，人力资源和社会保障部副部长胡晓义在中国卫生论坛中揭示了“中国老龄化程度的提高使得医疗保险和医疗保障的可持续发展面临越来越严峻的挑战”。例如，在城镇职工医保覆盖的人群中，2009 年约有 1/4 的退休人员使用了住院统筹基金的 60%。另外，由于社区建设与社区组织建设工作的不足，社区服务体系与功能也相对不完善。环境资源援助不足，致使本身正处于功能不足的家庭养老不能推进。家庭养老功能不完善并不是家庭养老方式本身存在缺陷，在很大程度上来源于社会资源支持不足。

7.1.3.3 缺少相关政策与法律法规的支持

《中华人民共和国老年人权益保障法》（1996 年颁布）规定：老年人的养老主要依靠家庭，家庭成员应当关心和照料老年人。2012 年新修订的《中华人民共和国老年法》规定：老年人养老以居家为基础，家庭成员应当尊重、关心和照料老年人。老年人的养老从主要依靠家庭到以居家为基础，这是对养老责任划定的一个进步。但由于缺乏相应的政策支持，再加上《中华人民共和国老年法》仍然规定家庭成员有赡养义务，如赡养人应当履行对老年人经济上供养、生活上照料和精神上慰藉的义务，照顾老年人的特殊需要等，致使养老主要依靠家庭或居家都难以实施。

作为东北地区的老牌工业基地，吉林省正面临人口老龄化步伐逐渐加快的挑战，使得家庭中失能人员的照顾和护理问题愈发突出。如今，“一人失能，全家失衡”已经成为一个重要的社会问题。然而，仅靠现行的社会保险制度难以对此妥善解决。目前吉林省城镇基本医疗保险制度基本实现了从制度的“全覆盖”到人员的“全覆盖”，“人人享有医保”的目标基本实现。长期护理保险作为基本医疗保险制度的补充和延伸，与吉林省实际情况相结合，其本质是相对独立于医疗保险并与其相互衔接，运用社会保险机制，降低失能人员在生活照料中产生的经济成本，减轻“失能家庭”的精神负担和经济负担，为失能人员提供更优质的照护服务，提高其生活质量与生命尊严。截至 2021 年第二季度，吉林省在民政部门注册的各类养老机构有 1481 家，总床位数 13.5 万张，社区服务中心 915 个。长春市卫生人员总数近五年也呈现逐年上升的趋势，如图 7-1 所示。

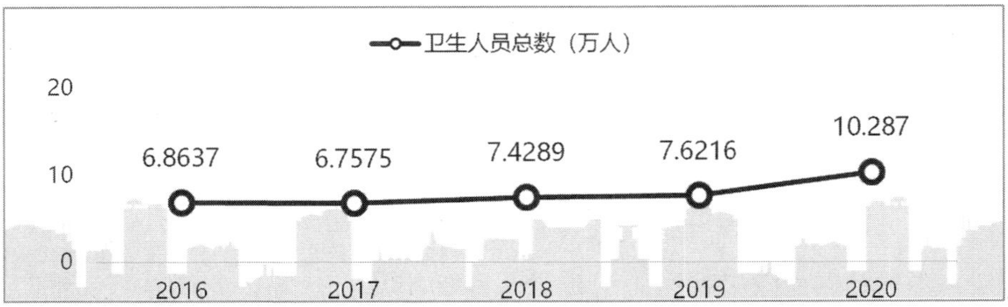

图 7-1 长春市近五年卫生人员总数

自 2015 年起，长春市相继颁布《关于建立失能人员医疗照护保险制度的意见》（长府办发〔2015〕3 号）与《长春市失能人员医疗照护保险实施办法》（长人社〔2015〕21 号）等文件，确定失能人员医疗照护保险于 2015 年 5 月 1 日正式实施，该项保险正式成为继养老、医疗、生育、工伤、失业保险之后的一个新的险种。吉林省是全国两个长护险试点重点联系省份之一，长春市被国家列为首批试点城市，松原、吉林、通化、白山、梅河口等地也陆续开展了试点。长春市失能人员医疗照护保险机构为了规范服务流程和标准，建立了定点机构准入机制。目前，有三类机构可以申请加入，成为定点机构，分别是：①经民政等部门批准设立；②取得正规资质手续的养老或护理机构；③在资质手续有效期内，可根据医疗保险医药服务的需要和条件，根据自身服务能力，自愿向所在地经办机构提出申请签订服务协议。

7.1.3.4 传统孝文化逐渐淡化

以孝道为核心的伦理价值观是中国家庭养老的重要思想和文化基石。在市场经济的影响下，孝道伦理原则逐渐被淡化，经济利益原则逐渐成为主导人们行动的标准。这种价值观的变化增加了家庭养老关系的不稳定性。因为社会思想层面缺乏对家庭伦理关系的足够宣传，政府也缺乏鼓励家庭养老的相关制度与政策，所以承担养老的家庭主要依赖于子女的道德水平和对父母的感情，并没有更多的制度规范带来的实际益处。家庭养老往往由于家庭功能弱化和缺乏环境支援力量而变得不稳固。同时，在老年人家庭内部，代际出现了养老文化堕距现象，制约了家庭养老某些功能的持续性发展。此时急需对家庭养老进行方式改变与功能优化。家庭养老不再是单纯地建立在血缘关系基础上的亲情养老，也不再是与农业生产方式相适应的养老方式，而是更加强调家庭色彩的场域与情怀。社区护老者多为专业化队伍，完全可以重建适应现有子女数量减少与居住分离所带来的家庭及环境变化状况的养老支持体系。通过修复环境支援和家庭功能，完全可以让家庭养老青春常驻。反过来而言，如果老年人家庭功能受损，再加上政府和社区养老支援力量不足，家庭养老也就无法发挥其不可替代的重要作用。

7.2　老年人社区照护困境

老年人社区照护面临多方面的困境和挑战。为了改善老年人的生活质量和健康状况，需要加大对老年人社区照护的投入和改善，包括提高医疗资源的数量和质量、培养更多的专业照护人员、规范服务质量管理、降低照护费用、改善设施条件、提高社区融入度以及加强信息透明度等方面。唯有如此，才能让老年人在享受基本医疗保障的同时得到更加全面、细致的照护服务。

城市社区是指位于城市地区的一个特定地理区域，具有一定的社会结构和生活方式，以及丰富的资源要素和行政区域特征。城市社区具有较为明显的特征：第一，作为社会实体，城市社区的人口结构较为复杂，不同年龄段、文化程度和职业状况的人口都有所分布，根据不同的人口结构，城市社区形成了不同的居住模式和生活方式；第二，城市社区内部包括经济、文化、政治以及社会等资源整合，可以协调多元化功能的社会组织；第三，城市社区的社会服务包括社区活动、志愿服务等方面，这些社会服务为居民提供了丰富的文化活动和社交机会，增强了社区的凝聚力和归属感；第四，城市社区的基础设施包括公共设施、服务设施等方面，如公园、广场、购物中心、学校、医疗机构等，这些基础设施为居民提供了便利的生活条件和丰富的文化活动；第五，城市社区是经过一定历史变化逐渐发展为城市生活的缩影。

1991 年 5 月，国家民政部首次提出社区建设的概念，得到了社会各界的认同。2000 年颁布的《民政部关于在全国推进城市社区建设的意见》是我国第一次以中央文件的形式十分具体地提出了中国城市管理中的社区建设问题，对推进中国的和谐社会建设起到了不可估量的作用。2000 年 11 月，党中央、国务院高度认可在全国范围内推动城市社区建设和发展，代表着我国社区建设逐渐进入新的发展阶段，即由政府部门直接带动社区建设和发展，转化为在政府指导下构建社区自治以及服务组织，由此带动社区的可持续发展，规范社区建设。

我国为了响应联合国 1982 年首次提出的老年群体需要在家庭及社区内活动以及社区需要为内部老年群体提供尽可能多的福利的倡议，近年来逐渐出台相应的政策，并逐渐提高了社区在我国居家养老服务中的地位和作用。社区居家养老是一种重要的养老途径，需要政府和其他社会组织正视社区的基础地位，为需要居家养老服务的群体创造有利的条件，提供必要的生活照料、医疗康复陪伴以及文化娱乐等多种服务。社区居家养老强调多方的共同参与，包括家庭、社会和国家。为了促进社区和机构间的交流与协作，国家已经出台了一系列法律法规，构建适合城市社区居家养老的模式。这种模式在当前的社会背景下更加贴近老年人的需求，逐渐受到广泛的关注，并得到国家的大力扶持。

7.2.1 社区居家养老的意义

面对长寿和老年人口增加的现象，我们应该以乐观和感激的心态去面对。这种现象充分体现了代际传递和生命健康价值的积极成果。应当积极灵活地支持老年人，营造适宜的环境，以维持和保障老年人晚年的优质生活，让他们能够得到继续贡献和成长的机会与条件。因此，针对老年人的社会政策和服务系统需要继续尝试，将服务模式做出与时俱进的转型和改革，而居家养老模式就是其代表之一。

现代社会正面临着一大趋势和一大挑战，即人口老龄化和高龄化的趋势以及对这一现象的挑战。应通过养老服务体系与社会保障体系建设，有效应对并缓解人口老龄化所带来的挑战与压力，同时激发老年人参与经济发展的社会人力资源潜力。此外，提供足够的退休金保障也是实现老有所养的重要因素。在我国，以居家养老为基础的养老服务体系已成为积极应对人口老龄化的主要措施。

第一，社区养老服务可以在一定程度上解决家庭养老功能日益减弱的矛盾。《2010 年度中国老龄事业发展统计公报》显示，“2010 年，全国 60 岁及以上老年人口已达 1.7765 亿，占总人口的比重达 13.26%”；全国 65 岁及以上老年人口达 1.1883 亿，老年抚养比为 11.9%。人口老龄化与高龄化程度加深，需要完善和成熟的养老服务体系来支持。家庭养老这种模式源远流长，体现了中华民族的传统美德。其突出特点在于，老年人与家人共同生活，由具有血缘关系的家庭成员负责其生活起居和照料。然而，随着家庭子女数量的减少以及代际分居的居住模式，子女对老年人的照顾逐渐减少，养老支持弱化成为一种日益普遍的现象。为了应对这一问题，居家养老这种新型模式应运而生。在这种模式下，老年人仍然居住在家中，由社区提供各种老年服务。居家养老以家庭为核心，以社区养老服务网络为外围，同时依靠养老制度作为保障。这种新型的养老模式可以有效弥补家庭功能的不足，让老年人能够与其他社会成员共享社会发展成果，最终实现颐养天年的目标。

第二，社区养老服务的出现能够有效弥补家庭养老功能弱化和机构照料不足之间的矛盾。居家养老是指老年人在家中或社区中居住，由家庭、社区或社会提供养老服务的一种养老模式。在传统的家庭养老模式中，经济支持、生活照料以及精神慰藉等养老功能全部由家庭成员或亲属承担；而居家养老模式则将一部分养老功能从家庭转移至社会，由社会或社区组织来承担和完成，这样能够弥补家庭成员照料不足的问题。

养老院缺乏“家”的感觉，集中宿舍式的生活使老年人失去了适应社会的能力。与机构养老相比，社区居家养老能够让老年人留在熟悉的社区环境中，与亲人、邻居和朋友相互陪伴，安度晚年。社区居家养老充分利用现有的家庭物质资源，如住房和生活设施，同时根据老年人的生活习惯来安排日常生活，既节省开支，又能保证老年人的生活质量。社区居家养老能发挥社区原有的环境优势，既可以满足老年人的心理需求，也有利于老年人社会化的需求，从社区建设和发展角度而言，也是社区自我管理、自我教育、自我服务的写照。从传统的家庭养老到现在的居家养老，实现了养老功能在家庭和社会之间的替代与转移。

第三，社区居家养老可以有效整合处于不同生命历程老人需要照顾的社会支持资源，完善家庭、社区与院舍照顾之间的相互承接。老年人的养老保障主要侧重于服务保障。服务保障表现为一个全面关怀老年人在不同生命阶段的多样化需求的系统，这个系统依赖于政府与非政府机构的紧密合作以及社会各方的积极参与，其目标在于提供满足老年人多样化生活需求的服务。此外，服务保障还构建了一个由家庭护理、社区护理与机构护理相互配合、满足不同健康状况老年人需求的网络化服务体系。在持续照顾服务或网络服务体系中，社区扮演着协作的角色，通过服务整合，提高服务效率，最终实现满足不同老年人服务消费需求的目标。有学者认为，由政府各机构牵头或管制的、社区和社会组织承接的、吸纳了商业组织并集合了多种服务的老年服务体系，被认为最有利于减少服务的生产成本以及消费者在不同服务之间转换的成本。居家养老所体现出的政府主导、社会协作，以及居家养老所特有的家庭照顾与机构照顾过程中的连续性照顾模式，正是其系统整合、系统发展与服务整合的反映。

7.2.2 社区居家养老的薄弱环节

我国人口老龄化过程中所凸显出来的“老年人口庞大、未富先老速度快”以及高龄老人比例高、城乡和区域发展不平衡等特征，对社会管理、公共服务提出了新要求。积极应对人口老龄化，需“制定和落实老龄事业发展战略规划和政策，把逐步建立覆盖城乡居民的养老保障制度作为社会保障体系建设的重点，构建以居家养老为基础、社区服务为依托、机构照料为补充的养老服务体系”。居家养老服务模式的发展，符合我国国情并且能够有效整合社会资源，还可以有效完善社区建设目标功能任务。采用居家养老模式，可以充分利用老年人原有的环境资源力量。养老照顾与生活成本相对比较低，其原有生活方式延续和社区环境熟悉度既可以满足老年人的精神和心理需求，也符合在家养老传统习俗和现实诉求。然而，居家养老作为应对人口老龄化的措施之一，也面临着诸多的困境或挑战。

7.2.2.1 社区居家养老定位模糊

根据当前的现实状况，社区居家养老的发展更加突出地域福利援助和局部救济的特点。从根本上讲，社区居家养老只能在一定程度上发挥福利功能，实际上是一种由个人、社区及国家共同提供服务的公共服务产品。社区居家养老服务对象的选择性、普遍性与社区居家养老服务的公益性和福利性，是困扰社区居家养老发展的难题。社区居家养老作为老年人养老方式的一种模式，是面向所有老年人的，既包括政府购买服务，也包括老人自己购买服务。因此，社区居家养老是家庭、社会、政府多方责任共担的一种新机制。养老不仅是家庭和政府的责任，老年人自己也有一定的自养义务。

当前，在社区居家养老服务中，政府主要针对社区内的低保孤寡、“五保”老人，以及有残疾子女的老人和优抚老人等特定群体提供服务，而非所有需要养老服务的老人。我们应该强调服务的公益性和福利性，以最大限度地满足有特殊困难的老人的生活需求为宗旨，避免盲目扩大服务范围。居家养老服务在满足一般老年人的养老服务需求方面存在一些挑战，这常常让居家养老服务的决策者和执行者感到困惑。有学者提出，居家养老服务定位滞后、老龄人养老观念陈旧以及政府责任缺位，是当前居家养老模式发展的薄弱环节。居家养老服务项目的福利性、公益性与盈利性以及居家养老管理、政策上的区分并不明显。因此，推进政府购买服务改革，实现老龄公共服务普惠化、均等化任重而道远。

7.2.2.2 社区服务组织与服务项目不完善

随着社会经济发展和社会文明程度的提高，政府对老年人的经济保障直接责任会越来越明显。生产力发展与社会财富的增加，离不开每一位公民的努力和贡献，政府应该积极增加养老保障投入。目前，各级政府在老年社会保障工作方面取得了一些成效，但整体保障水平层次较低。在社区养老服务中，除了特殊困难群体以政府购买服务或组织志愿者服务等方式，为其提供基本的养老需求服务外，其他老人均需要个人或家庭购买服务。政府养老服务职责是否到位以及家庭和老年人自我养老理念有无更新，在很大程度上影响了居家养老的发展进程。

我国积极鼓励民间资本投入老龄事业，发展多种特色的养老服务，坚持政府主导、社会参与、市场运营的原则，使得社区居家养老服务组织形式多样。社区居家养老服务组织形式具有多样性，每种形式都有其特点和优势。在实践中，可以根据老年人的需求和社区的实际情况选择最适合的组织形式，为老年人提供更加优质、便捷、个性化的服务。例如，在某社区，老人们自发组织了互助小组，彼此照料生活起居，分享健康经验和养生知识。这种互助养老模式不仅提高了老年人的生活质量，还强化了社区凝聚力。再如，某社区的老年人积极参与志愿服务活动，为邻居提供照顾，为儿童提供学习辅导，有效地回馈了社区。

全国老龄办原副主任阎青春认为，目前存在四种居家养老模式，即：政府主办，层级联动模式；政府主导，中介组织运作模式；政府资助，机构主办，连锁经营模式；政府购买服务，公司承办，市场运营模式。就目前居家养老的发展模式而言，更多的是一种政府行政推动、基层社区承担的服务模式。服务队伍主要是由社区居委会以及社区志愿者来承担。

目前社区居家养老服务组织的行政化色彩与福利性要求，使社区居家养老服务在对象选择和服务方面出现诸多问题。由于缺乏相应的资金和制度保障，养老服务人员队伍缺失严重。专业化、职业化程度缺失必然会影响居家养老服务提供与项目开发。有研究者发布了一些关于城市社区养老服务的研究结果，在一些城市的社区养老中心或服务站点，服务的目标老人中有一部分人并不愿意接受服务，或者在与服务商的互动中表现不积极。这让服务商觉得，当前的服务状况与他们当初设立服务的初衷并不相符。

社区居家养老服务项目市场化运作并不顺利，老龄人购买服务意识淡薄，服务购买对象对政府组织非常信任，而对市场化组织运作并不认可。居家养老服务对象认为，居委会工作人员亲自上门讲解和介绍服务，可以让居民更容易理解服务的内容和目标。居家养老具有的行政化色彩与基层社区单位负责运作的模式，使多数老人认为居家养老服务是政府服务改善的表现，是政府针对老年人提供的一种福利服务。居家养老服务对象比较倾向于接受由政府提供的福利服务，而排斥由市场提供的自费购买的付费服务，这是我国单位制社会结构和我国福利传输体系制度影响的结果。政府对资源的垄断以及对福利服务的包揽，虽然提高了政府的权威，但也增加了政府的工作压力。在居家养老发展过程中，计划经济体制下这种福利制度的痕迹仍然在一定程度上显现。这不仅影响服务使用者对居家养老服务的理解，也导致服务提供者、决策者对居家养老服务产生错误认知。

7.2.2.3 居家养老发展的规划与政策相对滞后

社区居家养老的发展和运营需要政府的引导和支撑。政府应当通过加强宣传和政策制定来推广居家养老服务，并对其发展过程进行监督。居家养老服务的具体实施需要依靠市场运作，由中介机构、专业机构在社区和家庭等场所提供服务。为了确保服务的稳定性和可靠性，需要建立制度化、多元化的资金投入机制，以便为所有老年人提供服务。这种服务模式具有普惠性质，能够满足老年人的基本需求，是实现为老服务的重要方式。而目前的居家养老发展更多的是一种政府行政行为、短期行为，在市场化运作、资金支持与服务对象普遍性方面都存在困难。

社区居家养老发展战略思路如果是一种政府行政行为，政治性色彩较浓，那么居家养老在发展的科学性和可持续性等方面可能会受到一定限制。居家养老发展缺少法规政策、资金与专业化人员的参与，居家养老发展服务内容并没有根据对服务对象的需求预估来设计，服务手段传统性特征明显，缺少专业化、多元化方式手段介入。由于缺少资金和专业化服务队伍，加上服务对象市场购买意识的淡薄，居家养老发展的进程与功能发挥均会受到一定程度的约束。民革江苏省委会通过调查居家养老实施状况提出："居家养老服务缺乏系统的科学规划，社区居家养老事业亟须政策引导和规范。服务体系尚未形成，养老服务不能满足社会需求。"我国大部分人口老龄化地区可能都存在这种状况。居家养老发展在宏观层面如何做好规划、政策、管理与机制健全等工作，政府、社会、个体如何承担各自的责任，成为摆在决策者面前的难题。

7.3 机构养老的现实困境

随着老龄化社会的到来，失能失智老人逐年增多。他们的护理问题给很多中国家庭带来不少焦虑，是他们"急难愁盼"的大事，也是养老服务中的"难中之难"。因为意外伤害、疾病，一些老人的吃饭、穿衣、起床、如厕等日常行为能力、生活能力和一些社交能力衰退、降低甚至丧失，出现失能、半失能。而有的老人甚至对于“我是谁？我在哪？现在是什么时间？我在干什么？怎么干？”这样的问题都失去了判断，或者呈现出一种混乱状况，陷入失智状态。他们最大最迫切的需求就是长期的专业的护理。

7.3.1 我国机构养老服务的必要性

随着人口老龄化趋势的加速发展，我国正面临着前所未有的养老压力。机构养老作为一种新型的养老方式，能够有效地缓解家庭照护压力，提高老年人的生活质量，具有十分重要的意义。

7.3.1.1 老龄化引发养老需求压力增大

老龄化趋势下的中国，老有所养成为民生建设的重要内容之一。据预测，到 2050 年，中国的老年人口总量将超过 4 亿，老龄化水平将超过 30%。随着老龄化程度的加深，对养老需求的迫切性越来越明显。我国是全球人口最多的国家之一，也是老龄化现象最为严重的国家之一。我国的家庭结构正在发生重大变化，包括人口流动、社会压力、文化观念等因素。这些变化导致传统的家庭养老模式难以持续，许多老年人需要寻找新的养老方式来获得更好的照顾。机构养老作为一种新型的养老方式，能够为老年人提供更加全面和专业的护理服务，帮助他们安度晚年生活。当前大多数家庭只有一个子女，加上城市化进程的加速，许多年轻人难以在工作和家庭之间取得平衡。因此，家庭照料压力巨大，许多老年人难以得到必要的照顾和关爱。机构养老的出现，能够为老年人提供更加全面的照顾，减轻家庭的压力。

7.3.1.2 高龄化使机构养老需求越来越迫切

随着年龄的增长，高龄人群往往面临健康状况下降的挑战。许多老年人患有多种疾病，如心脏病、糖尿病和关节炎等，这些疾病会影响他们的日常生活。健康状况下降可能会使老年人无法独立完成日常生活中的某些任务，如洗衣、做饭和清洁等。这种情况下，他们往往需要额外的照顾和支持，这就增加了机构养老的需求。高龄化也会对家庭结构产生影响。随着时间的推移，老年人的子女和配偶可能已经去世，他们可能会感到孤独和无助。此外，由于现代社会工作压力大，许多成年子女无法陪伴在父母身边，这使得老年人更难以获得家庭照顾和支持。因此，许多老年人选择入住养老机构，以获得更好的照顾和支持。高龄人群在独立生活方面可能会遇到困难。随着年龄的增长，老年人的身体机能逐渐衰退，他们可能面临行动不便、视力下降和社交困难等问题。这些问题都会使老年人在家中独立生活变得困难，因此他们更可能选择入住养老机构，以获得更好的照顾和支持。

7.3.1.3　经济转型使机构养老成为无奈的选择

《中华人民共和国老年人权益保障法》以及民间流传的“养儿防老”的养老观念，都明确了照顾老人是家庭、子女的责任，但随着经济社会发展的转型，这一观念正面临挑战。一方面，由于社会老龄化现象愈发严重、老人寿命不断延长、核心家庭和双职工家庭的普及，每个家庭都可能达不到理想的养老状态，客观环境的限制也可能导致子女无法充分履行赡养年迈双亲的责任。因此，外部环境的改变使得大部分老人不得不选择机构养老。另一方面，统计数据显示，90%住在护理院的老人的年龄在65岁以上，仅占老年人口的4%。这表明，尽管机构养老是必要的，但由于各种原因，并不是每个老人及其家庭都会选择这种方式。另外需要注意的是，入住护理院后，老人的健康状况可能会加速恶化，最后在护理院中度过余生。

在老年人的长期照料中，机构照料构成了“持续照料”的重要一环。这类照料的环境常被形容为封闭式的环境，机构照料提供服务，具有取代家庭照料、辅助家庭照料或与家庭照料并肩作战的功能。随着老年人年龄的增长，他们的身体机能和独立生活能力会逐渐下降，需要健康照顾、个人照顾以及其他支持性服务。当家庭成员无法提供持续的照顾，而社区的支援性服务也无法满足老年人的需求时，机构性照料便成为至关重要的选择。老年人选择机构照料是因为家庭照顾或居家服务、社区照顾等其他照顾方式无法满足他们的需求。因此，机构养老成为他们在养老过程中的一种必要选择，尽管这可能并非他们的首选或偏好。

7.3.2　我国机构养老服务的制约因素

面对突如其来的人口老龄化浪潮，当前中国政府和社会尚未做好充分的应对准备。这不仅体现在社会经济的发展水平与人口老龄化水平及其发展速度的不匹配上，还体现在应对人口老龄化相关策略的匮乏上。值得庆幸的是，当前党和政府已经对人口老龄化问题予以充分关注，相关职能部门在策略方面也有了一些新的举措。例如，提出并推动实施“居家养老”和“星光计划”，大力发展居家养老服务，制定、发布并落实《“十四五”国家老龄事业发展和养老服务体系规划》。然而，不容忽视的是，中国目前缺乏大规模发展专业化照顾模式所必需的经济基础和专业基础。即使在城市地区，机构养老功能和作用的有效实现仍然面临着困境和不足。

7.3.2.1 传统文化制约机构养老的发展

传统文化价值观对机构养老产生的影响主要表现在家庭养老观念和传统养生文化方面。在家庭养老观念方面，许多老年人深受“养儿防老”传统观念的影响，更倾向于在家中养老，而不是选择机构养老。此外，传统养生文化也强调了孝道和家庭的重要性，认为机构养老违背了这一文化传统。传统文化对养老服务的需求也是一个重要因素。在许多传统文化中，老年人被赋予极高的尊重和照顾需求。因此，传统文化对养老服务的需求往往更注重精神层面和情感方面的照顾，而不仅仅是物质层面的满足。这一需求反映在许多老年人的价值观和生活方式中，他们在寻求养老服务时更看重服务的人性化和情感化，以及服务提供者对其传统文化价值观的尊重。因此，传统文化价值观对养老服务的需求在一定程度上制约了机构养老的发展，因为机构养老往往难以满足这些精神层面和情感方面的需求。传统与现代养老模式之间的冲突也是制约机构养老发展的一个因素。现代化养老模式以其高效、便捷和个性化的特点逐渐赢得老年人的认可，但同时也与传统养老模式产生了冲突。传统养老模式强调的是家庭和社区的作用，而现代化养老模式则更注重科技和专业化。这种冲突在一定程度上导致一些老年人对机构养老产生疑虑和不信任，从而限制其发展。

7.3.2.2 正式机构专业化照护的缺失

专业化照护在维护健康生活、预防疾病方面具有重要意义。首先，专业化照护能够提高老年人的生活质量，通过专业的护理和康复训练，帮助老年人维持身体机能，减轻身体和精神上的痛苦。其次，专业化照护能够预防老年人常见疾病的发生，如心脏病、糖尿病等，为老年人提供科学、全面的健康指导。最后，专业化照护能够减轻家庭负担，为家庭提供专业的护理和照顾服务，使家庭成员能够更好地投身于工作和生活中。目前，我国的正式机构主要包括医院、诊所、社区卫生中心等。然而，这些机构的照护服务尚存在以下问题：一是医院和诊所往往人满为患，医疗资源紧张，导致部分老年人无法得到及时、有效的护理和治疗；二是社区卫生中心覆盖范围有限，一些老年人无法享受到便捷的医疗服务；三是机构的专业化照护服务水平参差不齐，部分机构缺乏专业的护理人员和康复设施。

机构照护在某种程度上减弱了工业化对家庭结构的负面影响，但同时也显现出一些问题和缺陷，引发人们的热议和质疑。20世纪50年代，西方社会开始关注并反思院舍照护所带来的非人性化效应，并采取了去除机构化、正常化的行动方式。通过深入挖掘，我们可以发现，专业化照护的缺乏是导致被照护者与社会隔绝的主要因素，进而导致他们难以获得正常且人性化的社会生活环境。因此，尽管许多在养老院等机构生活的老年人的物质需求得到满足，但他们的精神生活却并不充实。长期生活在这种环境中，可能会使老年人失去自我，或者在一定程度上放弃选择自由生活的权利，这在一定程度上违背了1999年联合国国际老龄联合会全球老龄大会所提倡的老人政策发展原则，包括独立性、参与、照顾、自我实现和尊严等。当前，我国的养老机构在功能上还难以实现这些目标。

7.3.2.3　长期照顾的成本阻碍个体老年人选择机构养老

长期照顾的成本很高。一方面，机构养老需要支付的费用往往较高，包括入住费用、护理费用、餐饮费用等，而且这些费用可能会随着时间的推移而增加。对于许多老年人来说，这些费用可能是一个较大的负担，特别是对于那些没有足够经济保障的老年人来说。另一方面，个体老年人可能担心机构养老会剥夺他们的自主权和自由。在家庭养老中，老年人可以按照自己的生活方式和喜好来安排生活，而机构养老则可能要求他们遵守一定的规章制度和管理要求。这可能会导致一些老年人不愿意选择机构养老，而是更倾向于在自己家中养老。在美国，老年人（65岁及以上）占据了美国国民年度健康照护支出的30%。实际上，在过去的20年里，用于维护65岁及以上老人健康的平均支出，是保持65岁以下人群健康支出的四倍。当前，我国约有3250万老年人需要不同形式的长期护理服务，然而由于资本投入的匮乏，我国目前的养老床位数量严重不足。

7.3.3 我国养老机构服务政策供给不足

老年人最值得尊敬和爱戴，也最需要关心和帮助。随着社会的进步和经济的发展，以及生活方式的演变，老年群体对于日常生活照顾、心理辅导、精神慰问、康复照料、养老送终以及紧急救援等方面的需求日益凸显。目前，中国正在经历经济转轨、社会转型和文化转变的深刻变革，同时也正在经历人口快速老龄化导致的从年轻社会到老龄社会的急剧转变。

我国政府一直以来都对老年群体给予了高度关注，并为推动老龄事业的发展采取了积极的措施。这些举措已经取得了显著的成果，并为老龄事业的进一步发展奠定了稳固的基础。然而，随着老龄化进程的快速推进，老龄事业和老龄工作出现了一些相对滞后的问题，矛盾也日益凸显。目前，社会养老保障制度仍有待完善，公益性老龄服务设施和服务网络的建设也需进一步加强。此外，老龄服务市场发展不够成熟，服务供给不足的问题较为突出。老年社会管理工作也相对薄弱，老年人权益受到侵犯的情况偶有发生。为解决上述问题，政府需进一步加大老龄事业和老龄工作的投入力度，完善社会养老保障制度，加强公益性老龄服务设施和服务网络的建设，改善老龄服务市场的发展状况，增加服务供给，提高老年社会管理的水平，并严厉打击侵犯老年人权益的行为。只有这样，我们才能更好地满足老年人的需求，推动老龄事业持续发展。“十二五”时期既是无锡市率先基本实现现代化的重要时期，也是其加强老龄工作、加快老龄事业发展的重要机遇期。老龄工作与老龄事业的发展相对滞后，老龄工作体制机制与老龄事业发展要求不相适应，老年人社会保障水平结构化矛盾、养老服务与老年人日益增长的需求不相符合等困境严重影响着经济社会与老龄事业的持续性和协同发展。无锡市老龄事业“十二五”规划提出“进一步提升老年人社会保障水平，进一步满足老年人日益增长的养老服务需求，进一步探索老年社会管理模式，进一步拓展老龄产业领域”等主要发展目标及“老年社会保障、社会养老服务、老年医疗卫生保健、老年人生活环境与老龄产业”等主要任务。这些主要发展目标与主要任务的完成，需要政府顶层科学设计与健全完善政策的出台，政策制定与执行成为社会治理、民生建设的重要保障。

7.3.3.1　缺乏养老机构市场准入的法律依据

建立和完善养老服务准入制度的基础在于养老服务的立法。只有设定了规范、有效的市场准入标准，才能够确保老年人的权益得到充分保障。因此，加强养老服务的立法工作，是实行养老服务准入制度的重要前提。在此基础上，只有建立健全养老服务体系，提高服务质量和水平，才能够更好地满足老年人的需求，促进社会的和谐稳定。目前，我国关于养老服务市场准入，即设定养老服务许可的法律渊源之间的冲突较为突出。国务院应在民政部以及各地养老机构的许可设置上进行充分消化、吸收，制定出一部行政法规，如《中华人民共和国养老机构管理条例》，由它来设置养老机构的许可。远期而言，可以由全国人大常委会制定《中华人民共和国养老服务促进法》，以在最高立法位阶上对养老机构设置许可，这样能切实符合《中华人民共和国行政许可法》的相关规定，以此来体现法治精神。只有如此，我们才能够适应我国日益严峻的老龄化社会现状，有效预防、减少和解决养老纠纷，进一步推动养老服务业的不断改善和发展。无锡市的情况与全国相似，在管理服务方面缺少一部养老机构管理服务地方性行政法规。

7.3.3.2　养老机构管理服务政策的顶层设计滞后

政府是养老机构管理服务政策的“顶层设计者”。目前，政府在养老机构管理服务方面存在顶层设计滞后、意识不强和“瞄准机制”欠缺、定位不清等问题。正如上文所言，政府在养老机构市场准入方面只是出台了由民政部门颁布的《养老机构管理办法》和《养老机构设立许可办法》，尚无由国务院或人大常委会出台的相关条例或法律，养老机构管理服务方面可以说是无法可依。尽管新修订的《中华人民共和国老年人权益保障法》包含许多有关养老机构监管和许可的法律条款，但缺乏具体可行的实施细则，导致有法可依却无法有效执行的情况。因此，如何有效执行成为当前的首要问题。执行可以理解为在预期的政策结果和实际的政策效果之间进行的协调和推动活动。我们一般对政策制定关注度较高，对政策执行会忽视。但是，现代社会中利益和信仰的分散状况加剧，由此产生的社会矛盾和冲突也日益增加，同时公共事务的复杂性和多样性也在不断扩大。因此，人们越来越意识到公共政策执行的重要性及其难度。

案例 1　某市出台了一系列养老机构管理服务的政策，但由于信息发布渠道不畅通，许多养老机构对政策内容和申请流程不了解，导致无法及时获得政策支持。政府应加大对政策制定和宣传的力度，通过官方网站、媒体等多种渠道发布政策信息，同时建立政策解读和咨询平台，以方便养老机构获取政策详情和申请支持。

案例 2 某养老机构的入住门槛较高，要求老年人的年龄、健康状况等符合特定条件，导致部分老年人无法入住。养老机构的收费标准不统一，价格高低差异大，导致老年人及其家庭在选择机构时面临困惑和压力。政府应制定合理的入住条件标准，充分考虑老年人的需求和实际情况，降低入住门槛，让更多的老年人能够享受养老服务。政府应制定明确的收费标准，并公开透明地公布收费项目和标准，同时加强对机构收费行为的监管，以防止出现乱收费现象。

7.3.3.3 养老机构管理服务过程政策扶持比例失衡

总体而言，我国养老服务和产品供给不足、市场发育不健全、城乡区域发展不平衡；在养老机构管理服务过程中，养老机构以公办为主、民办为辅，养医、养护结合型床位比例不足等结构化矛盾还十分突出。例如，在某些地区，养老机构的数量和床位数量的供应远低于需求，而在另一些地区，养老机构的数量和床位数量的供应又相对过剩。政府在养老机构投入不准或效益不高的主要问题在于，将财政或福利彩票公益金过多地投入到高档次的养老机构，而相对忽略了中档或普通收入水平的老年人所需要的养老机构。公办养老机构在管理和服务方面受到传统的行政性事业单位的限制，缺乏应有的市场化运营机制，导致整体投入效益低下。政府有限投入造成其兜底或安全网的作用也难以发挥，贫困、高龄、失能、独居老年人的基本养老服务很难更新。政府应充分发挥市场在养老服务资源配置中的决定性作用，让那些个性化、高档化、需要付费的非基本养老服务由市场或社会来提供。养老服务与养老福利并不等同，政府在提供基本养老保障、制订老龄服务规划、加强市场监督管理、为生活困难老年人提供基本养老服务等方面发挥着重要作用。“公退民进”是老龄服务市场发展的大方向。

例如，吉林省养老机构供给结构失衡的原因：一是政府机构过于强调床位数量管理，而缺乏对相关政策深入细致的考虑。由于床位数量管理简单明了，一些政府机构在养老机构建设方面过于注重床位数，将其作为考核下级政府部门的主要标准。在这种指标管理机制的驱动下，一些地方为了尽快提高本地养老机构的床位数，匆忙行事，没有具体的细化政策措施，例如对建成后的床位使用率的监督管理和配套养老服务质量的跟踪考核等尚未完善。二是受养老服务市场扩张和政府部门偏好转折的影响，业界投资纷纷涌向高档床位，追求建设高收费养老服务机构。投资者争相建设或收购有养老机构运营执照的空架子机构（有照而无人入住），“借壳”取得来自政府部门的床位建设补贴费，导致养老机构之间形成恶性竞争。养老服务机构建设投资向高收费床位集中，具有追逐赢利的盲目性，这与政府政策引导不够有力有一定的关联。三是老年人口的收入水平偏低，入住养老服务机构的需求不高。

7.3.3.4　养老机构服务社会化引导政策不足

市场是“设计风向标”。十八届三中全会提出，要“紧紧围绕更好保障和改善民生、促进社会公平正义，深化社会体制改革”；“紧紧围绕使市场在资源配置中起决定性作用，深化经济体制改革，坚持和完善基本经济制度，加快完善现代市场体系、宏观调控体系、开放型经济体系，加快转变经济发展方式，加快建设创新型国家，推动经济更有效率、更加公平、更可持续发展”；“更加注重改革的系统性、整体性、协同性”。《国务院关于加快发展养老服务业的若干意见》（国发〔2013〕35）中提出：完善市场机制，充分发挥市场在资源配置中的基础性作用，逐步使社会力量成为发展养老服务业的主体，营造平等参与、公平竞争的市场环境，大力发展养老服务业，提供方便可及、价格合理的各类养老服务和产品，满足养老服务多元化、多层次需求。

老龄服务的社会化已成为不可逆转的趋势。对于提高老龄服务供给数量与质量，市场扮演着至关重要的角色。而要让市场充分发挥作用，关键在于建立健全的市场竞争机制。市场化、产业化以及社会化的管理是老龄服务体系健康发展的根本保障。只有老龄服务市场发展成熟，老龄服务体系才能生机勃勃。最终的结果是，公办养老机构日益减少，甚至政府不再直接兴办养老机构，而主要由慈善宗教等社会组织、社会团体和社会企业来创办。政府应不断完善养老机构管理服务政策，以此促进养老机构的社会化、市场化发展。政府应通过购买床位等多种举措来承担自己的兜底责任，最终推进养老服务市场的发展。但是，从整体上看，当前政府在积极引导养老机构管理服务社会化、市场化、产业化方面的政策明显滞后。

老年群体是“设计参与者和消费者，是基础和根基”。市场需求是引领市场发展的关键因素，同时也是推动市场发展的根本力量。在中国，老年人的经济状况和养老观念对老龄服务产业的发展起着决定性的作用。然而，在中国老龄服务产业的建设中，城乡、地区和人群之间的不平等现象尚未得到充分关注，同时存在明显的自上而下的计划性服务供给方式，在一定程度上导致服务资源的浪费，并且未能有效激发老年人的养老服务需求。根据《社会养老服务体系建设规划（2011—2015 年）》对养老机构的定位可知，未来机构养老服务业的市场消费主体人群主要是那些住在城市社区、有消费能力、有机构养老需求的“完全失能老年人”。据专家推算，中国城市地区护理型或养医结合型的需求总量在 2015 年到 2050 年这 35 年间，将由 24 万人增加到 77 万人。根据之前的研究，失去自理能力的老年人的平均生活时间大约为 2.1 年。由此，我们可以计算出养老机构中一张床位的年周转率（W）为 1 除以 2.1。如果考虑养老机构中护理人员与失能老年人床位 1∶3 的比例，我们可以推算出未来中国城市地区护理型养老服务机构需要的床位数和护理人员数量将分别从 2015 年的 49 万张、16 万人增长到 2050 年的 162 万张、54 万人。这些数字既说明挑战的严峻性，也显示了老年人群体的经济潜力。

7.3.3.5 对机构长期照护的政策支持不够

我国老龄化速度加快和高龄化程度加深，使老年人养老照料需求增多，这对我国养老机构床位建设提出严峻挑战。目前，我国现有床位数严重不足、社会化参与度低。国外一些发达国家养老床位数比例达到每千人 50—70 张，我国目前仅有 20—30 张。即使在经济社会发展较快、人口老龄化程度较深的无锡地区，每千名老年人拥有的床位数也只接近 32 张。我国现有养老床位数总量严重不足，这与我国人口老龄化发展趋势以及经济社会发展水平严重不一致。

调查显示，在进入老龄社会的今天，我国失能、半失能老人大约有 4000 万，失智老人大约在 1000 万以上。随着老龄化日益加剧，失能失智老人还在不断增加。对失能失智老人的照护不同于普通老人，他们需要耗费更多的精力，需要更专业的技能。专业护理可以大大提高老人的生活质量，减轻家人负担，但专业护理人员的缺乏是一大难题，这也让医院经常满负荷甚至超负荷运转。

民政部养老服务司副司长李永新说："与我国快速增长的老年人养老服务需求相比，我国养老护理员队伍建设还存在人员短缺、能力水平不高等突出问题，特别是针对失能失智老年人的专业照护人员是短板中的短板。"

我国目前有超过 5000 万失能、半失能及失智老人需要照护，但据民政部发布的数据显示，我国目前仅有 32.2 万名养老护理员，在考虑家庭照护资源后，短期内仍存在超百万的养老护理员缺口。李永新说："出现这些情况主要与这一职业群体的社会地位不高、工作强度大、薪酬待遇低、职业上升通道不畅有直接的关系。"怎么解决这个问题呢？

案例 1 湘潭市第六人民医院是公立养老综合性医院，目前有 240 多名护理员照料 700 多名重度失能、半失能及长期患病的老人。为解决护理员短缺问题，也为提高护理技术水平，2014 年，第六人民医院设置了护理员工作部，负责招聘和管理护理员。湘潭市第六人民医院院长向明凯说："把中间环节的利润直接分配给了护理员。这里最低的 3000 多块钱一个月，高的 8000 元到上万元，在当地来说这个薪酬水平有一定吸引力。"提高护理员的薪酬只是吸引人的办法之一，另外还需要加强对护理员的培训和管理。每隔半个月，就有专业护士帮助护理员"复习"翻身、拍背除痰、防跌倒以及一般急救等老年人生活护理操作流程。医院通过培训与"复习"，帮助护理员提高护理技能。同时，医院还设置了护理员主管、组长等护理员岗位，为他们提供职业晋升渠道，并给予相应的岗位补贴。医院为护理员购买了意外险和医疗险。即使这样，护理员队伍还是相对老化。第六人民医院 240 多名护理员中，有 190 多名在 50 岁到 55 岁这个年龄段，想招聘年轻护理员并不容易。湘潭市第六人民医院在未来几年也将面临年长护理员陆续离岗、年轻护理员短缺的状况。为了解决这个问题，湘潭市第六人民医院尝试开设护士岗转护工岗通道，六名专业护士主动提出转为护工岗，获得护士和护理双证。除了挖掘现有人力资源，医院还与当地的湘潭医卫职业技术学院进行深度校企融合，实施医养人才培养模式改革。

据了解，近年来，全国多地都在尝试建立养老护理队伍。上海是全国最早进入人口老龄化而且老龄化程度最高的大型城市。2013 年，国务院《关于加快发展养老服务业的若干意见》发布后，上海陆续出台了《关于建立养老护理员薪酬等级体系的指导意见》等一系列制度，发布养老护理员行业工资监测结果，发展面向在职人员的老年服务与管理大专教育，为护理员提供发展渠道，曾举行六次养老职业技能大赛，设立“百佳养老护理员”评比表彰项目，养老护理员队伍不断发展。到 2021 年末，全市共有养老护理员约 7 万人，其中初中及以上文化程度占 87%，持技能等级证书的养老护理员超过 70%。

7.3.3.6 高龄化居家老年人养老机构支援性不足

养老机构为居家老年人提供支援性服务，特别是对高龄老人、半失能老人能继续留在家庭和社区生活是十分必要的。具备长期照料功能的社区日托机构或日间照料中心或专门养老机构，可以为居家高龄老人、失能半失能老人提供院舍照料的一些服务。我国现有的居家服务存在机构组织单一、功能不足的缺点，不能提供让老年人持续留在熟悉环境中继续生活、安度晚年的生活照护保证。城市养老机构存在欠缺养医养护功能，护理人员队伍素质不高、人数不足等问题，同时机构照护、社区照护与居家照护彼此之间不能有机整合，很难发挥整个养老服务体系中持续性照顾的效能。

7.3.3.7 专业化、职业化养老护理人才培养的政策引导不足

因岗位薪酬、劳动强度、社会评价等多重因素，很难吸引专业人才投入到长期照料服务当中，尤其是直接从事老年人照料的护老者。目前，从事老年照顾服务的工作人员一般均为年纪偏大、文化程度偏低的新市民或外来流动人口。这既有文化观念和生活习惯方面的问题，也有队伍稳定性差的问题。长期照料服务中，护理队伍专业化和职业化发展严重滞后，对于我国今后老年人服务水平和服务工作的开展将产生严重影响。这方面，政府在政策引导方面缺乏必要的特种行业或职业的补贴政策。

第 8 章

老年人离婚再婚问题研究

8.1 老年人离婚的生活现实

8.2 老年人再婚的现实困境

8.3 老年人再婚的社会援助

随着社会的不断进步和老龄化社会的逐步形成，老年人离婚率和再婚率近年来也呈上升趋势，且幅度较大。在不断加深的老龄化背景下，社会中关于婚姻问题的调查研究越来越多地呈现出老年人群的独特特征。有人为老年人离婚起了个名字——“银发离”“黄昏离”等。值得注意的是，60 岁以上的老年人离婚出现在各个不同的社会阶层中，并且不以学历、收入和个人成功程度等常见的界限区分。是什么原因导致老年人的婚姻生活出现了问题呢？我们可以从离婚和再婚两个方面来讨论这一问题。

8.1　老年人离婚的生活现实

在老一辈人的眼中，离婚是一件很丢人的事情，所以他们在年轻的时候离婚都是很少的。随着社会的发展，人们的思想越来越开放，老年人的婚姻观念在逐渐发生变化，对婚姻的质量要求也逐渐提高，追求充满活力的爱情生活已经不再是年轻人的专利。根据第六次人口普查数据，国内老年人的离婚率跟 30 年前相比已经翻了一番，中国人迎来老年离婚潮。无独有偶，美国也出现了类似的问题。过去的 20 年中，美国中青年阶层的离婚数量稳步下降，反而老年人的离婚率增长了 60%以上。从调查报告来看，现在美国每四对离婚者中就有一对超过 50 岁，十对中有一对超过 64 岁。不可否认，老年人离异的原因是多种多样的，每一个人对生活都有自己的追求和价值。简单概括一下，老年人离婚的原因包括以下几种。

8.1.1　老年人离婚原因分析

8.1.1.1　性格不合、生理变化造成双方因琐事引发的冲突加剧

案例 1　李先生今年 69 岁了，前妻杨女士比他小 5 岁，两人的婚姻已经持续 40 多年了。但让身边人都大跌眼镜的是，他们会在花甲之年离婚。儿女也无可奈何，母亲执意如此，父亲挽留不住，为了两人晚年生活着想，也只能接受。退休前，李先生是一名机关干部，工作繁忙，对家庭和妻子都有所

忽略。在杨女士的印象中，老李独断专行，对她不够关心，家里大小事务都由她来操劳。“可是这样一家过了大半辈子了，为何现在才发难呢?”老李疑惑不解。但杨女士不这样认为：“已经委屈到这把年纪了，接下来要为自己而活。”

杨女士是个能歌善舞的人，退休后积极参加各种老年群体的社交活动，跳跳广场舞，一起旅旅游，结交了不少朋友。而老李相对沉闷，除了锻炼身体，就是宅在家里，“所用的还是老一套方式”。杨女士觉得，看到别人夫妻恩爱，而自己的婚姻一辈子平淡如水，她从来没有体会到被另一半关爱的感觉。老李对此不置可否，同意离婚。

8.1.1.2 追求个人价值的实现

在传统社会中，“男主外、女主内”的观念深入人心。这一点在当今的老年人婚姻关系中体现得尤其明显，因为他们曾经生活的年代受传统观念影响较深。到了现代社会，老年人的思想也发生了深刻的变化，许多老年女性离婚就在于她们开始致力于追求自我价值的实现。

案例 2 一对住在南方某城市的夫妻，现年 66 岁的李先生和 66 岁的王女士已经结婚 41 年，去年子女刚刚为他们举办了银婚庆典。两人育有 4 个子女。李先生退休前是一名外科医生，王女士则全职在家照顾孩子。在外人来看，他们家庭收入可观，家庭和谐，生活很平稳。但是王女士多年来一直觉得丈夫全心全意地投入医学事业，对家庭和子女毫不关心，家里大大小小的事情完全由王女士一人操持。她觉得丈夫最爱的就是工作，不仅对她很冷漠，对孩子也漠不关心。这么多年来，李先生从来没有去过孩子的学校，甚至几乎不清楚孩子们读的学校叫什么名字。对此，王女士早已觉得不满，她觉得两人不像夫妻，而是像一对合作伙伴。但是她长期以来为了孩子的成长一直选择了默默忍受。现在，几个子女都已经成家立业，处于“空巢”阶段的王女士开始认真思考自己的人生。她现在身体状况非常好，而且她的父母也都活到了 90 多岁，在这种长寿家族之中，她大概率也能活到八九十岁，剩下的这 20 多年里她不想继续在这种无爱的婚姻中维持下去了，她想过自己喜欢的生活。于是，王女士决定离婚，子女们目睹了父母多年的交流方式，也很支持母亲的决定。离婚后，王女士重拾年轻时的爱好，开始学习陶器制作。未来，王女士希望在学成之后建立自己的陶艺工作室。

8.1.1.3　寻求自由快乐的生活

受生活条件和医疗水平提升的影响，我国人均寿命已达 76 岁。寿命延长意味着夫妻俩在退休后还要共同生活几十年的时间。年轻时双方各自忙于工作，退休后忽然整日待在一起，有些夫妻矛盾加剧，争吵不断，部分老年人在年轻时由于社会因素、家庭因素等勉强与对方“搭伙”，随着现代观念的更新，他们开始寻求个人的生活和幸福，考虑到还要这样共同生活二三十年太痛苦，不如早日解脱，于是提出离婚。

8.1.1.4　婚姻中出现第三者

近年来，老年人离婚除了缺乏有效的沟通交流之外，婚姻关系中出现第三者已成为一个重要原因。北京市一中院审理的非再婚老年人离婚案件中，夫妻一方或者双方称对方存在婚外第三者的案件超过 50%。

案例 3　现年 70 岁的张女士与丈夫王先生共同生活了 46 年，然而今年初，她却来到法院，毅然决然地要和丈夫离婚。原来，张女士经常听到王先生给异性打电话，语气暧昧，经常相约一起外出。此外，张女士还发现，王先生刚刚退休时基本不出门，整天窝在家里，而近半年来，丈夫一天到晚“不着家”，早出晚归，比上班时还规律。张女士认为，丈夫的行为属于出轨，给她的精神、心理及整个家庭造成了极大的伤害，因此要求离婚。在庭审过程中，王先生否认自己出轨，妻子所说的异性电话是自己的老年朋友。王先生说，在退休之后，自己一度不适应不上班的生活，为了改变现状，他参加了很多老年人的活动。“周一、周三去公园唱歌，周二、周四跳交谊舞，周末闲暇时还会和朋友相约去爬山。”王先生表示，他希望自己的晚年生活能够充实起来，因此结交了很多朋友，“确实有异性老年朋友关系比较好”。

8.1.1.5　家庭暴力

“家暴”已成为老年人选择离婚最多的原因之一。老一代人受男尊女卑思想影响，女性的地位不高，随着时代的发展，老人的观念发生变化，有些人不愿意再妥协。数据显示，在老年人离婚诉讼中，约有十分之一的案件在起诉理由上写的都是被伴侣殴打、辱骂。由于家庭暴力取证较难，很多案件最终无法认定为家庭暴力，但这也成为夫妻关系中不和谐的因素，最终可能导致离婚。

8.1.1.6 再婚后感情不和

部分老年人在离婚或丧偶后选择再婚，但是在再婚的时候因为了解不充分、接触时间短，结婚后才发现双方的性格和生活方式有很大的差异，再加上双方子女之间可能存在的矛盾，最终导致离婚。

案例4 现年69岁的刘先生与51岁的付女士于2004年经人介绍相识后决定携手相伴，于次年登记结婚。虽然两位老人都是再婚，但最初几年，二人感情也不错。不承想，随着刘先生的身体健康每况愈下，付女士却“失踪”了。2016年，刘先生一纸诉状将付女士告上了法庭，要求离婚。在庭审中，刘先生的子女代为出庭，并直指付女士是为了父亲的房产才与父亲再婚的：“父亲生病后，需要家人照顾，付女士便不管不问，选择分居。”对此，付女士没有正面回答，她认为，与刘先生是有感情的，但因为刘先生的子女不支持才使得刘先生选择离婚。最终法院经过审理后认为，夫妻关系以感情为基础，夫妻离婚应以感情确已破裂为条件，判决刘先生与付女士解除婚姻关系。

8.1.2 老年人离婚引发的思考

对于目前人们关注的为何老年人离婚逐渐增多这一问题，中央财经大学丁志宏教授在接受采访时曾表示，“和过去相比，老年人离婚率应该是每年都有所增长，这背后还需要做更为深刻的社会学分析和更科学的判断。”一般来说，选择在晚年离婚，都应该是多种因素共同作用导致的结果，老年夫妻在多年的共同生活中形成了一些矛盾，最终变成了“黄昏散”。需要明确的是，不管是出于什么原因选择离婚，都是可以理解的，因为这是他们的婚姻选择权。

著名心理咨询师孔令雪向《健康时报》表示，“越来越多的60多岁老年人离婚也引起了一些关注，有的是因为年轻的时候结婚比较草率，彼此没有共同爱好和充分了解，再加上现在老人退休后还有着比较好的精神和身体状态，良好的健康状况让晚年时期延长，这也让他们不愿意再妥协。所以，一些人会选择在最后的时刻给自己一个机会去重新开始”。

随着社会的快速发展，传统的价值观念和行为方式也发生了变化，传统观念中的“结婚就是一辈子”等老式概念已经越来越不被接受。在现代社会中，不管是对老年人还是年轻人来说，婚姻所承载的意义和功能以及婚姻的维系纽带都发生了变化。归根到底，老年人离婚更多地展现出了老年人自我价值和自我意识的觉醒，他们不再为别人而活，只为自己而活。

实际上，如果老年人能够意识到情感在婚姻关系中的重要性，愿意花心思去维护夫妻双方的关系，很多老年夫妻是不会走到离婚这一步的。传统观念认为爱情只是年轻人的权利，殊不知老年人也有爱人与被爱的权利，可是很多时候因为老年人自己的不重视尤其是对自身都不重视，才会使得婚姻和家庭仅仅变成一种责任，把伴侣看作合作伙伴，才使得婚姻关系难以为继，最终导致“黄昏散”。

家庭生活周期一般分成三个阶段：新婚阶段，养育子女阶段，子女长大成人后的“空巢”阶段。其中人们在婚姻生活的大部分时间里都担负着养育子女的重任。除了在婚姻第一阶段要为生儿育女做好各方面的准备之外，以后大约有二十年的时间都在为子女操劳，同时还要完成社会工作。子女成年之后开始独立生活，父母还可以专心工作十年左右的时间，然后紧接着就是退休阶段。只有在这个阶段，他们才能在身心上得到真正的放松。

有研究者把“空巢”阶段看成是老年夫妻整日相对无言、面面相觑的孤独岁月。确实，当孩子们离家去过自己的生活时，父母一开始都会有一段非常难过的日子。如果长期以来婚姻关系一直是在靠孩子来维持的，夫妻之间缺乏足够的了解和沟通，那么在孩子们像小燕子一样飞走后，有些夫妇就可能会发现双方在思想和感情上相差何止十万八千里，简直就很难找出两个人的共同之处了。于是，在接下来的岁月中，夫妻二人大部分时间里就像陌生人一样无话可说，房间里有时会寂静得令人不安，甚至有些可怕。当然，如果夫妻双方能够及时地意识到这一点，并积极主动地采取一些有效措施，重新去了解对方、适应对方，相互陪伴、相互安慰，就会再次找回因忙于抚育子女而被忽略的二人独处的愉悦感觉，以后的岁月也无疑将成为婚姻生活中最快乐的时光。

在“空巢”阶段，老年人的生活重心几乎全部转移到家庭中，影响夫妻关系的因素也不再像以往那样复杂。以前工作上的不如意、岗位的变化、工资收入的多少以及教育孩子的方式、家务劳动的分工等问题，都有可能成为引起夫妻矛盾与冲突的“导火索”。人到晚年，既无工作压力，又没有子女负担，经济收入也相对稳定，家务劳动的强度也相对减少了，这就少了许多引发矛盾的不利因素。而且老夫老妻有足够的闲暇时间终日厮守、共同活动，使双方的感情交流在时间和空间上都具备了自有子女以来前所未有的优势。

社会学相关调查表明，大部分老年夫妇对现阶段的婚姻生活感到满意，认为比起前几个阶段，现在的婚姻更美满一些。因为在生儿育女阶段，各方面的负担都比较重，没有精力也没有时间去享受花前月下的浪漫时光，从而使夫妻双方即使发现矛盾与隔阂也难以及时化解。而进入“空巢”阶段，经济生活有一定的保障，又减轻了身上的责任和负担，正是重新注意对方、发现对方、关爱对方，经营二人感情世界的良缘佳期。此时夫妻之间最值得称道之处就在于：经过同甘共苦的岁月，达到真正的感情交流，满足对方的精神需要，并有一种相依为命、互敬互爱的亲密感觉。

8.2 老年人再婚的现实困境

“老年人为革命贡献了青春，为社会创造了财富，为民族培养了后代，当他们年老体衰的时候，理应受到无微不至的关怀。”老年人群是我国人口的重要组成部分。最近的统计数据显示，我国60岁以上的人口已经达到18.7%。这近五分之一的老年人的生活也成为社会关注的重要话题。一直以来，党和国家都非常重视维护老年人的权益，制定了一系列法律法规来保障老年人的基本权益，如婚姻法、老年人权益保障法等。宪法在规定男女平等原则的同时，还规定了儿童、老人、妇女受特殊保护的原则。然而，我们在现实生活中却还是能看到侵害老年人合法权益的事件时有发生，其中子女反对父母再婚就是主要的表现之一。实际上，结婚是每个人的合法权利，结不结婚、跟谁结婚都是每个人的自由选择，这项权利不应因为年纪增长而被剥夺。

在一项调查中显示，孤身老年人中有60%以上的人赞成再婚，37%以上的老年人有再婚的想法。然而，他们在真正付诸实践时才发现困难重重。细分起来，老年人再婚所遭遇的现实困境有以下几个方面。

8.2.1　老年人自身的障碍

造成老年人孤身的原因有三种：一是始终未婚；二是离婚；三是丧偶。第一种情况比较简单，结婚也是初婚，涉及的问题不那么复杂。第二、三种情况就复杂多了，如果再婚的话，不仅会涉及方方面面的关系，还会涉及人的情感。对于老年人来讲，情感这一关有时是很难跨越的。

8.2.1.1　感情“围城”的限制

离婚老人难以很快走出曾经婚姻感情的“围城”。同以往相比，现在的老年离婚率开始呈上升趋势。这种状况的出现并不是偶然的。一是老年人的观念发生了很大的变化，有些人不愿意继续维持没有爱情的婚姻。有的老年夫妻是封建包办婚姻，婚前缺乏感情基础，婚后双方的磨合始终难以到位，导致几十年的婚姻生活充满了矛盾和冲突。但是双方为了子女，一直勉强维持着过下去。等到退休前后，儿女基本上能够独立生活，父母的养育任务也算告一段落，剩下的时间就要为自己打算一下了。如果双方仍然不能相互适应，不断发生矛盾，又没有子女转移注意力，于是不甘心的一方就会提出离婚。现在日本的老年离婚率也在持续上升。日本女人的贤惠和温顺是举世闻名的，她们结婚后就把全副身心都放在丈夫和孩子的身上，而男人们对她们的一生付出往往视为当然，毫无感激之情；恰恰相反，男人们只知道埋头工作，等到下班后就三五成群地到酒馆里喝上几杯，然后醉醺醺地回家。他们只是把家当作客栈，同妻子儿女很少交流，情感自然淡漠。等到年老退休之时，子女也都长大成人了，做妻子的不再甘心继续做家庭的“全职保姆”，想要过一种轻松的晚年生活，于是就提出离婚。她们在分得丈夫一笔为数不少的退休金之后，就找个地方养老去了。有的和子女住在一起，有的到东南亚一些国家生活，买上一栋不错的房子，再花上很少的钱雇一个女佣，也可以生活得有滋有味。能够认识到自己生命的价值，不再维持没有爱情的婚姻，应该说是社会的一种进步。

案例 5　在一个居民小区里，每天晚上人们都可以看到一位老先生孤独的身影，陪伴他的是一只只有几个月大的小狗。他也曾有过一个美满的家庭，可是不知道从什么时候起，他和妻子之间的距离越来越大，不只是地位的差距，还有价值观念以及生活方式的偏离。妻子一直在奋斗，在进步，事业上成绩不俗，于是认为他不求上进，只知道喝酒闲聊，写一些没用的东西，工作快三十年了，仍然是一个小科员。终于有一天，妻子提出离婚。他怎么也搞不明白，年轻时不闹，中年时不闹，做了二十多年的夫妻了，临到老年却恩断义绝、劳燕分飞。一开始他不同意，可是妻子的态度非常坚决。离婚后，妻子带着女儿搬走了，只剩他一个人在家。他原以为妻子走后可以自由自在地和酒友们来往，可以尽情地写作，可是事情并不如他所愿。他每日环顾四周，但见家依旧，人已空，心中惆怅，难以自拔。不用说那些酒友早已各奔东西，连他自己的创作欲望也烟消云散了。晚上静下心来一想，他发现自己的确有太多让妻子失望的地方。虽然妻子离婚时一口咬定他会再婚，所以一定要把女儿带走，不想让孩子受后妈的虐待，可事实上他始终无法走出原来的生活，经常想起妻子的种种好处，后悔自己当初浪费了太多的时间。像老先生这样离婚后仍然走不出感情“围城”的老年离婚者并不在少数。

难以走出“感情”围城的另一种情况是，丧偶老人沉湎于“失伴”痛苦中不能自拔。人人都知道，生老病死是自然规律，而夫妻双方总有一方会先行一步。一旦真的到了那一天，人们在感情上往往不愿意接受这个事实。其实，尽管男女双方在缔结婚约时也曾经有过山盟海誓——“不能同年同月同日生，但愿同年同月同日死”，但这毕竟只是表达了一种相约到白头的美好愿望。当然，我们没有理由怀疑誓约当时双方的真诚和纯情。而在现实生活中也确实有一些老人在老伴逝去之后，由于难以承受如此沉重的打击，终日哀伤，很快就随之而去了。这种结局令人感动，也令人惋惜。如果逝者有知，心中也会不安的。为了避免永诀后遗憾，减少失去后的痛苦，在夫妻俩都健在时一定要充分利用双方在一起的时间，好好地安排筹划平时的生活，经常参加一些健康有益的文体活动，在经济上保证生活质量，在精神上保持乐观愉悦，尽量使晚年生活丰富多彩。这样，在不得不分别的那一刻，双方都不会感到有什么缺憾，逝者将带着满足的微笑离开人间，未亡人也可以告慰自己，至少在两个人生活的过程中，双方都付出了，也得到了那种深深的爱，都曾经共同拥有过一段美好快乐的时光。而当一方不幸去世后，另一方应当以客观的态度对待生与死，把死亡看成一种自然现象，不要过于长久地沉浸在痛苦之中。过度的悲伤会使人体各方面的功能发生紊乱，免疫力急剧下降。对于老年人来讲，这种状况极其危险，有许多丧偶老人因此抑郁而死。所以，老年人在丧偶后应该以积极的心态更好地生活，这是对逝者最好的纪念。老年人丧偶后往往容易孤独寂寞、烦躁不安，有时甚至出现一些反常行为。

几年前，有老年问题研究者在调查中发现，有一些老年人每天感到非常无聊，于是就一个人到商场闲逛。从一层到二层，再从二层到三层，层层都要走到，然后再从一个商场到另一个商场，从一条街走到另一条街；或者买上一张公交月票从起点站坐到终点站，然后再换一路车，循环往复，以此打发一天的光阴；甚至有一些老人每到傍晚时分就穿戴整齐，拿上一本书或者一份晚报，早早地来到公园假山后面以及树丛中僻静处，佯装看书看报，有机会就偷看恋人们谈情说爱。

其实，这些老人除了一小部分有心理障碍，需要进行心理治疗以外，大多数老年人身体都很健康，心智也都正常。可是为什么会出现这些乖僻行为呢？主要原因就是他们不能合理地安排好闲暇时间。半数以上的老年人平时只是看看电视，有的老人每天要看十多个小时的电视节目。只有为数不多的老年人有丰富多彩的爱好和兴趣，比如养鸟种花、练习书法、学习烹饪、切磋棋艺。如果他们的业余生活贫乏，交际范围不广，许多情感需求就没有满足和宣泄的渠道。如果丧偶，更是连一个说话的人都没有。所以，丧偶老人一定要自我调整好心态，控制悲伤的情绪，同时积极充实自己的生活内容。比如，多参加一些有益的社会活动；多找老朋友聊聊天儿，以免孤独和寂寞；改变一下自己的生活环境，和子女们出去旅行散散心，或者到各个地方拜访经年不见的亲朋好友。这样有助于分散丧偶老人的注意力，排遣他们心中郁结的痛苦和哀伤，增强继续生活的勇气和信心。

老年人也要破除“从一而终”的旧观念，放下思想包袱，在条件许可的情况下勇敢地去争取新的幸福婚姻。有些老年人在丧偶后从精神到日常生活都出现了许多问题，生活乏人关心，精神寂寞空虚，可是却不再寻觅新的伴侣。这一方面是出于对已故老伴的情感，觉得自己再婚就有些愧对逝者；另一方面也是担心外人或子女指责自己无情无义。其实，老年人丧偶再婚未必无情。既然逝者已逝，那么活着的人就应该继续生存下去，活得有质量，不能被动地等待生命的结束。从心理学的角度讲，老年阶段是丧失阶段，人到老年会相继失去工作、金钱、健康、配偶等人生要素。也正因为如此，丧偶的老年人更容易产生失落感，更容易被忧郁、孤寂等消极情绪所左右，从而失去对生活的信心。实际上，老年人追求晚情婚恋并不是简单地寻求性满足，而更多的是为了满足精神和情感方面的需要。许多研究和调查都显示，再婚有利于老年人的身心健康。比如罹患老年痴呆症、神经系统疾病、各种慢性病的比例会大大降低，而且在精神状态方面也大大胜过再婚前。有一位医生在工作中曾经接触过一个病人，当时老先生刚刚丧偶不久，自我感觉疾病缠身、精神萎靡不振，在旁人眼里也是形容枯槁、面有菜色；回答医生询问时自述头痛、心慌、失眠、出虚汗，认为自己差不多大限快到了。过了大概一年多，医生在街上偶然看到这位老人，发现他就跟换了个人似的，面色红润，精神焕发。一问之下才知道，原来他不久前再结良缘，老伴对他非常之好，令他重新找到家的感觉。老年人再婚，不仅相互之间在精神上支持对方，而且在生活上的相互关怀更是实实在在的。

案例 6 有一位老先生退休不久妻子就不幸去世了。他虽然也有子女，可是都已成家单过。子女们有心让老爸和他们一起生活，但是他不愿意，一则担心拖累子女，二是喜欢清静。自己孤独地生活一段时间后，经人介绍认识了一位女士。新生活刚一开始，双方都非常满意。谁知没过多久，老先生突然得了脑血栓，幸亏得到及时抢救，才脱离了生命危险。在后来的恢复阶段，老伴为了全身心地照顾他，把工作都辞掉了。而老先生的单位也不景气，常常不能按时开支，退休金也经常拖欠。老伴从不让他为这些事情烦心，尽力收一些编织的活计来贴补家用。为了帮助老先生尽快康复，老伴每天早晚都要帮助老先生练习两个小时的走路，相扶相伴，风雨无阻。在老伴的精心照料下，老先生的身体恢复状况比医生预料的好多了。所以，老年人丧偶后如果能够在感情方面再次找到一个好的归宿，无论是对个人还是对子女，都未尝不是一件幸事。从子女的角度来讲，可以减轻奔波照料之累，安心工作；从老年人自身来看，一段黄昏恋可以使自己的晚年余生有伴同行，快乐时有人分享，困难时有人分担，精神上就不会再落寞悲伤，生活上也不会再孤苦凄凉。

客观地讲，不论是因离婚而孤单，还是因丧偶而孤独，老年人都应该尽快走出过去的生活，追寻属于自己的那一份幸福[①]。

---

① 姜秀玉. 老有所依，老年人的婚姻家庭［M］. 北京：中国工人出版社，2000.

8.2.1.2　现代社会发展对家庭的冲击

社会越发展，对传统家庭的冲击也就越大。社会在变化，老年夫妻的爱情也需要随时更新，增加新的内容和活力。有些老年夫妇原本感情很好，但是后来由于长期缺乏沟通，双方的思想距离越来越大，共同语言越来越少，夫妻关系逐渐恶化，最后也可能导致离婚。当然，也不排除某些人经受不住社会上形形色色的诱惑而误入歧途、导致夫妻反目的情况。但不论哪种情形导致离婚，对当事人双方都是一个不小的打击。因为老夫老妻毕竟在一起生活了几十年，多多少少会有一些感情，正所谓“一日夫妻百日恩，百日夫妻似海深”。虽然离婚在法律上解除了双方的夫妻关系，但是割不断往日共度的岁月。因此，有时似乎在表面上解脱了，但是在很长时间内，夫妻双方内心深处的创伤都会难以愈合，痛苦也会持续相当长的一段时间。

总之，对于老年人来讲，离婚一定要特别慎重。当发生矛盾的时候，要互相尊重、互相体谅，克制自己的情绪，不要讽刺挖苦对方、伤害对方，要多想想对方的优点和长处，念在几十年夫妻的分上，能忍则忍、能让则让。千万不要因为一时的矛盾和纠纷就冲动地提出离婚，这样往往会给当事双方造成终生遗憾。如果双方都尽力了，感情仍然没有挽回的可能，这种情况下再离婚，日后也比较容易重新投入新的生活。由于个体的差异，每个离婚老人从婚变打击中重新振作起来的时间长短是大不相同的。主动提出离婚的一方恢复的时间可能要短一些，而被动的一方可能就需要较长的时间才能恢复，有的可能终生都难以解脱。

8.2.2　老年人子女的障碍

对一些老人来讲，有时再婚的最大阻力莫过于子女千方百计的阻挠。在现实生活中确实有这样一些年轻人，他们虽然生活在现代社会，可是思想却仍然停留在封建时代。他们反对父母再婚的理由表面上冠冕堂皇，实际上却离不开一己私利，归纳起来无非是因为面子、房子、票子。有的子女在干涉老人再婚时，指责老人“老不要脸”，“这一大把年纪还烧包、老不正经，让我们做子女的脸都往哪儿搁”。有的子女竭力阻挠父母再婚，是盯上了老人的房子和留下来的票子。为了这点身外之物，甚至不惜把老人逼上绝路。

案例 7 几年前在南方的一个小村子里，曾经发生过一起轰动一时的孤寡老人“私奔”事件。男方已经有七十多岁了，老伴去世多年，他在给孙子和孙女办完婚事后，自己又开了一间杂货店，生意也还不错。只是在白天热闹一番后，一到晚上环顾四周，唯有身影相伴，难免倍感孤独和寂寞。同村有一位年过六十的老太太，在丈夫去世后，历尽艰辛把一双儿女养大成人。当子女们都成家立业以后，她又从早到晚地忙个不停，帮着带孙子，做家务。可是累死累活也从未得到一句感激的话语，反而遭到子女们的嫌弃，经常被视为“笨婆”而屡遭白眼，老太太委屈的泪水只能自己吞咽到肚子里。老太太时常来杂货店买些日用品，一来二去两位老人熟识起来，只觉得有谈不完的心、说不完的话。可是没过多久，两位老人相恋的消息就传遍了全村。二位老人并不在乎别人怎么说，只想得到子女的认可和支持，可是这个愿望很快就落空了。当他们向子女提到再婚的想法时，家里立刻就像炸了窝一样。儿子破口大骂，儿媳撒泼大哭，直闹得天昏地暗、不可开交。后来两位老人找到村委会，找到乡政府，领导们把双方子女叫到一起做工作，子女们也表示不再阻挠二老的婚事。可是一进家门，他们又变了脸。男方的儿子指使孙子们跪在他面前，哀求爷爷不要再婚；女方的儿子儿媳软硬兼施，劝老人收心。为了拆散两位老人，两家子女居然协商决定，老人如果再有来往，双方有权打骂，伤残概不负责。之后，又把老人软禁起来，平时锁在家里，出门有人跟着。终于有一天，两位老人摆脱监视，悄悄地见面了。眼见子女们是绝对不会同意他们再婚了，为了能够生活在一起，他们离家出走，远走他乡。

案例 8 一位年近花甲的老太太寡居多年，辛辛苦苦带大了几个子女。等到她退休时，孩子们都已经成家立业了。一个人在家难免孤独寂寞，她也同其他老姐妹一起到公园锻炼身体。后来她在晨练时认识了一位老先生。在交谈中了解到，他中年丧妻，一个人把子女带大，现在子女们也都结婚单过了。两个人同病相怜，相见恨晚。可是这段迟来的黄昏恋情却遭到女方子女的横加阻拦。为了避免矛盾激化，两个人悄悄地登记结婚了。在国际劳动节那天，老先生来到老太太家过节，正在吃饭闲聊时，老太太的二儿子回来了。一见老先生在这里，他不由分说抄起一根铁棍劈头盖脸地打了下去。老太太用尽全力抱住儿子，让老伴快跑。老先生没跑多远，就被这个不孝子给追上了，被打得满脸是血。后来到医院缝了好几针，医生叮嘱他卧床休息。老太太心疼老伴，每天做些吃的给他送去。子女们见老太太仍不回头，就轮番围攻。这个劝老太太别让大家说闲话，那个假意孝顺请老太太缺啥要啥；这个埋怨老太太把辛苦攒下的钱都贴补给了外人，那个警告老太太房子是老爸活着时置下的，绝不能便宜了外姓旁人。甚至拿出事先准备好的录音机，强迫老太太先把家产分了。老太太虽然没有就范，可他们毕竟是自己的孩子，真让她左右为难。终于有一天，老太太在给老先生送饭的路上，由于精神恍惚、反应迟钝，不小心一头栽倒在车轮下，离开了这个让她迷惘的是非世界。

此案例中，地面上留下的殷红鲜血仿佛在警醒世人：做子女的在自己享受家庭温暖的同时，可否想一想孤寡父母的寂寞凄凉；在自己追求爱情生活的满足的同时，可否容许孤寡老人也保留一些私人的感情空间。钱财本是身外之物，生不带来、死不带去，更何况这些财产本来就是属于父母的，怎能为了这一点点的小利而忍心葬送老人晚年来之不易的幸福呢？当然，老年人在追求新的生活时，也要照顾到子女的情绪。比如丧偶后总要经过一定时间的过渡期再去寻找新的伴侣，不能操之过急，以免伤害子女的感情。因为人都是有感情的，特别是父母和子女之间的那种亲情是有天然的血缘关系的，父母一方离世往往给子女留下深深的伤痛。这种伤痛需要用时间来平复。如果丧偶后很快就决定再婚，自然会令人感到有些无情无义，对子女的感情也是一个很大的冲击，一般人恐怕都难以接受。如果假以时日，大家的情绪都稳定下来了，孝顺的子女一般都会为健在的老人的日后生活着想，为老人安排好一些事情，其中也包括为老人寻觅新的伴侣，让老人在生活上有人关心、精神上有人安慰。

案例 9　几年前在南方的一份报纸上曾经刊登过一份“征父启事”。有兄妹四人从小就缺乏父爱，长大成人并已独立生活之后，蓦然回首才发现贤惠、善良、伟大的母亲这一生走得好累、好孤独。于是，他们在报纸上登了这份启事，要为母亲寻觅一位重感情、性温和、心地善良、身体健康、年龄相当的男士相伴余生，和母亲共同开创美好的生活。看到启事的人无不为这几个好儿女的孝心所感动。短短几天时间里，他们就收到了全国各地的上百封来信，有应征的，有赞美的。

俗话说：满堂儿女不抵半路夫妻。老年人如果丧偶后能够再婚，不仅有利于身心健康、延年益寿，还能减轻儿女的担忧。老年人再婚时，事先应该同子女商量一下，争取得到子女的理解和支持。同时，还应处理好一些比较敏感的问题，比如财产的分割、房子的处理等等。只要前期工作细致周到，相信大多数子女都是通情达理的，不会无理取闹。一旦遇上那种不讲理的子女，老年人也要勇敢地坚持自己的权利，不要委曲求全。可以先动之以情、晓之以理，行不通的话再请亲朋好友帮忙疏通。如果子女蛮不讲理、强行阻挠，甚至强迫老人分割财产，以断绝关系、不再负担赡养义务相要挟，老人也可以诉诸法律，通过法律手段维护自己的合法权益。如上文所述，老年人的婚姻自由与其他所有人的婚姻自由权利一样，都是应该受到法律保护的，其他任何人（包括子女）都不应该也没有权利以任何方式阻止老年人再婚，甚至子女以不赡养老人相要挟而不准老人再婚这件事本身就已经触犯了法律。

8.2.3 社会舆论的压力

现在许多城市都有老年婚姻介绍所，可是与庞大的孤身老人群体相比，能够勇敢地前来登记的人并不算多。而且在已经登记的人员中，男女的比例相差很大，男性居多，女性较少。一般来讲，女性同男性相比，寿命要长一些，也就是说，年龄越大，女性的丧偶率就越大，孤身的女人就越多。可是在希望再婚的老年人中，很多人仍然不敢贸然地走出这一步。这其中除了自身和子女的原因外，还有一个重要原因，那就是不敢冲破封建习俗和社会偏见这张看不见的“大网”。尤其是一些老年妇女一想到人们对寡妇再嫁的轻蔑的目光以及难听的议论和嘲讽，就失去了再婚的勇气，正所谓“人言可畏”。

在现实生活中也确实有那么一些人，对于别人的隐私非常感兴趣，一旦发现与男女有关的人和事就津津乐道、四处传播。特别是在农村，业余生活贫乏，这类话题经常会成为人们茶余饭后的谈资。大量不负责任的街谈巷议往往会给当事人造成很大的思想压力，农村的老年妇女受害更深。在几千年的封建社会里，在人们的传统观念中，一直把“从一而终”当作对女性的基本道德要求。虽然时代已经发展到了今天，“好女不嫁二男”的封建残余思想在一些人的头脑中仍然根深蒂固地存在着。女人丧偶后，往往被视为“未亡人”，她的任务就是把子女带大、抚养成人，然后再接着带孙辈，做一个慈祥的老奶奶。至于再婚，她们连想都不敢想，旁人也认为她们就不应该再去想这种事。其实，丧偶老人中有不少人出于生活和情感的需要，也曾经动过再婚的念头，可是看看周围那些再娶的鳏夫、再嫁的寡妇所经历的种种困难，就只好把这种强烈的愿望深深地埋藏在心里，孤独地度过余生。

8.2.4　财产纠纷的压力

虽然我国婚姻法第十八条规定一方的婚前财产、一方因身体受到伤害获得的医疗费、残疾人生活补助费等费用、遗嘱或赠与合同中确定只归夫或妻一方的财产、一方专用的生活用品和其他应当归一方的财产，但我国实行的是夫妻财产共有制，婚姻法和继承法规定了子女有继承父母财产的权利，再婚会改变双方子女的继承份额，受损一方的子女可能会或明或暗地抵制老人再婚登记。因此，如何妥善处理因老年人再婚而引起的财产纠纷问题成为老年人再婚的阻碍。

老年人各自有子女，财产情况各不相同，一旦准备登记结婚，就必须对财产问题进行明确说明，否则婚姻关系也会危机重重。财产问题事关重大，甚至大多数子女反对父母再婚也是担心日后可能会发生财产纠纷，尤其是家庭条件较好的老年人更是担心其他人会以结婚为由来抢夺财产。因为我国婚姻法规定，夫妻实行财产共有制，如无明确说明，夫妻双方一方去世后另一方则自动变成遗产的第一顺位继承人，与其子女平均分配所有的遗产。这样一来，去世一方老年人的子女可能就会在财产上有所损失。我们确实在现实生活中见到过这样的案例，再婚老伴继承了配偶的遗产，转头就分给自己的子女，因此子女会有这样的担心也不无道理。

案例 10　家住沈河区的工程师李某 1999 年和王某再婚，婚后两人购买了一套房居住，其中李某支付了两万元，产权人写的是王某的儿子刘某。去年五月王某突然病故，遗体刚刚火化完，王某的子女将母亲的金银首饰拿走之后将母亲的存款、工资存储、定期存款单也一并拿走，此外还将王某的衣物等全部带走。没过几天，王某的儿子出国读书急需用钱，想把房子给卖了。李某不同意，便与王某的子女发生纠纷。这种问题在再婚老人的家庭中经常出现，也成为导致老人再婚困难的原因之一。

8.3 老年人再婚的社会援助

老年人再婚对于提升老年人生活幸福感有着重大的意义，然而再婚所遭遇的困境也确实存在。因此，为了解决老年人再婚过程中的难题，应从多个方面给予援助。

8.3.1 老年人再婚的法律支持

法律支持主要是指在老年人在再婚过程中如遭遇财产纠纷或赡养纠纷等问题，由专业的法律从业人员予以支持与帮助。同时，国家还会对经济困难的当事人实施法律援助。目前我国有一些专门针对老年人的法律援助规定，包括遗嘱公证、赡养公证、再婚老年人婚前财产公证等。在再婚问题上，老年人面临的主要的法律纠纷为财产和赡养问题。

如前文所述，财产纠纷问题是很多老年人再婚所遭遇的较大阻碍，对于财产划分不清楚使得再婚家庭关系紧张的事件也时有发生。因此，在这一问题上如果能够获得专业法律人士的支持十分必要。老年人再婚财产问题的法律建议如下：

第一，做好普法教育，让老年人学习更多的法律法规来维护自己的合法权益。我国的法律中如民法典、老年人权益保障法等都明确规定了老年人的婚姻权利及子女赡养的义务。前文所述的案例中涉及子女反对父母再婚的情况，无论子女是出于什么目的反对，实际上都是在破坏老年人的婚姻自由。婚姻自由的权利，不会因为年龄增长而丧失。即便是老年人，也有权利自行决定婚姻问题，而不需要征得子女的同意。很多子女以不赡养老人为由坚决反对老人再婚，实际上这是对法律法规的漠视。在现实生活中，无论老人是否知道子女的行为属于违法行为，都不会对簿公堂，只会尽力说服或放弃再婚念头。因此，针对这一现象，应由专业人员分别对老年人与老年人子女进行普法说明，明确在婚姻问题上老年人应该具备的权利。同时，不能只讲法理不讲情理，对于子女担心的问题应鼓励其用合适的途径去解决沟通，而不是粗暴反对。

第二，有关部门应积极为老年人提供婚姻方面的司法保护。一方面，司法机关可以视实际情况变化来为老年人提供优先服务，适当加大涉老案件的审判力度，同时及时为经济困难的老年人提供法律援助。在现实生活中，部分老年人因囊中羞涩无法诉诸法律获得帮助，使得其个人利益受损，应由相关部门了解情况并为其提供法律援助。另一方面，政府和公安机关也应积极关注相关问题，在老年人权益被侵害时采取适当的保护措施，对违法者进行批评教育。很多时候家庭纠纷往往被视作法理之外的纠纷，一些机构部门本着“清官难断家务事”的原则回避这些问题，不愿意插手解决，因此可能会造成对老年人权益的破坏。村委会、居委会等公民自治组织应发挥必要的作用，如果遇到辖区内老年人因再婚问题引发纠纷应及时帮助协调解决，保护老年人的合法权益。毕竟社区和居委会是最了解家庭实际情况的组织，应关注辖区内单身老人的生活状况。

第三，建立社会助婚体系。相关部门可以成立专门的老年人婚姻介绍机构，帮助老年人提前筛选，避免出现骗婚骗财等现象，克服再婚困难，帮助单身老年人过上幸福的晚年生活。而这是个比较系统的社会工程，这一体系的建立需要社会多方合作，例如政府部门、社区组织、婚介机构等方面。

第四，再婚前帮助老年人明确财产归属，避免纠纷。民法典第一千零六十二条规定，夫妻在婚姻关系存续期间所得的工资、奖金，生产、经营的收益，知识产权的收益，继承或赠与所得的财产等归夫妻共同所有。第一千零六十三条规定，一方的婚前财产，为夫妻一方的财产。由此，在没有约定的情况下，老人在婚前的财产所有权不会因再婚而受到影响，而再婚后的上述财产所得应为夫妻共同财产。但是，民法典第一千零六十五条规定，夫妻可以约定婚姻关系存续期间所得的财产以及婚前财产归各自所有、共同所有或部分各自所有、部分共同所有；约定应当采用书面形式。由此，在有书面约定的情况下，法律尊重当事人的意愿，夫妻可自由约定其财产的归属。

如前文所述的财产归属问题，在老年人决定再婚前可组织老年人及双方家属到场共同见证，对双方的财产归属及赡养问题进行规定。其中，制定婚前协议就是方法之一。

很多人认为婚前协议伤感情，其实真正遇到纠纷的时候才发现再婚前的约定是非常有必要的。正所谓“先小人后君子”，要想婚姻基础稳固，两家人和睦相处，婚后生活美满幸福，解决财产问题是很有必要的。婚前协议的主要目的就是预先把夫妻双方的财产问题进行明确，比如双方各自的财产情况、未来的财产归属，甚至是有没有债务问题等，这些都是非常有必要明确的。提前对这些问题做出约定，那么在之后的生活中就免去了一些可能存在的纠纷和矛盾。只有把财产问题协议好了，婚姻家庭才会稳定。财产协议之中可以对夫妻双方的婚前婚后财产进行约定，并约定如一方去世财产问题如何归属、赡养问题如何解决等，这样就会避免出现很多矛盾。

8.3.2 老年社会工作援助

老年社会工作是社会工作专业的一个重要方向，其中老年人的再婚问题可以寻求专业社工的帮助。总结来看，专业的社会工作者可以从以下几个方面来提供援助。

8.3.2.1 提供政策性服务

老年人由于年纪渐增，并且已经退出了社会劳动领域，因此接触外界社会的方式非常有限，这就会导致他们对现有政策缺乏了解，而社会工作者就应为他们提供服务，让他们对政策有基本了解。归根到底，老年人再婚问题的解决，最核心的是老年人自身的选择。社会工作者可以通过向其介绍相关政策法律，帮助老年人增强自身能力。这也是社会工作中的“赋能”过程，为老年人增权赋能也是老年社会工作过程的核心目标之一。

社会工作者在实际工作中如果遇到老年人再婚问题时，应首先明确老年人自身的主观愿望，即案主的真实想法；然后再开展之后的工作，例如了解老年人再婚的阻力、老年人的经济情况、老年人子女的情况等，帮助老年人掌握现在的基本情况以及解决问题的主要方法等。

8.3.2.2 解决老年人心理问题

部分老年人会因为心理原因而陷入困境，如老年人自身的阻碍。有些老年人觉得恋爱结婚是年轻人的事儿，老年人就不应该再去凑这个热闹了。当今社会存在这种心态的老年人不在少数。因此，对于这一问题的解决可以由社会工作者制定小组活动的方案，把所有存在相同情况的老年人招募成一个小组，通过设置相关的小组活动帮助这些老年人纾解心理障碍，解决他们的心理问题。

8.3.2.3　充分发挥社会支持系统的作用

社会工作者可以运用专业的方法整合各种社会资源，挖掘、动员各种有用的社会条件和社会力量，为老年人提供服务，政府部门、电视台、新闻媒体都是可以发挥作用的社会资源。如吉林卫视生活频道推出的老年相亲综艺节目《缘来不晚》就是一个非常好的平台，既可以帮助老年人实现情感交流的愿望，同时又由电视台来筛选相亲人员信息的真实性和可靠性。

8.3.3　老年家庭援助

对于老年人来说，再婚的最大阻力来自于家庭。解铃还须系铃人，再婚援助也应从家庭内部入手。家庭中的成员主要是指老年人的子女。在再婚问题上，虽然老年人的情感需求需要关注，但子女也并非毫无道理。对于子女来说，父母双亲是其血亲，一方离世对其而言是非常痛心的事，听闻尚在世的父母一方想要再婚，无论理智上还是情感上都需要一定的时间来进行缓冲。因此，虽然老年人拥有再婚的权利，但为了家庭和睦，还是应该与子女进行良好的沟通。

第一，应引导子女走出心理困境，理解父母的选择。父母为子女操劳了一辈子，到老了失去伴侣，这是情感上的缺失。虽然很多子女认为老人可以用亲情来弥补心中伤痛，但人的三种感情（亲情、友情、爱情）每一种都是不可或缺的。尤其很多老年人与子女生活在不同的城市，平日工作繁忙无法经常沟通，而老年人不需要工作，也无人陪伴，生活非常无趣，这不利于老年人的身心健康。

案例 11　62 岁的季女士想跟邻居张先生再婚，儿媳很不赞成，儿子沉默不语。季女士就向儿子儿媳诉说了心中的真实感受。儿子读高中时，老公生病去世了，季女士就没有再婚。那时，儿子马上要高考了，她不想为了自己的事而影响儿子，想让儿子一心一意读书。儿子顺利考上大学后，季女士一颗心扑在儿子身上，还是没有再婚。儿子大学毕业后，就留在上大学的城市，因为他的女友是那个城市的。后来，季女士帮儿子操办了婚事，小两口过得很幸福。但他们很忙，很少回来看季女士，更别提照顾了。有一次季女士生病住院，儿子儿媳都没空回来，是季女士的老姐妹照顾她的。所以，现在季女士问儿子儿媳她生病后谁来照顾，儿子儿媳都不吭声了。张先生是小区里的邻居，前两年他老伴也去世了。后来他认识了季女士，两个人就互相照顾，有时季女士去医院看病，都是张先生陪她去的。

如果各方面条件允许的话，老年人再婚，互相找个老伴，一起搭伙过日子也挺好的。老人身边有了老伴，子女在外面工作也可以放心一些，不用太为老人担心。如果老人发生意外，老伴也会及时通知子女，那么子女就可以赶来照顾老人了。子女的生活压力也很大，父母要体谅他们，尽量少给子女添麻烦。子女同样也要体谅父母，老人想再婚，实际上也是在减轻子女的负担。老人再婚后发生矛盾的，多半是因为财产而发生的。其实，一开始双方就协商好，明确双方的财产和义务等就会少了很多矛盾，子女之间也会和睦相处。毕竟子女都是希望父母能过一个幸福的晚年的。父亲或母亲身边有个老伴，既可以互相照顾，又不会孤独和寂寞。老人心情好了，身体也会很好的，就会长寿一些，子女也会为父母高兴的。

第二，子女应主动帮助父母走出困境，做父母坚强的后盾。老年人的情感需求应该得到子女的理解与帮助。毕竟老年人的社会交往面窄，对现代社会的新型交流方式接受较慢，所以子女也应该主动帮助父母拓展交往面，满足情感需求。尤其是近些年老年骗婚案件层出不穷，子女应帮助父母做好提防。

案例 12 2022 年 9 月中旬，山东省就发生了一起骗婚案件。一直想找个老伴过日子的丧偶老人周某经人介绍，得知家住临川区的“小花”也想找个“老伴”。经电话沟通，二人约好见面。“小花”称自己是东乡人，早年丧偶，育有一女在省外读大学。简单交谈后，周某对“小花”很满意。在周某对“小花”表露心意的同时，“小花”亦对周某表示自己愿意跟周某结婚，一起搭伙过日子，但要先拿 2.8 万元的“彩礼钱”。周某随即答应，并到银行取款机取了 1 万元现金拿给“小花”。拿到钱后，“小花”对周某说她先回家，收拾好身份证和户口本就跟周某去打结婚证。可是，“小花”离开后，周某多次打电话要求办结婚证，“小花”都以各种理由推脱。周某这才意识到自己上当受骗，于 9 月 27 日赶到临川公安分局刑警大队报案。

“婚骗”是恶性事件，是把婚姻作为达到目的的条件来骗取他人钱财的行为。近年来，老人被骗婚事件在全国各地频发，这些受害者大多是年龄偏大的独居老年人，他们不与子女共同生活，对法律条文也知之甚少，很容易成为犯罪分子的诈骗对象。再加上很多老人受骗后羞于对家人提及，受骗之后很少能采取报警等方式维权，常常在受骗后很久家人才获悉情况。很多老人被骗婚还是因为生活孤独、无人陪伴，因此子女应多陪伴老人，多与老人聊天，了解老人的需求，这样才能促进家庭关系的和睦发展、老年人生活幸福。

第 9 章

老年社工援助问题

9.1　老年社工的社会需求

老年社会工作是一种专门为应对老年问题而产生的专业服务活动。它指的是受过专业训练的社会工作者，在特定的价值观指引下，运用社会工作的理论和方法，为遇到各种生活困难、暂时失去社会功能的老年人提供帮助、解决问题，帮助他们走出困境，并同时推动更多的老年人在晚年获得更好的生活。

社会工作者相信人都有与生俱来的价值和尊严。在老年社会工作实务中，尊重和维护老年人及其照顾者的价值和尊严，同时追求社会正义，是社会工作价值观的重要准则，让包括老年人在内的社会成员均能享有基本相同的权利、机会、义务和福利的理想状态。应根据老年人不同的健康状况及需要，为他们提供适合的照顾计划和服务建议。社会政策保障与社会服务的提供，可以使老年人发展其独立的潜能、维持健康身体和生产力。与此同时，我们对那些有需要的老年人提供足够的保护与照顾，可以使年长不会成为一种负担与忧虑。老年社会服务的前提是人类有权完成一生且其间每个阶段都同样重要，值得重视。每个人都有其独特的个性及适应社会、解决问题的方式，老年个体的特殊性不容忽视。

党和政府一直非常重视社会养老服务事业，多年来出台了一系列政策措施。党的十七大报告确立了“老有所养”的战略目标。党的十八大报告提出在改善民生和创新管理中加强社会建设，在“老有所养”等民生事业方面持续取得新进展的目标。党的十八届三中全会提出积极应对人口老龄化，加快建立社会养老服务体系和发展老年服务产业的要求。2013 年，全国老年人口数量突破 2 亿，高龄老年人口、失能半失能老年人数量巨大，城乡空巢家庭比例增加，农村留守老人、城乡独居老年人口数不断攀升，养老需求压力逐渐加大。提供充足、多元化的老年社会服务支持，可以延续老年人在家养老的时间。目前，城乡机构床位数量及居家服务功能发挥上还有所欠缺，加快老年社会服务体系建设势在必行。

9.1.1 老年人口数量带来的服务需求压力

随着政府“兜底”“保基本”的老年人口数量不断增加，老年社会服务压力越来越大。在我国老年人口数量及比例不断增加的同时，老年人口内部变动将进一步加剧人口老龄化的严峻性：高龄老年人口年均增长100万人的态势将持续到2025年；失能老年人口继续增加；慢性病老年人持续增多，到2013年突破1亿大关；空巢老年人口规模在2013年突破1亿大关；无子女或失独老年人口家庭每年以约7.6万个的数量持续增加。而与此相应的老年社会服务发展还存在诸多不足，如养老机构床位数、养医养护型养老机构数量、社会力量参与办养老机构数比例较低，居家服务组织类型较少且功能发挥不足，市场在养老社会服务资源配置中的决定性作用发挥得还不明显，这对老年社会服务发展提出了严峻挑战。

9.1.2 家庭结构变迁导致的服务需求压力

当前中国经济社会的快速转型，带来了家庭结构日趋小型化、核心化与空巢化。据2014年《中国家庭发展报告》显示，20世纪80年代以来，家庭户均规模缩小的趋势更加显著。根据国家统计局数据，2012年，居民家庭户平均规模为3.02人，中国已是平均家庭规模较小的国家。进入21世纪以来，中国微型家庭（每户家庭中人口为1—2人）数量迅速增加。从2000年到2010年，单人户的数量翻了一番，而双人户的数量增加了68%。截至2010年，这两类家庭户的数量已经接近40%，总计达到1.6亿户。其中，独居老人户及空巢老人户数增加的现实不容忽视，家庭结构的变迁影响家庭养老功能的发挥，家庭中老年人地位下降且难以获得充分的生活照料和精神赡养。培育老年社会服务支持力量，积极完善社区组织和服务，增加特色化、多元化老年服务市场供给量，可以有效应对由家庭结构变迁带来的养老挑战。

9.2　老年社工的供给困境

近年来，随着“三社联动”机制的推广，社区老年社会工作得到了进一步发展。同时，养老机构和社区专业老年社会工作者的培养也得到了加强。2013 年，民政部和财政部联合发布《关于加快推进社区社会工作服务的意见》，进一步提出要探索建立以社区为平台、社会组织为载体、社会工作专业人才为支撑的新型社区服务管理机制，同时加强社区社会工作专业人才的激励保障工作。2014 年，教育部等九部门出台《关于加快推进养老服务业人才培养的意见》，指出要鼓励引导高校设置社会工作等养老服务相关本科专业，开设老年社会工作、老年医学、老年心理学、生命伦理学等课程。2017 年，《“十三五”健康老龄化规划的通知》进一步指出，要加强老年健康服务人员队伍建设，加快培养老年医学、康复、心理和社会工作等方面的专业人才。2019 年，国务院办公厅《关于推进养老服务发展的意见》中提出养老服务的“三社联动”机制，即以社区为平台、养老服务类社会组织为载体、社会工作者为支撑，推动居家社区养老服务的发展。民政部发布的《关于进一步扩大养老服务供给　促进养老服务消费的实施意见》强调，要积极开展养老服务人才队伍的提升行动，以确保到 2022 年年底前培育 1 万名养老院院长、200 万名护理员和 10 万名专兼职老年社会工作者，以提升养老服务的持续发展能力。

9.2.1　专业化与认知的双重困境

尽管在政策的推动下，我国养老服务的专业化发展已取得一定成果，但是目前我国的老年社会工作在介入居家社区养老服务和机构养老服务方面仍面临困境。这种困境既体现在专业化方面，也体现在认知方面。专业化困境主要体现在政府购买服务中，老年社会工作呈现出去专业化的现象。

在实践过程中，政府通过购买岗位或服务的方式来履行其责任，希望将专业的社会工作理念和方法应用于居家社区和机构养老服务的发展中。这种做法尤其关注老年群体的多元化和深层次的服务需求，以推动专业老年社会工作的持续发展。不过，在具体工作中，老年社会工作者却往往陷入社区和养老机构的日常琐碎事务中，忙于处理社区安排的各种行政事务或者养老机构的行政后勤任务。由于扮演多种角色而产生的冲突以及服务人员精力的有限性，专业化服务的实践难以推进和深入。即便在已经购买的老年社会工作项目中，自身服务的开展也存在着专业性不足的问题。相较于义工和志愿者所举办的活动，老年社会工作服务实践的专业特性并不突出，公众对其的辨识度也相对较低，并未能充分展现出它的优势，发挥其价值功能。

当前老年社工服务仅能满足部分自理且积极乐观老年人的娱乐和社交等一般性活动需求，难以有效应对更多老年人所面临的矛盾问题以及他们更为紧迫、真实的服务需求。老年社会工作的参与深度及整体效度仍存在一定局限，其应有的介入作用未能充分发挥。此外，社工服务的专业性也尚未通过政府购买的形式得到深入发展和推动。

9.2.2 社会成员知晓与认同的困境

认知困境表现为老年社会工作服务的社会认可度较低。在全球范围内，公共服务供给的专业化已成为一种发展趋势。近年来，我国社工机构的数量不断增加，服务的覆盖范围也在不断扩大，各地社会工作服务机构为老年社会工作的发展提供了载体平台。尽管随着政府职能的转变，我国老年社会工作在参与社会养老服务方面具备政策上的合法性，但是老年社会工作并未因此获得社会成员的广泛了解和认同。在开展老年社工服务过程中，还存在一些问题，例如难以召集服务对象、老人及其子女被动接受等，导致社会成员对老年社工服务的参与度相对较低。尤其在社工机构刚提供服务时，由于未能以专业化的服务获得老人及家属的信任，老年社会工作者的服务意图和服务方法受到老年人的质疑和排斥，这限制了服务的介入范围与内容。即使部分老人在社区或养老机构接受过个案及小组服务，他们也仅仅将这些服务活动视为社区或机构内部的工作，而没有充分认识到社会工作者的身份与专业服务价值。老年社会工作能否在居家社区和机构养老服务中发挥有效的作用，主要取决于老人及子女对其的认同和接受程度。然而，当前我国专业的社会工作组织在参与公共服务时往往缺乏必要的公信力，使得它们无法在相关政策的推动下获得社会成员的认可与支持。因此，老年社会工作服务的实际参与并未能充分发挥其专业目标和功能价值。

9.2.3　老年社会工作困境的根源

9.2.3.1　老年社会工作发展的制度冲突

理性化的正式制度是指由政府、组织依照一定的程序和规则制定的，用于引导、规范人们行为的制度。在老年社会工作中，这些制度包括政策法规、职业资格认证、服务质量评估等。然而，在实际操作中，这些正式制度往往与非正式制度产生冲突。非正式制度是人们在长期交往中无意识形成的，具有一定稳定性的价值观念、道德规范、习惯习俗等。在老年社会工作中，非正式制度的影响力不容小视，如老人的生活习惯、价值观念等。正式制度与非正式制度间的冲突可能导致工作停滞、服务效果不佳等问题。老年社会工作发展的制度冲突——理性化的正式制度与感性化的非正式制度间的矛盾冲突——是一个复杂而重要的问题。解决这一冲突的关键在于协调好正式制度和非正式制度之间的关系，促进二者的和谐发展。这需要政府、社会各界共同努力，采取科学有效的措施，推动老年社会工作的持续健康发展。

9.2.3.2　非正式制度的变迁与正式制度的变迁不同步

非正式制度的变迁与正式制度的变迁往往不同步。在市场化制度变迁中，正式制度的目标是求强求富，通常由自上而下的人为选择过程导入，具有理性化的特点。而非正式制度，如社会信用、价值观念、风俗习惯等，则更多地表现为感性化，是人们在长期交往中无意识形成的。在制度变迁过程中，两种不同层次的制度之间会产生强烈的摩擦、震荡和冲突。正式制度变迁的滞后往往导致非正式制度变迁的滞后，在社会信用缺失等方面表现得尤为明显。例如，在社会主义市场经济体制的建立和完善过程中，商业交易中的欺诈行骗、假冒伪劣、侵犯知识产权等违法行为屡禁不止，资本市场中的欺骗瞒报、虚假信息披露和恶意炒作也不乏其例。这些现象不仅严重破坏了市场秩序，而且大大提高了市场交易成本。

案例 1　2000 年，上海福利院引入专业社会工作者。2007 年，深圳市社区开展专业化老年社会工作服务，服务过程中社工机构为老年人建立服务档案，了解区分老人不同层次个性化的服务需求，以解决居家社区养老服务供需不对应的问题，形成了“社工＋义工”联动的服务模式，在服务人员专业性及数量上形成优势互补，并整合社区内外部资源，开展专业化服务培训、老年人健康及心理服务项目。

在我国各地，老年社会工作的实践服务逐渐形成了两种主导服务模式。一是社区社工站采用“社工＋社区＋家庭”三方联动的模式。在这个模式下，社工通过家庭探访，制定专业的服务计划，并搭建社区服务平台，将直接和间接的介入服务相结合，以开展老年社会工作。其中，直接介入服务主要采用社会工作的三种基本方法，即个案、小组和社区方法。而间接介入服务则主要从资源链接、志愿者培育和社区社会组织的孵化等多个方面为老年人提供支持。二是社区嵌入式养老机构采用社会工作参与的“1＋1＋1”服务模式，即以老年人为中心，以嵌入社区的养老机构为基础，将社会工作服务融入其中。这种模式强调以老年人的需求为导向，通过专业社会工作者的协助，提供多元化、个性化、全方位的养老服务。此外，这种服务模式也积极发挥社区的作用，将老年人的日常生活与社区紧密联系起来，让老年人享受到便利的生活服务和社会关怀。在这种模式下，专业的社会工作者可以对老年人的需求进行全面评估，为其制定个性化的服务计划并进行监督。同时，社会工作者还可以协调各方面的资源，为老年人提供医疗、康复、心理、法律等方面的支持与帮助。这种服务模式有利于提高老年人的生活质量，促进社区和谐发展，缓解家庭养老压力。

长期以来，我国将床位数、护理人员数量、服务设施建设等作为衡量机构养老与居家社区养老服务发展的主要指标，而具体服务的评估主要参考助餐、家政服务人次等数据来评定绩效。这种单一的量化考核标准已经成为政府评价社会养老服务发展的惯用方式，导致在制定引入专业社会工作参与社会养老服务的指标时，政府受到“思维惰性”和既定行政惯习的影响，继续沿用旧有的服务量化评价标准。这种做法倾向于将社会工作者的数量、服务的参与人数以及活动次数等视为老年社会工作服务的关键考核指标，然而老年社会工作方法的专业性和系统性并未得到充分考虑。

2019 年，广东省民政厅颁布的《关于做好乡镇（街道）社会工作服务站建设运营示范项目申报工作的通知》中提出，按所申报乡镇、街道的人口数量情况配备 3—8 名社工，本批 200 个服务站共配备至少 1000 名社工。深圳市一社区在开展老年社会工作服务的成效衡量上，将老年人按服务需求程度划分为三个等级，以对不同等级老人的服务次数作为社会工作参与居家社区养老服务的评价标准。这导致传统上以简单量化、碎片化的方式来制定的服务标准得以持续存在，与正式制度安排中倡导的专业化老年社会工作发展的理念相矛盾。在追求量化与碎片化操作指标的压力下，社会工作机构必然会倾向于重视完成任务而忽视使用专业方法的行动逻辑，导致专业老年社会工作服务在具体实践情境中呈现出专业性不足的实际状况。

9.2.3.3　社工机构与政府间存在着矛盾

政府向社会工作机构购买服务是老年社会工作实施的一种基本运作方式。我国社会工作机构的发展动力主要来自于自上而下的政策支持和推动，承接政府职能转移过程中的购买服务构成了其基本的运作模式。在这种资源依赖的情景下，社工机构与政府间存在着权力上的不对等。在政策法规尚不健全的环境下，政府部门与社工机构间遵循的是惯常的“管理—服务”的互动方式。由此，社会工作机构对政府产生了依赖性，其运营状态处于行政化与专业化之间，使得老年社会工作在实践中的自主性受到限制，无法专注于探索和运用专业的社会工作服务方法，难以准确地传递和回应老年群体的真实需求与意愿。此外，社会成员对公共服务供给主体的通常认知的非正式规范与我国老年社会工作的正式制度安排之间产生冲突，这种冲突导致社会工作机构的认同度不高。例如，由于对政府的依赖性，该社会工作机构的运营状态可能处于行政化与专业化之间。尽管该机构有一支专业的社会工作者队伍，但是由于受到政府的影响和控制，他们可能无法充分发挥自己的专业技能和知识。此外，由于对政府的依赖性，该机构可能缺乏独立性和创新能力，难以拓展新的服务领域，探索新的服务模式。

9.2.3.4　非正式制度对社会养老服务的排斥

尽管政策规章等正式制度容易发生变迁，但传统的儒家文化和亲伦道德中家庭赡养老人的价值规范等非正式制度仍然深刻地约束着个体的行为选择。因此，老年人家庭情结与子女孝亲情结的非正式制度会对社会提供的养老服务形成排斥。一方面，老年人更倾向于得到来自家人的关怀照料，而不习惯社会服务的介入；另一方面，子女则将照料老人视为一种社会规范和行为准则，难以认同和接纳社会提供的养老服务。此外，社会工作起源于西方，深受基督教文化的影响，其服务理念和工作方法与我国的文化传统存在一定的差异，也可能导致老年人和子女对社工服务的认同度和接受程度存在差异。基督教秉持着“博爱”的价值观，即认为社会中的每个人都应被视为平等的人，无论亲疏贵贱，当遇到困难或需求时都应得到他人的尊重和帮助。这种理念强调的是整个社会的相互支持和共同责任。然而，这与我国传统文化中老人对家庭的高度依赖以及子女对孝道原则的严格遵守形成了鲜明的对比。由于受到家庭照料老人的价值观和传统行为模式的影响，许多老年人可能缺乏表达自身服务需求的意识和习惯。此外，社会成员普遍对老年社工服务的价值和重要性认识不足。因此，在这样的背景下，社会工作理念与中国传统文化之间存在一定的差异。由于民众对社工服务的误解以及对传统家庭养老模式的偏好，社工服务的接受程度较低。这种情况进而削弱了专业社会工作组织在公共事务中所需的公信力，使得这些组织难以得到社会的认同和支持。因此，老年人参与服务活动的积极性不足，老年社会工作服务的覆盖面受限，难以实现长期稳定的发展，导致相关的政策安排无法发挥预期的效果。

9.3 老年社工未来的发展

老年社工的发展方向取决于老年社会服务在未来的发展方向。一方面，目前我国老年服务发展存在城乡、地区配置之间不平衡，老年社会服务参与主体定位不清，社会力量参与老年社会服务没有得到应有的政策鼓励和支持，老年服务供给总量不足等问题。另一方面，由于生育率降低、子女数减少以及居住方式转型、人口流动等多重因素影响，家庭不能提供足够的养老支持。老年人数量上升及养老多元化需求增强，对老年社会服务事业和产业发展提出了更高的要求，加快发展老年社会服务产业成为党和政府、社会亟须解决的问题之一。

9.3.1　老年社工政策的引导与支持

9.3.1.1　注重社会化老年服务与家庭养老服务相结合

老年社会服务在现代社会中发挥着越来越重要的作用。近年来，我国老年社会服务的社会化程度不断提高，应运用市场手段配置养老服务资源，调整并完善多元化老年社会服务机制，增强传统的家庭养老服务职能，建立有效的老年社会服务体系。发展社会化老年服务，首先要有效地巩固我国传统的家庭养老模式。在社会发展进程中，虽然家庭结构朝着小型化和核心化方向演变，同时人们的观念也逐渐现代化，但我国家庭养老方式仍然展现出较强的生命力。为积极应对人口老龄化问题，我们应从实际出发，将传统的家庭养老服务方式与现代的社会养老服务方式相结合。国家和社会应当弥补家庭养老的不足，政府和社会应当向老年人的家庭提供必要的支持和各种服务，弥补传统家庭养老功能的缺失，以使老年人持续生活在自身熟悉的环境中成为现实。

9.3.1.2　政府主导、多方参与

养老服务是党和政府高度重视、社会各界广泛关注、人民群众迫切需要的重大民生问题。为了解决老年人的需求，政府必须强化自身在制度、规划、资金筹措、服务提供、监管等方面的职责，并加速社会养老服务设施建设，通过完善政策、健全服务制度，鼓励和引导民间资本进入养老服务领域。我们需要发挥市场在资源配置中的关键作用，以开放社会养老服务市场来推动养老服务投资主体的多元化发展，从而缓解养老服务的供需矛盾。为此，应优先发展养老社会服务，大力推动城乡自治组织参与养老社会服务，并充分挖掘专业化社会组织的能力，以弥补因传统家庭养老支持力下降而带来的养老压力，不断提高社会养老服务水平和效率。

9.3.1.3　年龄为基础，需求为导向

老年社会服务市场与老年人养老服务需求密切相关。关注老年人口数量及高龄人口占老年人群的比例，是政府和市场决策咨询的重要途径。为了满足老年人及其家庭的养老服务需求，或满足政府购买养老服务的需求，都需要市场来提供相应的商品和服务。老年服务市场是以有消费需求、消费能力

的特定家庭或老年人个体为发展依据的。老年人的养老需求、消费能力及消费意识直接影响老年社会服务市场的发育和成长。应提高老年人退休金水平及购买服务意识、完善长期照护保障制度，通过政府主导的社会化、市场化和产业化的运行机制，以及以老年人自我服务和家庭养老服务为基础，通过多元化的社会服务支持，以实现老龄服务供给的均等化。

9.3.2 老年社会工作的制度协调

9.3.2.1 重视正式与非正式制度间的融合与均衡

在解决老年社会工作问题时，应注重正式制度与非正式制度之间的相互融合和平衡。正式制度通常包括法规、政策和专业标准等，它们为老年社会工作的实践提供了指导和框架。而非正式制度则包括习惯、传统和社会网络等，在很大程度上影响着老年人的生活质量和福利。为了有效解决老年社会工作问题，正式制度和非正式制度之间的衔接和配合至关重要。正式制度应为老年社会工作提供必要的法律、政策和资金支持，同时还应考虑非正式制度的影响。而非正式制度应基于老年人的需求和社区特点，发挥其独特的优势，如传统习俗、经验和人脉等。

在实践中，老年社会工作者应积极促进正式制度和非正式制度之间的对话与合作。例如，通过参与政策制定和修订，提供专业建议和经验，以完善老年社会工作的政策体系。此外，还应关注社会舆论和公众观念对非正式制度的影响，通过教育和宣传来改变社会上对老年人的负面看法或歧视，从而为老年人创造更加友好的社会环境。

总之，重视老年社会工作正式与非正式制度间的融合与均衡是提高老年服务质量的关键。只有充分考虑并积极促进两者之间的配合与衔接，才能更好地满足老年人的需求并推动老年社会工作的专业化发展。

9.3.2.2 制定专业导向型的服务供给政策

政策设计应该提倡老年社会工作从专业角度出发，提供充满亲情的养老服务。在实际操作中，我们应采取优势视角等方法来提升老年人的主体性。通过感同身受的服务方法，我们可以从老年人的角度来思考和处理问题。我们应当积极回应并给予长者平等的关怀与尊重，同时遵循老人自决的服务原则，协助长者自行做出决定。我们应重视重新塑造和赋予长者家庭成员的角色。政策设计应当推动老年社会工作从专业角度出发，提供充满温情和关爱的养老服务。通过亲身经历的服务方式，可以从老年人的角度思考并处理问题。我们应积极响应并给予老年人平等的关怀和尊重，同时遵循老年人自主决策的服务原则，协助他们自行做出决定，重视重新构建和赋予老年人家庭成员的角色。

9.3.2.3　构建多主体协同共治型服务体系

我们应当建立社会工作机构、社区与养老机构之间的良性服务合作关系，在此过程中，政府和其他相关服务机构应共同明确并设立具体的项目目标。首先，我们需要在社区和养老机构的服务供给中适当地引入老年社会工作服务，以促进社会成员对此的了解并逐步认可，同时要在政策上关注并保障社会工作机构的独立运营。我们应当赋予服务机构自主开展专业化服务工作的权限，以推动老年社会工作服务在专业领域如安宁疗养、灵性照护等方面实现服务计划的高效执行。这将有利于满足老年人的真实需求，并获得社会成员的认可和支持。同时，老年社会工作者也能从中感受到自身的职业价值感，使老年社会工作服务的介入实现良性循环。

9.3.2.4　制定服务购买与供给的规范化法律政策

应以法律和政策明确并规范政府购买社会工作服务标准与流程，对政府部门权力的行使及社工机构的服务参与进行强制性约束。针对监管主体单一性及实施形式化易导致的服务机构失范行为，应采取包括政府部门、第三方组织、社会公众及社工机构自律的多主体合作式监管，并将外围形式化的监管转变为基于服务过程的嵌入式监管。这将有助于保障老年社会工作服务相关制度的规范实施，并提升社工机构服务供给所需的社会公信力。

9.3.2.5　建立对优质服务的正向激励机制

应当倡导并指导社工机构设计和实施满足老年人家庭情感需求及其真实需要项目。对于那些能够积极推动并实现服务长期稳定发展的专业化服务方案，我们应当给予其充分实施的条件，并给予相应的物质及精神奖励。同时，政府在购买服务的执行过程中以及项目结束后进行评估时，应对表现优异的社工机构给予表彰和奖励，以激励老年社会工作服务方法的创新和深层次发展。

案例2 某个社区的老年人占比较高，为了满足老年人的需求，社区领导与社工机构合作，开展了一系列有针对性的项目服务。

首先，社区领导邀请社工机构进行需求调研，了解老年人的家庭情况和真实需求。社工机构开展了为期三个月的调研，发现老年人普遍存在孤独、需要关注和陪伴的心理需求，同时他们在医疗、康复、护理等方面也存在一定的需求。根据这些需求，社工机构制定了两个项目服务。第一个项目是为老年人提供心理支持服务，包括陪伴、聊天、心理疏导等。这个项目的实施得到了社区的大力支持，社工机构为此招募了专业的心理咨询师和志愿者，为老年人提供专业的心理支持和关爱。第二个项目是提供医疗、康复和护理服务。社工机构与当地的医疗机构合作，为老年人提供专业的医疗咨询、康复指导和护理服务。这个项目得到社区的大力支持，社工机构为此招募了专业的医生和护士志愿者，为老年人提供专业的医疗和康复服务。在项目实施过程中，社工机构与社区密切合作，共同协调资源，确保项目顺利实施。同时，社工机构还通过及时评估和总结经验，不断改进项目服务的质量。

经过一年时间的实施，这两个项目得到社区内老年人和家庭的广泛好评和认可。满意度调查显示，90%以上的受访者表示得到了很好的服务和支持。同时，这两个项目的实施也为社工机构积累了宝贵的经验，并为其在其他领域的服务拓展提供了借鉴和参考。

第10章

老年人遗产处置问题研究

我国法律规定，老年人有权利自由处分其财产。老人过世后遗产一般按照有效遗嘱的内容处理。其中，老年人的遗嘱应是老年人凭借真实意愿自己订立的，可以由一个或多个继承人继承自己的遗产，并决定他们各自的继承份额，也有权利不把财产分给任一家庭成员，子女或者其他亲属不得干涉，更不得强行索取老年人的财物。如果老年人没有订立遗嘱，则依照法定继承规则进行继承，由老人的配偶、子女和老人的父母作为第一顺序继承人继承；没有第一顺序继承人的，由第二顺序继承人继承。在现实生活中，由老年人遗产问题引发的纠纷事件层出不穷，因此了解老年人遗产处置问题并提出相应对策十分有必要。

10.1　老年人遗产的家庭分配

一项调查表明，当今中国家庭中，子女越来越多地指导、参与甚至策划了立遗嘱人订立遗嘱。为了满足一己私欲，威逼、强迫老人立遗嘱的情况也时有发生。在一些地方的公证处经常可以看到这样的景象：老人前来订立遗嘱时，身边总是少不了子女或者亲属的“陪同”。

现实中，无论家庭中还是社会的其他角落，“利益”都有可能成为矛盾的导火索。家庭是社会的基本组成单元，家庭和睦对于建设和谐社会的重要性不言而喻。中国人历来讲究“家和万事兴”“血浓于水”。在淳朴的内心深处，亲情的重要性是高于财产性利益的，但不可否认，情感和财产，一个是精神需求，一个是物质基础，都是维系家庭生活的重要纽带，缺一不可。而情感和财产之间又有可能交织着错综复杂的关联，如果没有妥善处理好二者之间的关系，家庭矛盾就会接踵而至。

自古以来，中国浓厚的儒家文化传统就要求子女在物质和精神上孝敬和赡养老人。老年人的生活支持主要来源于家庭中的子女，而作为回报，老年人会将遗产留给为其养老送终的子女。我国历来十分重视和强调家庭内部和谐稳定、相互依赖、紧密联结的家庭关系，家庭承担着照顾老人的主要责任。

因此，在大部分情况下老年人的遗产主要是在家庭中进行分配，这其中会涉及的问题包括以下几个方面。

10.1.1 原配家庭老年人遗产的分配问题

在原配家庭中，父母与子女皆为血亲关系，理论上不太可能会发生遗产的纠纷问题。但实际上，原配夫妻的家庭遗产纠纷也是非常常见的。这类事件大多诉诸法律解决，其中的违法行为由我国法律予以认定。在此，我们只讨论其中的社会问题。

案例 1 吴老汉生有三子三女。三儿子平时对老人不甚孝敬，得知老父订立了遗嘱，便经常偷偷翻箱倒柜找遗嘱。今年 2 月，趁老人不在家，三儿子终于找到了那张梦想许久的遗嘱。然而，他却见到老人在遗嘱中安排给他的财产不多。勃然大怒的三儿子竟称遗嘱无效，并撕毁了遗嘱，胁迫老人重新订立①。

上述案例中的事件在多子女家庭中很容易发生。在多子女家庭中，老年人遗产分配是否公平或平衡成为矛盾和冲突发生的焦点问题。老年人遗产的划分，实际上是其内心深处对于家庭成员的不同认知决定的。如一部分持有传统观念的老年人认为家产只能分给儿子，女儿则是“泼出去的水”，不应分割家产。也有老人在分配家产的时候倾向于对感情更深、照顾自己更多的家庭成员分配更多的份额。还有的老人会对生活状况较差的子女分配更多的数额。不论出于哪种原因和考量，我们知道在法律上所有的第一顺序继承人身份都是完全平等的，这也成了很多子女强迫老年人订立遗嘱的凭证之一。他们认为，法律上他们应继承份额是相同的，如果因老人私心考虑造成份额分配不均就是对他们的伤害。而实际上，他们忽略了一件事，那就是我国法律保护所有人合法的个人财产，包括对财产的拥有权和处置权。

案例 2 2007 年 11 月，82 岁的夏继海老人在三儿子的搀扶下来到法院。为了分得亡母的遗产，7 个儿子中的 4 个不惜将生活不能自理的老父告上法庭。4 个儿子要求分得老人一半的房产。夏老汉没有想到，自己在晚年竟与儿子反目成仇。夏老汉去年失去了老伴，子女们对没有收入的他不管不问，却

---

① 章法. 遗产处理：老年人需要守卫的“物质家园”[J]. 法治与社会，2009 (05)：56-57.

对亡母的遗产窥伺已久，经常借故到老人住处吵闹。子女们甚至对父亲怀恨在心，在酒后对父亲拳打脚踢。

这样的案件层出不穷，老年人也应该提前明确自己的合法权利，并对财产做出妥善的安排，以避免家庭纠纷。

10.1.1.1　明确相关的法律法规

老年人遗产的分配过程中涉及大量的法律条文，因此老年人应事先对自己的合法权利和义务进行明确和了解，必要的时候可以咨询相关的法律人员。如我国法律规定，老年人有权利处置自己的财产，并订立遗嘱明确去世后的财产归属。为避免继承人日后因争夺财产发生纠纷，很多老年人会通过立遗嘱的方式对遗产分配做出安排。但在现实生活中，大量不规范的遗嘱因不符合法定形式要求被认定为无效，反而引起继承人和受遗赠人之间更大的纠纷。同时，老年人应明确的一个问题是，并非所有个人名下的财产都完全属于个人。例如，婚后购买的房产，即便产权人为夫妻双方中的一人，其产权也是夫妻双方共有的。也就是说，如果夫妻中一方去世，那么这套房产中除去夫妻平分的份额外，剩下的份额在法律上是被所有的第一顺序继承人按平等份额继承的，如有遗嘱则例外。

案例3　李某与张某婚后购买了一套房屋，登记在李某名下。妻子张某去世后，李某一直与小儿子居住。后李某去世，两个儿子就该套房屋的继承权问题产生纠纷。小儿子拿出李某的遗嘱，写明其财产归小儿子所有，要求将该房屋过户至自己名下。法院经审理认为，房屋为李某与张某的夫妻共同财产，两人各享有二分之一产权。张某去世时未留有遗嘱，因此应按照法定继承，由李某、大儿子、小儿子对其所享有的二分之一房屋产权各继承三分之一。然后按照李某遗嘱的意愿，由小儿子继承李某对房屋所享有的全部产权。因此，法院最终认定大儿子对房屋享有六分之一的产权，小儿子享有六分之五。

10.1.1.2　维系和谐的家庭关系，树立优良的家风

树立优良的家风，倡导家庭成员的正确人生观、价值观，正确看待物质基础和精神需求之间的关系，是解决家庭矛盾包括家庭财产纠纷的关键。优良的家风是一个家庭的精神信仰，体现了一个家庭的性格情操，通过耳濡目染、身体力行，潜移默化地影响着家庭成员的价值观念、言行品格和处世之

道，形成对家庭情感和优良传统的文化认同。很难想象在一个父慈子孝、兄友弟恭、亲亲尊尊的家庭氛围中会出现你争我夺、各不相让的场景；反之，在争名逐利、唯利是图的家庭风气中，不仅日常交往会矛盾重重，涉及遗产问题更是后患无穷。

同时，在家庭的日常相处中，老年人也要注意淡化家庭成员对财产问题的关注，尤其是不应该以财产为筹码要求子女对其进行赡养。法律上对于子女的赡养义务规定得十分明确，不会因为其是否继承遗产而产生差异，因此老年人自身也应该避免过多地提及相关的问题。

10.1.1.3 正确看待遗嘱，提前做出规划

很多人觉得生前就安排好死后的事情不吉利，人还活得好好的就立遗嘱这不是咒自己吗？“立遗嘱后子女就不管我了”，“立遗嘱是有钱人的事儿，我没什么财产，没必要立遗嘱”……老人们正是被这些传统观念束缚，不愿预立遗嘱，无形之中为日后子女继承遗产带来隐患。很多老人家往往是生了重病才想起立遗嘱，但立遗嘱需要一些法定条件，如果出现精神上时好时坏、不能亲自书写遗嘱或签名等情形，就会费尽周折，其遗嘱效力也会打上折扣，还可能引发子女间的纠纷。立遗嘱应在清醒的时候提早立，以增加法律效力。

案例4 王小五（化名）身世坎坷，年少时母亲便离世，在姥姥姥爷身边长大。二老在世时曾口头说百年之后房子由外孙女王小五继承。天有不测风云，不久，二老去世，王小五找到舅舅和姨们要求继承房屋，大姨、二姨、三姨和大舅都同意，可四姨不同意。无奈之下，王小五将四姨告上法庭。法庭审理中，王小五提出爷爷奶奶有口头遗嘱，将房屋留给自己，可由于无法提供符合法定形式的有效遗嘱，最后法院判决按法定继承顺序和份额对遗产进行了分配。

10.1.2 再婚家庭老年人遗产的分配问题

随着现代社会和文化的不断发展，老年人再婚往往不再基于爱情这一标准，而是双方对于再婚有着一致的需求。由于新中国成立伊始的制度变迁以及改革开放以来的社会转型，“抚育—赡养”这种双向运行的“反馈式”代际关系被破坏，家庭养老功能严重弱化，致使老人自养比例攀升，而再婚即为自养较为有效的方式。所以，在现实生活中，很多老人之所以冲破层层道德

阻力去寻找一个新的伴侣，仅仅是为了相互照顾，以满足最基本的生存需求。在这种目的推动下所形成的婚姻关系，其财产性本来就很强烈[①]。如近几年热播的电视剧《小舍得》中提到的事件，南建龙在生重病之后选择与原配妻子离婚，转而和照顾自己的保姆再婚，就是看重其对自己照顾得无微不至，能让自己在重病之后恢复得更快，多活几年。而保姆则是考虑到南建龙条件好、工资高，能够负担自己和女儿的花销，尤其是能够供女儿读书，因此即使知道自己结婚是为了照顾男方也心甘情愿。虽然后来产生了一些真情实感，但这种各取所需的再婚方式在现代社会中还是较常见的。

再婚老年人在婚姻中的财产所有权，一直是在其婚姻关系中造成矛盾的核心问题。对于婚姻所有权来说，怎么界定和明确，都会关系和影响到遗产的继承与分配。展开来说，我国婚姻法第 18 条规定，老年人再婚后属于双方个人财产的主要包括以下几种：第一，婚前财产；第二，因身体受到伤害获得的医疗费、残疾人生活补助费等费用；第三，遗嘱或赠与合同中确定只归夫或妻一方的财产；第四，一方专用的生活用品。而对于老年人双方之间的共同财产来说，是指夫妻双方在婚姻关系存续期间所得的财产。我国婚姻法第 17 条规定，归夫妻共同所有的财产包括：一是工作的收益；二是经营店家、生产工作的收益；三是知识产权的收益；四是继承或赠与所得的财产。就双方的共同财产来说，二人均有平等的处理权，并且在一方或双方死亡后，所有的遗产便会按照我国继承法中的相关规定进行继承。但是对于很多还有着传统老旧思想、并不清楚具体法律规定的子女来说，对于老年人的遗产的归属他们无法接受，这也就会导致在遗产继承权问题上产生极大冲突。

10.1.2.1　老年人再婚后继承权的冲突

这方面主要是再婚后配偶继承权的冲突尤为明显。再婚老年人一旦登记结婚后，双方便成为合法夫妻，即法律中承认的配偶，便可以按照配偶的待遇来继承对方的遗产。我国继承法第 10 条规定，我国法定继承人的范围及继承顺序如下：第一顺序，配偶、子女、父母；第二顺序，兄弟姐妹、祖父母、外祖父母。除此之外，《继承法》第 13 条还规定，对被继承人尽了主要扶养义务或者与被继承人共同生活的继承人，分配遗产时可以多分。笔者认为，

---

① 戴桢妍，赵子涵，乔心忆. 关于再婚老年人的遗产继承与分配问题研究 [J]. 法制与社会，2020 (12)：57-58.

这是继承法中为没有领结婚证的再婚老人设置的保护条款，但是法律并没有十分完善，表述也不是十分清晰。因此，在这种情况下造成的财产纠纷就比如子女通常会担心在自己的父亲或母亲过世后，他们的老年配偶会成为第一顺序继承人，甚至如果双方老人没有登记结婚，一方也可以作为共同生活的对象而分得遗产，从而影响到他们的继承权利，由此便会产生更多的问题和矛盾。当然，我国法律还规定，遗嘱继承优先于法定继承，对于遗产的继承和分配，首先是按照老人的遗嘱意愿来进行分配的。

10.1.2.2 如何解决再婚家庭中的遗产纠纷问题

首先，要订立婚前协议。进行婚前婚后的财产约定，是防止财产纠纷的主要方法。正如前文所述，这种“先小人后君子”的做法能够最大限度避免再婚家庭出现的一些财产分配问题。我国婚姻法第 19 条规定，夫妻之间可以对婚前财产、共同财产进行书面约定，比如哪些是共同所有、哪些归各自所有。这种约定对双方是有约束力的。但需要注意的是，在采取书面协议方式的同时，一定要注意在约定中清楚地记载好财产的种类、财产的范围、财产的归属，这样可以避免在分割遗产执行书面协议时产生歧义。

其次，要订立个人遗嘱。应通过立遗嘱的方式合法处分个人遗产。我国继承法第 17 条规定，我国立遗嘱的方式包括公证遗嘱、自书遗嘱、代书遗嘱等多种形式，这几种形式的遗嘱的法律效力也各不相同，并且都有它们各自对应需要的法律要件。这也就说明，老年人立遗嘱时一定要遵守我国继承法的相关法律法规要求，只有符合规定的遗嘱才能够得到国家的承认，并且不同形式的遗嘱的约束力也会不同，老年人需要审慎选择。在一个国家中，老年人的晚年生活幸福是体现一个国家幸福指数的重要指标，对社会的和谐稳定也起到了非常关键的作用，因此在老年人再婚后的遗产继承问题上，国家和社会都应该充分重视起来。当然，这也是我们新时代年轻人应有的担当，也是需要重点关注的。

10.1.3 非血缘关系者的遗产接受问题

这种情况主要涉及孤寡老年人或子女未在身边或没有依法尽到赡养义务的老年人可能会发生的情况，实际上就是老年人对实际赡养人的一种财产补偿。然而，这种做法在老年人去世后往往容易引发纠纷和冲突。

案例 5　据报道，有位八旬老人因老伴去世、独子猝死而独居。但无论是儿子的后事，还是近些年来的生活起居，都得靠楼下水果摊主的照料，因此老人带摊主到公证处办理了意定监护，还要将 300 万元房产作为遗产相赠予。事件被报道后，有人认为摊主善有善报，却也有人质疑摊主意在谋财。同时，老人的亲妹妹认为摊主在接受采访时，只突出自己的照顾，而贬低其他亲属对老人的关心，怀疑其动机不纯，而摊主则认为老人的亲属平时不管不问，现在跑来质疑，是为了争夺房产，由此引发了矛盾。

这是一起真实事件，曾在网络上引起热烈讨论。实际上，清官难断家务事，其中是非曲直，外人实难判断。但事件所反映的失独老人的照料问题以及相应的制度安排，却引人深思。在这里发挥关键作用的“意定监护”确立于 2017 年民法总则，并明确规定在民法典中，区别于一般的法定监护。通俗讲，就是指成年人在意识清醒时，可以指定一位亲属或跟自己完全没有血缘关系的人充当监护人，并允许这名监护人在自己意识不清时履行监护职责，处置自己的财产。这样的法律设定对孤寡老人释放出巨大善意。意定监护意味着，无论老人是遇到了不愿赡养自己的子女，还是因为失去子女而无人照料，抑或本身就没有要过孩子，都可以根据自己的真实意愿，选择一个即使毫无血缘关系却愿意照顾自己的人充当监护人，并通过法律固定这种关系，从而使自己的晚年更有保障。但问题的复杂性在于，一旦没有血缘作为纽带，如何保证这名监护人是真心实意对老人好，而不是骗财？如何确定老人办理意定监护时，头脑是清醒的？甚至在更极端情况下，如何避免监护人为了获得老人遗产，而加速老人死亡？实际上，法律对此都有设想和规范，但由于意定监护是近几年的新事物，尚需要在司法实践中不断完善，也就难免引发质疑和争议。

案例 6　67 岁的方某，是上海的一名医生。当他迈步走进中华遗嘱库上海第二登记中心时，就已经下定了决心，将自己的全部财产全部留给曾经帮助他的朋友，而自己的亲生女儿则一分钱都没有。因为亲生女儿已经有 8 年时间没有和老人有过联系了，唯一一次算不上联系的联系是在 2014 年，当时女儿打电话过来，老人接通之后，女儿只是淡淡地说了一句：“我打错了。”因此，当老人提及朋友时非常亲切，提到女儿的时候反而像一个陌生人。曾经老人因心肾衰竭危在旦夕时，身边没有一个和他有血缘关系的人，更是没有他的亲生女儿。是他的朋友帮助他、抢救他并帮助他渡过难关，因此在方老先生的心中，他们就是自己的亲人。

对案例中的这位老年人来说，血缘已经不是判断亲疏远近的方式了。人的需求是多方面的，每个人的需求也都不一样。有些子女以为给钱、给父母买东西就可以了，或者认为赡养老人就是保障其物质生活而不注重老人的心理需求，没有陪伴、没有沟通更没有关心。有些老人不缺物质，但其心灵却没有办法得到慰藉，从而导致精神空虚。还有很多人连物质上的帮扶都做不到，甚至啃老。对于老人把财产赠与他人这个问题，只能说应当尊重老人的真实意愿，因为那是他的财产，是他在老年生活中的最后一次倔强，也是他的尊严。对于这样的老年人，我们应该在遗产问题上尊重其意愿，并用法律保护其应有的权利。

如果老人希望把财产留给没有亲属关系的人，在法律上可以通过订立遗赠扶养协议的方式来确认双方的权利义务。遗赠扶养协议是遗赠人和扶养人之间关于扶养人承担遗赠人的生养死葬的义务，是遗赠人的财产在其死后转归扶养人所有的协议。遗赠扶养协议是一种平等、有偿和互为权利义务关系的民事法律关系。签订遗赠扶养协议，其目的在于使那些没有法定赡养义务人或虽有法定赡养义务人但无法实际履行赡养义务的孤寡老人、无独立生活能力老人的生活得到保障[①]。

10.2 老年人遗产的自愿捐赠

老年人遗产的自愿捐赠是指老年人将自己的遗产无偿捐献给国家或某些社会组织。从法律上来说，遗产所有人可以根据自己的意愿来进行处分。如果父母生前立有遗嘱，不将遗产分别给子女，而是捐赠给慈善机构或者赠与他人，都是可以的。

① 《中华人民共和国民法典》第1158条。

10.2.1　老人遗产捐赠给国家

老人遗产捐赠给国家的手续包括遗产继承、遗产捐赠。遗产捐赠的流程是首先需要对遗产的相关事项做出处理，由遗产的执行人来进行处理，比如说房屋如果要过户的话，需要完成过户。

案例 1　广西南宁一社区贴出一份遗产继承公告，其内容是该社区里有一位已故的林姓老人需要做遗产继承。据了解，林姓老人生于 1936 年，是一位印度尼西亚归侨，1960 年回国后参加工作，直至 1981 年退休，一直未婚未育。2020 年 3 月 5 日，林姓老人因心力衰竭去世，享年 84 岁。社区工作人员按照老人的遗愿，对他的骨灰进行了海葬。社区工作人员介绍，林姓老人生前患有严重疾病。了解情况后，社区工作人员联系了南宁市社会福利院，把老人送去治疗。就在这段时间，老人向社区工作人员表明了他的一个心愿——想要把所有财产都捐给国家，并于 2019 年口述了遗嘱内容。而早在 2014 年，老人就曾提出将财产全部捐献给国家。多年来，社区工作人员都会定期去看望照顾他。据了解，林姓老人的遗产包含 20 多张存款单、两本存折及一本房产证。经初步统计，老人的定期存款单仅本金就有 11 万多元，活期存折余额近 11 万元；房产是一套近 60 平方米的两居室，如果参考同地段的商品房价格，估计房产价值为八九十万元。这意味着老人捐赠的遗产超过百万元。目前，林姓老人的遗产继承基本完成。

很多老人在选择把遗产捐赠给国家之前，应首先了解遗产捐赠给国家的流程。遗产捐赠的流程是，首先需要对遗产的相关事项做出处理，由遗产的执行人来进行处理，比如说房屋如果要过户的话，需要完成过户。

◆拓展阅读

1. 继承公证

到被继承房产所在地公证处办理房产继承公证，申请人应当提供下列资料：

（1）被继承人的死亡证明（如医院的死亡通知书、骨灰证、火化证明等）、身份证、户口簿（注销户口）等。

（2）被继承人遗留的财产证明，如房产证、存款凭证、股票等。如果遗产在香港的，须提供香港遗产税署出具的遗产清单。

(3) 继承人的身份证、户口簿、结婚证。

(4) 亲属关系证明(表格可在公证处网站下载,由被继承人档案所在单位人事部门出具意见并盖章;没有单位的,由社区工作站和街道办事处出具意见并盖章。因特殊情况无法提供的,可由继承人档案所在单位人事部门或社区工作站、街道办事处出具意见并盖章并提供相应证明)。

(5) 继承人因特殊情况不能亲自到公证处办理的,须提供经公证的委托书。

(6) 公证员认为应当提供的其他证明材料。如果继承人或被继承人是居住在港澳的,上述材料需由司法部委托的香港律师或澳门有关机构予以证明,并经中国法律服务(香港)有限公司确认;如果继承人或被继承人居住在国外,上述材料应经我国驻该国使领馆认证。

2. 申请免税

根据财税〔2009〕78 号、财税〔2009〕111 号的规定,房屋产权所有人死亡,依法取得房屋产权的法定继承人可以申请免征营业税和不征个人所得税,法定继承人(包括配偶、子女、父母、兄弟姐妹、祖父母、外祖父母)继承土地、房屋权属,不征契税。申请免税需到国家税务局,具体需要携带的资料包括:

(1) 继承人身份证复印件。

(2) 死亡证明或火化证明书或公安局出具的注销户口证明。

(3) 房产证(若房产证在银行抵押的需提供抵押合同;房产证复印件需有银行盖公章及与原件一致的章经办人签章)。

(4) 继承权公证书(境外人士须提供境外公证书和境内公证书)。

(5) 如果继承人未满 18 周岁需提供监护权公证书。

3. 登记过户

到房地产权登记中心办理房地产继承的登记过户,需提供的材料包括:

(1) 继承人身份复印件。

(2) 房产证。

(3) 继承权公证书。

(4) 税务局的减免税批复。

以上即为我国遗产捐赠国家的顺序步骤,以上顺序均来自《中华人民共和国民法典》中相关法条规定。

10.2.2　老人遗产捐赠给社会组织

老年人将遗产捐赠给社会组织是指老年人希望在去世后把自己的遗产留给某一社会组织，如居委会、养老机构等，这也是老年人自由处置其财产的权利。

案例 2　上海一位 94 岁老人苑老伯立下遗嘱，百年之后将名下房产捐给学校。日前，上海金山公证处已为其做完公证。2021 年 5 月份，苑老伯给居委会写了一封长达 12 页的求助信，表达了自己想在百年后将财产尽数捐出的意愿，信中详述了他一生的经历。苑老伯从小家境贫寒，身为长子的他 15 岁便辍学当起裁缝学徒，贴补家用。从小喜欢看书的他，一边学裁缝做学徒，一边读名人传记，翻破了十几本新华字典。生活稳定后，他结识了第一任妻子，但这段婚姻只存续了四五年，妻子在逃难中染病去世。苑老伯凭借自己的手艺，供着弟妹读到大学，直到弟妹也成家立业。他在工作中遇到了第二任妻子翁阿姨，两人携手走过了 30 多年。2020 年 4 月份，翁阿姨先他而去。因为自己无儿无女，弟妹又有出息，他便想这辈子为自己、为社会做一点事。老伴过世后，苑老伯孑然一身，感觉自己年纪大了，应该交代一下后事，决定将遗产捐出来助学，于是给居委会写了一封长信。社区党总支书记范向红看完信后很感动。老人想让居委会帮忙找贫困学生，范向红想到了辖区内的滨海学校，于是给老人提了建议。该学校是一所有 100 多名残障学生的特殊儿童教育学校，苑老伯亲自去考察后，觉得这所学校很规范，学生们也需要帮助，经过沟通，决定将其定为受捐学校①。

从法律上讲，老年人无论想如何处置个人财产，都是他们的自由，但如果想要将财产留给法定继承人之外的其他社会组织，则应该注意以下基本问题。

首先，明确受益人。现实生活中，许多当事人虽明确表示要将遗产捐赠给组织，但却无法给出受益人具体详细的信息。比如，想要将房产遗赠给养老机构，但究竟是哪一家养老机构、具体的名称或者组织机构代码证是什么。当事人在无法充分了解和掌握有关组织信息的情况下，仅凭一厢情愿便想订

① 案例来源——海报新闻：上海 94 岁老人立遗嘱将房产捐学校，已做完公证 https://baijiahao.baidu.com/s?id=1715312676393509363&wfr=spider&for=pc.

立遗嘱，最终将会因受益人身份不明而无法实现，导致老年人的遗愿无法实现。

其次，确定遗嘱执行人。遗嘱是在立遗嘱人去世时生效的。很多情况下，受遗赠的单位和部门根本不知道自己成为受遗赠人，或者即使知道，却并不知晓立遗嘱人何时去世。根据民法典有关规定，到期受遗赠人没有做出接受或者放弃受遗赠的表示的，视为放弃受遗赠。因此，为保证受遗赠人及时知悉受遗赠的事实，立遗嘱人可以在遗嘱中指定遗嘱执行人，明确其在立遗嘱人去世后，届时将相关情况向受遗赠人释明，以确保遗赠程序顺利进行。

再次，事先与受遗赠人沟通。立遗嘱行为是单方民事法律行为，法律并未有要求立遗嘱人事先告知受遗赠人遗嘱内容，同时，受遗赠人也不是必须要接受遗产赠与。在实践中，遗赠涉及不动产、特殊动产等财产的登记、交付时，往往还要经过一系列严格的法律程序，比如房产、车辆的登记过户手续等。许多接受遗赠的单位和部门在事先不知情的情况下，不愿主动接受受遗赠的遗产。因此，立遗嘱人在捐赠财产，特别是不动产、特殊动产等大额财产时，最好事先与受遗赠单位进行沟通、达成合意。在我国民法典中规定，将个人财产遗留给继承人以外的人属于遗赠；受遗赠人应当在知道受遗赠后六十日内，做出接受或者放弃受遗赠的表示；到期没有表示的，视为放弃受遗赠。

总之，老年人通过立遗嘱的方式将自己的财产直接捐赠给国家、集体或者法定继承人以外的组织、个人，可以让自己的财富在未来产生更大的效用，这充分体现了当事人服务国家、社会、人民的无私大爱。为了充分保障当事人意愿的实现，当事人可以在公证机构的指导下，在合法、公正、审慎的前提下，确保本人反哺国家、社会、人民美好愿望的达成。

10.3 老年人遗产的合法处置

“维权意识”是现代老人在遗产面前非常需要养成的一种思维方式。受中国传统文化的影响，有些老人觉得跟子女争遗产是不光彩的事，还有一些老人眼看着子女侵占了自己应该继承的遗产，却不愿为此与子女争辩，直到衣食无着的悲惨境地时才想到要跟子女争回属于自己的遗产。其实，大可不必这样。虽然对孩子无私奉献是父母的天性，但是老人有权利继承自己应得的遗产，也有权利享受自己大半生辛勤工作的成果。因此，对老年人的遗产进行合法处置意义非常重大①。如前文所述，老年人去世后遗产的处置较为复杂，因此我们在本节中对老年人的遗产处置进行详细说明。

10.3.1　老年人过世后遗产的处置方式

老人过世后遗产一般按照有效遗嘱的内容处理，若没有留有遗嘱，则由他的第一顺序继承人继承他的遗产，没有第一顺序继承人或第一顺序继承人全部放弃继承权的，由去世老人的第二顺序继承人继承。

法定继承人的继承顺序，主要是根据继承人与被继承人血缘关系及婚姻关系的亲疏远近和法定的相互抚养义务来确定的。我国民法典规定，配偶、子女、父母为第一顺序继承人，兄弟姐妹、祖父母、外祖父母为第二顺序继承人。继承开始后，由第一顺序继承人继承，没有第一顺序继承人或者第一顺序的继承人全部放弃继承权或者丧失了继承权时，再由第二顺序继承人继承。在同一顺序的继承人中，没有先后顺序，一般情况下都均等地分割遗产。

另外，丧偶的儿媳与公婆、丧偶的女婿与岳父母之间没有血缘关系，也没有相互继承遗产的权利，但是有不少丧偶儿媳和丧偶女婿对公婆和岳父母在生活上尽了抚养义务，这种道德风尚是十分可贵的，因此民法典第一千一百二十九条还规定："丧偶儿媳对公婆，丧偶女婿对岳父母尽了主要赡养义务的，作为第一顺序继承人。"由此可见，是否尽了赡养义务是丧偶儿媳或者丧偶女婿能继承公婆或者岳父母遗产的前提条件。只要符合这一条件，不受是否再婚的影响，他们继承的遗产也不影响其子女代位继承的权利。

10.3.2　老年人遗嘱的订立

如果老年人不想按照法定程序分配遗产，则需要在自己在世的时候体现对财产问题进行处置，最有效的办法就是订立遗嘱。但遗嘱并不是自己写一

---

① 陈建华，杨庆艳．老年人立遗嘱过程中需要注意的问题［J］．检察风云，2010（20）：8-10．

封信留下就能生效的，在我国，遗嘱生效是需要满足一些法律要件的。

10.3.2.1 立遗嘱的有效条件

老年人可以在遗嘱中为尽赡养义务多的子女多留遗产，对尽义务少或不尽义务的子女少分或不分遗产，这些规定使继承人的继承权被取消。遗嘱是单方法律行为，遗嘱人设立遗嘱时，无须征得遗嘱继承人的同意，也不需要得到其他法定继承人的赞同。只要有遗嘱人的真实意思表示，遗嘱即发生法律效力。

首先，立遗嘱人立遗嘱时须有行为能力。继承法第 22 条规定："无行为能力人、限制行为能力人所立遗嘱无效。"即使本人后来有了行为能力，仍属无效遗嘱。如果立遗嘱人立遗嘱时有行为能力，后来丧失行为能力，则不影响他当时所立遗嘱的效力。

其次，遗嘱须表达立遗嘱人的真实意思，因受胁迫、欺骗所立遗嘱无效。继承法第 22 条规定："他人伪造的遗嘱无效，篡改的遗嘱，篡改的内容无效。"有的被继承人本来没有立遗嘱，而继承人无中生有假造遗嘱，也有的被继承人立有遗嘱，继承人认为于己不利，又另造一份于己有利的遗嘱，以假乱真……这些都属无效遗嘱。

再次，遗嘱人以不同形式立有数份内容相抵触的遗嘱，应根据继承法第 20 条规定："立有数份遗嘱内容相抵触的，以最后遗嘱为准。"其中，有公证遗嘱的，则以公证遗嘱为有效遗嘱。

10.3.2.2 遗嘱的主要形式

第一，公证遗嘱由遗嘱人经公证机关办理。办理遗嘱公证需要立遗嘱人亲自到其户籍所在地的公证机关申请办理，不能委托他人代理。如果遗嘱人因病或其他特殊原因不能亲自到公证机关办理遗嘱公证时，可要求公证机关派公证员前往遗嘱人所在地办理。值得注意的是，立遗嘱人如果要变更或撤销原公证遗嘱，也必须由原公证机关办理。

第二，自书遗嘱不需要见证人在场见证即具有法律效力，但自书遗嘱必须由立遗嘱人全文亲笔书写、签名，注明制作的年、月、日。

自书遗嘱可按照下列程序订立：

（1）遗嘱人书写遗嘱内容。遗嘱人应亲自书写遗嘱全文，这样既可以真实表达遗嘱人的意志，又可防止他人伪造、篡改、添加遗嘱内容。

（2）遗嘱人在自己书写的遗嘱上写明书写的年、月、日和地点。订立遗嘱的时间对遗嘱的效力有一定的影响，如不同书面遗嘱内容相矛盾时，应以时间在后的书面遗嘱为准。同时，订立遗嘱的时间有时也可证明遗嘱内容的真伪。

（3）遗嘱人亲笔签名。

（4）自书遗嘱中如需涂改、增删，应当在涂改、增删内容的旁边注明涂改、增删的字数，且应在涂改、增删处另行签名。最高人民法院司法解释规定："公民在遗书中涉及死后个人财产处分的内容，确为死者真实意思表示，有本人签名并注明了年、月、日，又无相反证据的，可按自书遗嘱对待。"

第三，代书遗嘱是指因遗嘱人不能书写而委托他人代为书写的遗嘱。继承法第17条第3项规定："代书遗嘱应当有两个以上见证人在场见证，由其中一人代书，注明年、月、日，并由代书人、其他见证人和遗嘱人签名。"

第四，录音遗嘱是指遗嘱人用录音的形式制作的自己口述的遗嘱。为防止录音遗嘱被人篡改或录制假遗嘱弊端的发生，继承法第17条第4项明确规定："以录音形式设立的遗嘱，应当有两个以上的见证人在场见证。"见证的方法可以采取书面或录音的形式；录音遗嘱制作完毕后，应当场将录音遗嘱封存，并由见证人签名，注明年、月、日。

第五，口头遗嘱。继承法第17条第5项规定："遗嘱人在危急情况下，可以立口头遗嘱。口头遗嘱应当有两个以上见证人在场见证。危急情况解除后，遗嘱人能够用书面或者录音形式立遗嘱的，所立的口头遗嘱无效。"由于口头遗嘱有易于被篡改和伪造，以及在遗嘱人死后无法查证的缺点，因此继承法对口头遗嘱做了以上限制性规定[①]。

10.3.3 老年人订立遗嘱的意义

遗嘱是有意识做出的对自己生后的安排，会涉及当事人财产的分配、对家人的安排，还有回顾自己的一生。其直接的意义是防止猝不及防的离开导致的混乱。立遗嘱的意义远不止此，更是让我们接受了一次死亡教育，反思活着的意义，反思自己生活的状态。不管是遗嘱继承，还是遗赠扶养协议，

① 所有法条均出自《中华人民共和国民法典》相关内容规定。

都是老年人对自己财产的自由处置。遵照老年人个人的意愿处置其财产，是对其财产最合理的处置方式。

10.3.3.1 老人可根据自己的意愿决定自己的继承人

在财产继承中有两种继承方式：遗嘱继承和法定继承。如果老人没立有遗嘱，遗产将会按法定继承来办理。按照法律规定，继承人包括配偶、父母、子女在内的第一顺序继承人等额分配，难以体现老人的真实意愿；而如果立有遗嘱，遗产将按遗嘱继承来办理，除法定特殊情形外，遗嘱人可以根据其亲属的家庭条件、履行赡养义务的情况和其个人喜好等因素，决定其个人资产由谁继承和继承多少，从而最大限度地实现遗嘱人的真实意愿。

10.3.3.2 避免家人因财产分配而出现家庭纠纷

如果老人不留遗嘱就意味着老人没有对自己的财产做出明确的分配方案，因此老人在留下遗产的同时也把遗产纠纷的隐患留给了继承人。因为继承人之间出于各自利益的考虑，难以通过协商一致的方式确定遗产分配方案，最终导致家人对簿公堂，这样既耗费了时间又造成了严重的家庭矛盾；但是，如果老人订立了遗嘱，就意味着老人把遗产分给谁已经确定，只要符合法律规定，遗嘱就很容易被执行，一般不会产生继承纠纷或影响家庭和睦。

10.3.3.3 老人可在遗嘱中明确规定遗产范围

随着老人财产意识的增强，他们的个人财产除传统的存款、房产以外，还有股票、公司股权、对外债权等隐形资产。如前文所说，法律上对于所有权的认定不是只看署名这么简单。另外，随着年龄增长，老年人因罹患疾病等原因而发生意外的概率增加，如果不立遗嘱的话，老人的个人财产很难查清和完全由继承人继承。而有了遗嘱就不同了，遗嘱会对个人财产进行必要的列举和说明，可以有效预防上述情况的发生。

归根结底，老年人的遗产处置问题是很多家庭所面临的共性问题，在多子女家庭中更为常见。因此，规避恐惧和迷信心态，提前对财产问题进行说明和公正，是促进家庭和谐、老人身心健康的最有效的方式。

第11章

养老智能化的伦理问题

进入 21 世纪，我国人口老龄化程度日益加重。伴随劳动力结构的改变以及养老需求的增长，养老智能化已进入养老服务领域，改变了传统的照护与管理方式。但是，在人工智能广泛应用于养老服务的过程中，伦理问题或伦理风险开始显露。为此，有必要从理论与实践方面做深入探讨。

11.1　养老智能化的现实需求

养老智能化是将养老服务与人工智能相结合的一种新型养老服务方式，是通过智能技术的辅助对老人进行日常照护，满足失能或半失能老人的介护需求的过程。养老智能化不仅可以在一定程度上解决养老服务人力资源严重不足的问题，更重要的是可以通过人工智能技术与数据分析，提升机构养老、社区居家养老的服务水平与管理水平，也是智能化时代发展的必然趋势。从需求角度讲，其作用表现为如下几个方面。

11.1.1　养老智能化的功能

11.1.1.1　有利于实现养老服务水平的高效化

从现实角度讲，随着社会老龄化程度不断加深，养老服务行业的人力资源供不应求、压力越来越大，仅靠子女亲人的力量已解决不了养老服务的需求。智能化的机器可以按照人类设定的程序进行工作。较之传统的人工护理，养老智能机器设备可以无限地完成某些任务，且不会产生疲倦感，服务质量高，极具效率性。比如，康复型智能化机器在为老人做康复时不会因为身体疲惫而无法完成对老年人的护理运动；介护智能机器，可以完成帮助老人去卫生间、洗澡、穿衣、吃饭等事务；智能监督设备可以 24 小时不间断地照护老人，检测老人身体健康，它们不会感到疲惫，也不会对老人产生主观情绪。可以说，智能化机器的出现大大减轻了照护人员的工作压力，使养老照护高效化。

11.1.1.2 有利于服务方式的便捷化

为了实现人工智能养老的目的，可以在智能机器的系统中设置不同的参数，以保证其能够为老年人提供所需的服务。比如，对于社交照护机器人，可以将菜谱菜系输入程序系统中、设置做饭时间等，智能机器就可以在规定时间内完成做饭任务；还可以设置机器的动作程序，利用图像识别功能，为老年人获取所需物品，当老年人在生活中需要某些物品时，可以将这些物品的图像拿给智能机器，让智能机器对图像进行扫描，自动识别出老年人所需的物品，并且通过自身网络系统呼叫商家，为老年人提供生活所需；等等。这些智能化的机器设备操作起来简单便捷。

11.1.1.3 有利于服务内容多样化

就应用领域而言，养老智能化应用技术主要集中在通信、健康监测、医疗、介护等领域。目前，替代人工服务或管理为老年服务的智能机器主要有四类：一是老人可随身携带的小型智能化终端设备，包括身体健康状态的监测终端、防走失定位的智能化终端等；二是生活照护服务或医疗护理智能设备，这种智能化设备可分为护理型智能机器、社交型智能机器、护理与社交型相结合的智能化机器、手术型智能化机器等；三是为满足老年精神慰藉与文化生活的对话机器人，可以实现人机对话；四是照护机构、社区养老服务智能化管理系统，这是借助大数据进行管理的中枢平台。

11.1.2 养老智能化技术的应用

现实中，随着养老智能化技术的广泛应用，养老智能化不仅用于专门的养老机构，而且已广泛地应用于社区养老或居家养老服务。对于一些独居的老年人，护理机器可用于照护行动不便的老人，社交机器可与独居老人进行日常交流，进行简单的照护。这些智能化机器的出现不但为社会的养老服务行业减轻了负担，也缓解了独生子女在“4－2－1”的家庭模式下照护父母能力不足的压力，是对人力资源的重要补充。

总体上看，养老智能化的技术应用，是现代科技发展给人类生活带来的文明成果，智能化服务为老年人提供内容多样、高效便捷的服务，对解决老龄社会的现实问题提供了帮助，一定程度上可以缓解养老服务人力资源不足的现实困境，也增加了养老服务的效率。实现更高水平的智能化养老服务是老龄社会发展的必然要求，也是智能化时代发展的必然。

11.2　智能化养老服务中的伦理风险

养老智能化在给我们带来实际效益的同时，不可避免地也出现了一系列值得我们深入思考的伦理问题。

11.2.1　智能化伦理问题的提出

对于智能化的伦理问题，国内外学术界已有研究，主要是从科技伦理或科技哲学角度进行分析，围绕以下问题进行讨论：一是智能机器的道德主体性问题；二是人机之间的情感关系问题；三是智能化的政治伦理或社会伦理问题。这些研究对于深化这一领域问题的研究具有重要的意义。对于我国来说，养老智能化虽刚刚起步，但对其发展中可能产生的伦理风险应该有足够的重视。

智能化养老的伦理问题是养老服务过程不可回避的问题。伦理是指内含于人伦关系之中的道德之理，蕴涵着依照一定原则来规范行为的伦理诉求或道德要求。人工智能虽是人类通过计算机算法程序设计制造出来，模拟人类思维或行为模式的智能系统，但其本质仍是由人类制造并操控的智能系统，是人类思维或行为能力的技术性模拟或替代。当智能化机器借助互联网、大数据以及现代人工智能技术的支持服务或满足老人的各种需求时，客观上形成了服务与被服务的伦理关系。在这种关系中同样存在责任与义务、需要与满足等关系问题。审视现实，智能机器在为老人提供的服务过程中已经或可能产生如下伦理风险，值得我们去深入研究。

11.2.2　智能化伦理的可能性风险

11.2.2.1　智能养老与孝养义务的分离

长远来看，养老智能化的普及的确是解决未来社会养老问题的一种可行性方式。然而，从伦理角度讲，这种新型养老模式可以代替子女的陪伴，解决老人的伦理情感需求吗？有了养老智能机器，子女是否可以不用去承担对父母的赡养或关怀义务？

11.2.2.2 智能理性与人类情感的隔离

内韦娜（Nevena Ackovska）曾对“社交型机器人”做出定义，她认为社交型机器人应具备一些与人类相似的行为，即“它们应该有属于自己的身体，能进行语言交流抑或肢体语言交流，且能够感知和表达情感”[①]。在此意义上讲，社交型机器人能够感知或表达一定的情感，人机交互的过程不仅可以使人类接收到智能机器对于自身程序状态的反馈，还能传达人类对智能产品的使用期望，使机器自身进行内部调控。这些智能化的社交机器人可以在一定程度上“促进可信的人机交互”[②]。然而，智能设备虽能够传递被设定的“情感”，但智能设备所传递的情感与现实中的亲情、爱情、友情等完全不同，这是一种虚拟或虚在的情感。人的真实情感是一种在人际互动中生成的心理倾向，往往因人、因事、因境而有所不同。实际上，不同个体对“情感”的需求和感知有着个体的差异性与多样性。智能机器所能表达的只是单向度的虚拟情感，不能全方位地模拟出人类的种种真实情感，对于人类所表达的情感，机器无法及时给予情感反馈。在人机交互过程中，单纯人机情感关系的发展很容易导致机器理性与人类感性之间的隔离，造成人机之间“单向度情感联系”。

11.2.2.3 人机之间的“虚假交往”

在传统的老年照护或护理中，对于一些高龄或失能老人而言，每天为他们服务的大多是护理人员，与护理人员的接触是老人主要的社交渠道。这些被照护的老人或许会因为自身生理原因而感到烦躁不安，或因长期患病得不到家人的关怀而导致负面情绪增高、心理抑郁等。当老人们的情绪长期压抑得不到宣泄，孤独感失落感便接踵而至，老人往往会出现不同程度的心理或

---

① Kirandziska V, Ackovska N. A Concept for Building More Humanlike Social Robots and Their Ethical Consequence [J]. IADIS International Journal on Computer Science and Information Systems, 2014, 9 (2): 19-37.

② Fong T, Nourbakhsh I, Dautenhahn K. A Survey of Socially Interac-tive Robots: Concepts, Design, and Applications [J]. Robotics and Autonomous Systems, 2003, 42 (3-4): 143-166.

精神抑郁问题。护理人员或社工针对老人的不同情况制定不同的疏导方案，可以有效地缓解或解除他们的心理问题。

11.2.2.4　个人隐私遭遇侵犯

“隐私权”是指个人私生活不受外界的非法干扰、侵犯，私人信息不被外界违法采集的权利。在大数据平台的主导与驱动下，人们上网产生的数据如果经大数据统计分析，个人的信息将暴露无遗。现实中，大数据资源的开发利用已经严重威胁到人们的隐私。如若这些信息处理得当，可以对人们的生活水平起到积极作用；反之，一经不法分子获得并利用个人隐私进行诈骗等，则会严重侵犯当事人的个人权益。

11.2.2.5　智能护理对老年人的过度“控制”

人具有自主性与自主意识，即人能够通过自身意识去选择目标并尽自身最大能力去完成目标，而智能机器同样具有与人类极为相似的“自主性”。与人不同的是，智能机器的“自主性”并非由设备本身而产生出来，而是通过设备的研发设计者通过对其算法程序的嵌入，让智能机器具有其功能。对于高智能机器来说，其“自主性”与人类相同的是它们也能去选择目标，不同的是智能设备只能机械地完成目标，而人在完成目标时具有自主性、能动性、自尊心、情感、价值感和意义感，这是人实施行动的内在驱动力。老年人因身体机能逐渐退化而无法去做一些事情，在这种情况下老年人很容易产生某种自卑心理。长此以往，其精神状况会逐渐变得敏感低迷。

11.2.2.6　智能护理对老年人构成“物化”的风险

“物化现象”在智能照护领域是一个具有代表性的伦理问题。英国社会心理学家 Tom Kitwood 指出，在人机交互中存在“像对待无生命物质那样对待人：推、拉、拽一个人，不把他当作一个有生命的个体”①。这正是需要我们思考的伦理问题。目前，就智能护理机器的发展状况来说，一些研发者已经将高端的技术用于养老照护，智能机器的应用对于养老护理行业人员来说的确是一种替代或解脱，可当照护机器替代了照护人员或子女的实际照顾，周而复始地重复做着一些动作，按照程序指令来完成自己的目标时，智能机器占据着主动地位，而老年人只能被动接受。然而，对老人的照护行为不应仅

---

① Kitwood, T. (1997) The Experience of Dementia. Aging & Mental Health, 1, 13-22.

仅是机械化的程序运作，而应是一种带有情感和温度的人文关怀，让老人感受到被亲人或照护人员的情感温暖。实际上，机器照护并没有这种人文关怀，也无法达到老年人所需的亲情服务。老年人面对机器“操控式”的日常照护，很容易将自身视为“物体”并产生自卑心理。

11.2.2.7 智能护理使老年人自我认知水平衰减

自我认知水平的衰减，即主体正确认知自我、认知自身各方面的能力水平、判断自身的决策行为的能力逐渐减弱。目前，养老智能化运用其超强的技术水平和运作能力，对老年人进行全方位照护，帮助他们解决了许多日常行动的困难，由此被照护的老年人对这些智能化的机器产生了高度的依赖，愈发处在被动的状态。面对如此高强度的智能机器，部分老年人的一些日常需求本可以通过自身行动来满足，但这些智能化机器可以帮助甚至替代老人达成目的。久而久之，老年人的思维认知能力可能会下降，甚至会逐渐失去对事物的自身判断力，并且慢慢对自身能力产生怀疑、否定自身，产生强烈的孤独挫败感，情绪变得敏感脆弱，甚至找不到存在的意义与生命的价值，消极地应对生活。

11.2.2.8 智能服务与责任分担的分离

人类用计算机编写算法程序设计出人工智能机器，但其在后续运作使用中也存在着一些潜在的威胁性和安全隐患。当这些智能机器为老人们服务引发事故时，责任主体究竟应由何人来承担？在养老服务或老人医疗领域，事故归责问题也受到较为广泛的关注。

11.2.3 智能化养老伦理风险的理性分析

11.2.3.1 关于“孝”与“养”的伦理分析

从伦理风险角度审视，智能养老与子女赡养义务之间最大的问题是孝养关系的矛盾。在中国古代哲学中，“孝”的观念由来已久。在《说文解字》中，“孝”乃“善事父母者”。[①] 何谓“善事父母”？即孝敬父母，遵从父母，应有对父母进行赡养照护的义务，包括对父母的养老送终以及逝世后的拜祭

① 许慎. 说文解字注［M]. 上海：上海古籍出版社，1981：89.

等。百善孝为先，中国人对“孝”的观念根深蒂固，这种“孝”不仅是应给父母养老送终，更应在父母晚年生病时给予照护，回报父母的养育之恩。所以，在中国文化观念中，“孝”与“养”二者不可分离，子女对父母应在“养”中尽“孝”，以“孝”的思想观念去“养”父母，如此才能做到“善事父母”。然而，随着养老智能化的广泛应用，照护机器的使用在某种程度上已经可以替代子女的照护，导致老人体会不到子女照护所带来的情感体验，老人与子女间的“孝养关系”失去了平衡，形成“孝”与“养”之间逐渐疏离化的态势。

事实上，对于老年人来说，智能机器的服务毫无感情而言，它们只是按照设定的程序提供机械的服务，既不能设身处地去理解老人的感受，也无法真正替代子女的孝行，给予老人真实的关怀。智能设备并不能替代孝感，除了满足老人某种生理方面的需求外，“孝”与“养”之间的疏离是一种伦理风险。从“孝”字本身的象形意义上来说，“孝”字上半部分是一个“老”字，下半部分为一个“子”字，意味着孩子需要给老人依靠才得以尽“孝”。所以，在中国的孝养观念中，子女对老人的赡养包括陪伴在父母身边，让父母能够经常看见，这才能让父母感到孝所带来欣慰。单纯依靠照护机器所提供所需服务，老年人会因“孝”“养”疏离而心生失落、情感压抑。

《礼记·祭义》有云：“孝有三：大孝尊亲，其次弗辱，其下能养。”[①] 借助养老智能服务，子女可以通过各种方式为父母提供养老智能机器，一定程度上可以解决父母生活所需，但在“尽孝”的三个维度中却仅做到了“其下能养”，无法对父母做到真正意义上的“尽孝”。要做到“大孝尊亲”就需要子女以真情实感去关心照护父母，这种伦理情感关怀的孝道目前只有人可以做到。在中国传统文化中，“孝道”最高的内涵是“尊”，子女对父母的赡养义务不能只满足于借助智能机器为父母提供生活照护，还应从精神层面对父母尽“孝”，尊敬父母，陪伴或看望父母，给予父母发自内心的关爱，这才是“孝”的真谛。

11.2.3.2　“单向度情感联系”的伦理分析

“单向度情感联系”一词是由社会学家马蒂亚斯·舒茨提出的，主要是针

---

① 杨天宇. 礼记译注［M］. 上海：上海古籍出版社，2004：177.

对人机交互过程中人类对于机器的“单向度”的情感。[①] 以护理型社交机器人为例，如果老年人长期被智能机器所照护，对于老人发出的操作指令，智能机器虽然能够顺应服从并随时待命，但这些机器无法通过自身的情感体验对老人的情感需求给予相应的“反应”，无法对老人的真情实感进行回馈。

就本质而言，人工智能仍是由人类操控的一种机器，其本身并不具有与人类相同的情感意识。对于老年人来说，某些简单的回应也仅仅是缓解老年人长期无人陪伴的孤独感，让老年人误以为身边有能够理解他、懂得他们心思的“人”存在。从某种意义上来说，这是对老年人的一种“情感欺骗”。在养老智能化的应用中，社交护理型机器人设计的初衷是方便对老年人的护理与照护，让老年人得到更好的生活帮助。然而，由于其具有“单向度情感联系”的缺陷，则可能使老年人陷入伦理困境。因为智能机器并没有真实的情感属性与人格，人被动地接受人工智能服务则是一种单向度情感联系。当老人通过智能机器向机器人“朋友”寻找情感寄托时，如何正确处理其使用主体单向度情感的问题以及可能带来的伦理风险，需进行深入的反思。

11.2.3.3 智能机器陪护的伦理分析

智能机器虽然可以通过自身的程序设定形成与老人互动的假象，但这些“互动”行为仅仅是机器根据自身系统而运作的，无法替代与人类相同的情感或实体生命感。一些伦理学家认为，老年陪护型机器与老人的互动、交往实际上是一种虚假交往，这种交往无法满足老年人的内心交往需求，甚至会消减老人向他人表达真情实感的社交能力。人与人之间的交往是一种求同存异、相互理解的过程。当老年人习惯了对机器的无条件服从，就有可能会渐渐拒绝、疏远与他人的交往，甚至不会处理真实的人际关系，这不利于老年人正常的人际交往。智能化机器虽可以通过程序提前设定与老人的交流内容，这些内容或许是完美的，老年人可以与之交往，但现实中的人却很少能够拥有机器般的完美性格。老人在与人进行交往时或许会期待得到与机器同样的回应，而当现实中这种期望落空时，他们就会产生巨大的心理落差，更加不愿与人进行交往。

---

① 王亮. 社交机器人“单向度情感”伦理风险问题刍议 [J]. 自然辩证法研究，2020，36（01）：56-61.

11.2.3.4　智能化与隐私权保护的伦理分析

在养老智能化领域，智能化应用存在个人隐私被侵犯的风险。如：在智能机器对老人实施照护的过程中，智能养老机器有较高的自由度，它们可以随意出入老人的房间，获取老人的健康数据，对老人的日常行为进行监测。对老人的实时监测或监控等涉及老人的隐私。在这些机器面前毫无隐私可言，老人常常会有一种自身隐私被侵犯的无力感与挫败感。再如：随着各类数据信息采集设备的广泛应用，各种智能系统可通过记录人们的指纹、面部识别以及语音密码，当养老智能设备用于记录老人夜晚睡眠、日常运动量、饮食摄入等信息时，也就意味着智能系统掌握了大量被服务者的个人信息，如对这些信息进行整合分析，得出相应的结论，老人的信息也会通过智能系统传达出来。也就是说，在智能化设备面前，老人的隐私数据被大量采集，隐私权也面临被侵犯的风险。

11.2.3.5　智能控制的伦理分析

现实中，智能设备并不能判断老人的情绪是否低落。在这种情况下，老年人需要的是服务者有情感、讲尊严的陪伴与服务，而机器照护只能做出满足既定目标的行为活动，将照看老人视为一种程序化的任务去完成，甚至在这些任务中不排除也掺杂一些老年人不情愿的事情，这会让老年人产生一种被机器照护的强制感而自身却无能为力。Astell 曾提出，“护理型机器可能会对使用者进行机械化控制，并逐渐使其失去自身的自主性”①。比如，在饮食中，智能机器烹饪出一些老年人不喜欢吃的食物，老年人有权拒绝饮食或者要求机器重新烹饪，但护理型机器为了能够让老年人按时吃饭、保证作息饮食的规律性，就可能会做出一些强制性的举动，甚至以强硬性的手段来“逼迫”老年人进行饮食；在日常护理中，智能机器按照老年人的身体健康状况督促老年人按时服药，但一些老年人对药物或许有情绪抗拒，不愿意服药，这时机器则会以一些强制性的手段让老年人服药。在这些情况下，老年人自身的自主性与自尊心往往受到打击。在这些智能化机器面前，老年人近乎丧失自身自主性的行为能力，只能无奈地去被迫地接受机器的指令，由此形成了机器照护对老年人的过度“控制”。这就大大降低了老年人的行为自由度，

① Astell，AJ. Technology and personhood in dementia care. Quality in Ageing，2006，7：15-25.

而且在老年人自身力量薄弱的情况下，这种“控制”是老年人无法反抗的。客观地讲，智能照护本该为老年人的生活带来舒适与便捷，但这种过度“控制”却与照护型机器的设计的初衷相悖。

11.2.3.6 人机互动的伦理分析

应该看到，智能照护机器的设计很难走出亲情匮乏的困境，老年人仅仅被视作“被动”的设计对象。面对机器照护，老年人被当作“物体”一样看待。“机器人并不能为老人提供真正的护理，这种护理型机器仅仅应该被视为护理工具而使用，照护老人的工作仍需由人类完成。”① 老年人需要的是具有人文情怀的关心，而并非智能机器做出的一些机械性回应。人机交互的过程不仅未能使老年人体验到人际互动的真情实感，相反，还会使老年人感到孤独和空虚，使其感觉自己在机器面前犹如“物体”一般。

面对如此高强度的智能机器，部分老年人的一些日常需求本可以通过自身行动来满足，但这些智能化机器能够帮助甚至替代老人达成目的。久而久之，老年人的思维认知能力可能会下降，甚至会逐渐失去对事物的自身判断力，并且慢慢对自身能力产生怀疑、否定自身，产生强烈的孤独挫败感，情绪变得敏感脆弱，甚至找不到存在的意义与生命的价值，消极地应对生活。

11.2.3.7 机器事故的伦理分析

在人工智能技术应用中可能会出现一些责任主体不明的事件。如新型的智能照护机器不仅可以缓解介护人员的身心疲劳，还能减轻工作的压力，介护人员只需对机器实施远程操作即可，大幅度提升了工作效率。但如果一些智能机器面对不同个体服务时出现故障或老年人出现了并发症，致使其生命健康受到威胁，此时的事故归责主体应由何方承担？就事故本身而言，直接原因可能是智能机器在运行中出现的漏洞与误判，而机器的运作乃是纯粹的机械性的物理运动，运行的程序皆是由设计者通过编程算法嵌入其中的，在具体操作过程中由医护人员直接参与操控。从伦理角度来说，智能设备使用中也有道德义务问题，这值得深入思考。

针对上述事故归责，我们应当对责任承担的主体进行划分。有学者提出将事故主体划分为四个主要方面，即“智能机器本身、机器的操作者、机器

---

① 同春芬，王珊珊. 英国失智老人照护的经验与启示 [J]. 青岛行政学院学报，2017 (05)：86-90.

的设计者以及机器的制造方”[①]。这是有一定道理的。一般来说，由于智能机器本身并不具有人的意识，无论机器的设计、制造还是运作皆由人来操控，这种责任主体则很难认定到底该由机器还是人类承担。针对这种情况，汉森（F. A. Hanson）曾提出过混合方案理论，即："在责任主体的划分过程中应包含‘人’与‘非人’的主体，换言之，即责任主体不应仅仅归咎于人，机器本身亦应当承担一部分责任，这种方法又叫作‘共同责任’的承担。”[②] 这种说法虽然没有给出详尽的解决方案，不过就目前的智能机器发展来看，“共同责任”原则显然也是一种主张。

11.3 养老智能化伦理风险的消减

面对快速发展的养老智能化发展趋势，我们在看到其智能化优势的同时也需要面对可能产生的伦理风险。养老服务面对的是有着伦理情感需求、有人文关怀的服务者，实现养老智能化应当最大限度地减少或排除智能化养老过程中可能产生的伦理风险。

11.3.1 养老智能化的伦理原则

11.3.1.1 科技伦理观原则

养老智能化的伦理原则应遵循科技伦理观，以关爱老人身心健康为基本宗旨，确保老人自身权益不受侵害，确立以人为本、安全保障、责任清晰三项原则。

其一，人本化原则。1950 年，美国科幻小说家艾萨克·阿西莫夫在其创作的《我，机器人》一书中提出了著名的“机器人三大定律”，即：“第一定律：机器人不得伤害人类个体，或者目睹人类个体将遭受危险而袖手不管。

① 戴益斌. 试论人工智能的伦理责任［J］. 上海大学学报（社会科学版），2020，37（01）：27-36.
② 于雪，段伟文. 人工智能的伦理建构［J］. 理论探索，2019（06）：43-49.

第二定律：机器人必须服从人给予它的命令，当该命令与第一定律冲突时例外。第三定律：机器人在不违反第一、第二定律的情况下要尽可能保护自己的生存。”在阿西莫夫的理论中，在人机交互过程中应遵从“人本化”的基本原则，保障人类的生命健康不受侵犯；机器在运行过程中应保护人类，不伤害人类。在养老智能化过程中，在设定机器程序时不仅要给予机器更高的智能化水平，也要在程序设计中保障老人健康安全不受侵犯；不仅要通过智能化设备给予老年人优质舒适的生活条件，还应避免以智能化设备取代人际互动及其人文关怀；不仅要借助智能化设备提升老年人的物质生活质量，也要在人机结合中给予老年人真实的情感关怀。

11.3.1.2 安全保障原则

在智能化机器的发展过程中，应充分认识老年人安全保障意识。智能化设备是一把双刃剑，无论是社交机器还是照护机器，都在一定程度上对老年人的身心健康安全构成一定的安全风险。因此，在养老智能化过程中，设计或使用养老照护智能机器，都应将保障老年人的生命健康安全放在首位，坚持生命至上、健康至上。对此，智能机器的研发者应该尽其所能地规避每一种风险，将机器在伦理设计中存在的伦理隐患尽可能排除，最大限度保障安全，对于可能产生的伦理问题以及安全问题应在设计之初给予全方位的分析和应对策略预案，在算法嵌入时要将人的生命安全问题放在首位。

11.3.1.3 责任清晰原则

就目前养老智能化技术的发展状况而言，无论从法律责任还是伦理道德责任的角度来看，都无法明确地归咎事故责任过错，对智能化应用的设计者和使用者方面亦无法确定责任界限。这就要求我们在养老智能化设计之初应明确各方的责任义务，制定清晰的责任承担标准：一是要明确设计者的相应责任。无论是便携式养老智能设备还是居家型养老智能机器，这些智能机器的运作系统若是出现错误指令，使其系统混乱导致发生事故理应由该设备的设计者承担部分责任。二是明确生产者的相关责任。若是生产商在对养老智能设备生产时质量把控不严致使事故发生，生产商应对其事故承担相应的责任。三是明确智能设备使用者的相应责任。老年智能设备在使用过程中因操作不当等主观因素导致智能设备程序出错，引发事故发生，抑或事故原因是老年人的主观意向或无意行为所致，则应该根据事故发生之时的实际情况具体问题具体分析，酌情对当事人定责。

11.3.2　养老智能化伦理风险的化解路径

目前，人类对于智能化技术的研发仍处于初级阶段，对其应用后该做出怎样的风险评估、对其技术伦理应确立何种道德标准、对智能技术与伦理道德发生冲突时应做何抉择等问题目前均处于探索阶段。养老智能化的风险不仅有对老年人的人身健康安全所带来的威胁，也有对老年人的心理健康产生威胁。所以，必须进行可行性风险预测，以确保老年人的生理和心理健康不受侵犯。

11.3.2.1　设计阶段的伦理嵌入

综合养老智能机器应用中存在的一系列伦理风险，可以肯定，养老智能化的发展应该受到人类伦理原则及道德规范的制约。在这些智能机器设计之初应将伦理道德准则嵌入其中，使其在运行中能够按照嵌入的伦理道德法则行事，与人类社会和谐共存。人类应当赋予其怎样的伦理内涵？嵌入其中的伦理标准该如何制定？如何对这些智能机器制定出令人类满意的道德律令？为此，首先需要对人工智能运行的工作程序进行伦理分析。其中，“算法”作为人工智能发展过程中的核心环节，直接影响人工智能的工作状态。研发人员应考虑无论人工智能是否能够拥有和人类同样具有道德主体的地位，对人工智能技术的应用都应符合人类社会的道德水准，应尽最大可能将带有人文情怀色彩的伦理准则嵌入机器当中，让老年人感受到虽然机器本身并不具有情感，但是机器做出的工作却能让老年人感受到温暖。

如果这种“伦理型”智能机器在其执行程序的过程中能够在一定程度上符合老年人意愿或透射出人文意蕴，那么老年人的感受将大不相同，也会在一定程度上降低老年人的情绪化与孤独感；而当机器做出一些令老年人不悦的举动时，或者强制老年人做一些与他们自身意愿相违背的命令时，应当让老年人通过表达自身的情绪或者与智能机器进行“沟通”，使智能机器了解老年人所愿并给予老年人足够的自由空间，不侵犯老年人的人格尊严，维护他们的独立人格与自主性，这才符合智能养老的伦理原则。

总之，关爱老年人、保障老年人身心健康权益就是智能养老设备设计的基本伦理准则。建立智能设备与老年人的“人机互动”机制，让人工智能的程序体现社会的伦理价值观，体现对老年人的关爱，是设计所应追寻的目标。

11.3.2.2 研发人员的道德培育

在养老智能化的研发阶段，不仅要将伦理道德准则嵌入其算法内，还要重视研发人员科技伦理意识的培育，必须对研发人员进行道德教化，使其带着正确道德观念来进行设计，以保证养老智能化应用技术可持续健康发展。

对研发人员的道德培育，应使其树立正确的科技伦理观。科学技术作为人类智慧的结晶，是人类文明的标志，本身具有实践性与客观性。但科技是属人的，可以为正义服务，也可以为邪恶服务，有着善恶不同的价值取向。养老智能化应用，要求研发人员在设计阶段秉承善的核心理念，坚守自身的伦理操守与道德底线，始终坚守为老年人谋福祉的设计宗旨，以智能化的方式贯彻自己的伦理观念或意志。

养老智能化应用中的一个重要的伦理问题是在机器数据采集方面存在侵犯老人个人隐私的风险。关于智能化应用中数据采集的安全问题，主要集中在两方面：一是采集数据的准确性问题；二是数据采集是否侵犯老年人隐私问题。如果研发人员将相关信息泄露或在设计中系统存有漏洞，就会使不法分子获得老年人的隐私信息，这就违背了科技伦理，违反了老年人的意愿，是非正义的。为此，应要求科研人员在进行设计时秉承尊重隐私权理念，确保智能机器的服务对象身心安全与自身利益不受侵犯。

11.3.2.3 制造阶段的伦理遵循

在智能养老设备的制造阶段，首先要对设备进行风险预判，分析智能技术的道德内涵。在此方面，应采取以下举措：

其一，就智能机器的道德规范问题进行评估。在评估中，不应只局限于生产者的内部讨论，而应召集社会各个领域的专业人才，设立专项研讨小组，以不同专业领域人员的视角来分析相关伦理问题。如此一来，可增加伦理风险评估结果的可接受性，提高信度。分析讨论过程应重点考虑如下问题：一是该智能设备所执行的指令及相应的服务动作是否符合老年人的生活需要或需求意愿；二是该智能设备是否有违背伦理，对老年人可能带来反感、利益侵犯、隐私泄露、健康风险等方面的问题；三是该智能设备能否在某种程度上贯彻人文关怀或伦理情感，给予老年人心理慰藉或安慰。如果智能化机器违背老年人的意愿，侵犯老年人的利益，增加孤独感或压迫感，那么这种智能化设备就是有悖于科技伦理原则的。

其二，研讨组织应遵循民主的原则。一个组织如果带有明显的等级意识，其组织成员的决策必定会受到高层意见的制约，这就可能导致分析或评估结果的片面性。对于养老智能化应用的伦理评估组织，应建立一种平等、科学、民主的研判小组，让评估成员畅所欲言、各抒己见，充分发挥每一位成员的自由意志，为养老智能化应用的伦理评估提供更多的建议。

11.3.2.4　使用阶段的伦理坚守

针对目前智能养老过程中事故责任界定模糊、责任机制建设不够健全、责任分配制度尚不完善的现实，我们在使用智能养老设备的过程中应考虑如下问题：

第一，健全智能养老机器生产审批备案制度。人工智能技术具有极强的科技性与专业性，在其算法程序编写过程中，一些微乎其微的疏漏在后续运作中就可能存在伦理风险或导致更大的事故发生，故而针对智能化机器程序的检测以及生产审批备案，必须由专业人士检测把关。在此过程中，应增加伦理规范或伦理风险方面的审核，进行严格把关。

第二，应成立智能养老设备事故责任鉴定机构，健全监管制度。由于养老智能化应用技术涉及不同学科领域，如计算机科学、伦理学、医学、社会学、法学等，专业性极强，对其导致的事故责任鉴定亦可涉及不同专业领域，因此必须由各方面专业人士成立联合鉴定小组，制定可行的责任鉴定标准和工作流程，对各种事故做出客观合理的鉴定与责任划分。

第三，坚持个人信息数据保密制度。在这些智能设备设计或应用中，无论是在研发阶段的数据采集还是应用阶段数据的使用，对智能设备所掌握或可分析出来的个人信息都应该保密，以防止因老人信息的泄露对其造成某种伤害或威胁。这些信息运用得当则会方便人们的日常生活，有助于提升生活质量，但这些信息数据如果为不法分子获取，则会严重威胁到个人利益，侵犯个人隐私安全，其后果不可估量。

第四，应加强对养老服务人员伦理意识和道德规范的培训。随着养老智能化应用技术的快速发展，越来越多的老年服务机构引进养老智能化设备。在此过程中，绝不能以智能机器完全替代养老人工服务，不能把人与人的伦理关系变成“人机关系”。养老工作者或子女的作用是不可完全替代的。对此，应重点解决如下几方面问题：一是养老服务人员不能将老年人完全交付给智能机器照料而忽略对老年人日常生活的关注和人文关怀。机器照护只是一种机械的行为，它可以代替服务人员对老年人完成一些日常性服务工作，但是这并不具有感情体验价值。对老年人而言，他们其实更需要的是一种有温度有情感的陪伴。这就要求服务人员在机器护理的基础之上，尽可能对老年人进行真实的交谈陪伴，深入老年人的内心世界，让老年人不仅能够享受到高质量的智能化服务，也能感受到与服务人员互动所带来的情感体验。二是设立针对养老智能化使用操作的培训。养老智能化是一项新型技术，是由人操控的智能设备。所以，无论是老年服务机构的工作人员抑或老年人的亲属，都必须熟知智能机器的操作方法，了解在必要时刻如何应急，怎样操作能够确保老年人的身心安全不受侵害等。应以家庭为单位或以社区为单位针对养老智能化应用的操作方法对相关人员进行培训，使智能养老设备在与服务人员的人机结合中为老年人提供优质的服务。

参 考 文 献

［1］田雪原．中国老年人口［M］．北京：社会科学文献出版社，2007．

［2］邬沧萍．社会老年学［M］．北京：中国人民大学出版社，1999．

［3］王因为，徐勤，袁缉辉，等．当代老年社会学［M］．上海：复旦大学出版社，1989．

［4］曹杨，王记文．公益活动参与对退休老人生活满意度的影响—基于北京市西城区的调研［J］．人口与发展，2015（4）．

［5］陈茗，林志婉．城市老年人参与社会公益活动的意愿及其影响因素［J］．人口学刊，2004（3）．

［6］陈明建，邢博壮．当代中国老年文化心理与老年闲暇文化论［J］．新东方，2001（6）．

［7］李宗华，高功敬．积极老龄化背景下城市老年人社会参与的实证研究［J］．学习与实践 2009（12）．

［8］刘颂．老年社会参与对心理健康影响探析［J］．人口与社会，2007（4）．

［9］栾文敬，韩福源．社会性别视角下城市老年人的社会参与［J］．老龄科学研究，2015（6）．

［10］陆杰华，李月，郑冰．中国大陆老年人社会参与和自评健康相互影响关系的实证分析：基于 CLHLS 数据的检验［J］．人口研究，2017（1）．

［11］李丙春．社会参与视角下社区“老有所为”路径分析：以华锦社区巧姐姐社团［D］．武汉：华中师范大学，2019．

［12］杜鹏，王菲．“老有所为”在中国的发展：政策变迁和框架构建［J］．人口与发展，2011，17（06）．

［13］沈莲，王金元．老有所为在中国推广的实现路径［J］．社会福利（理论版），2014（10）．

[14] 谢波，魏伟，周婕. 城市老龄化社区的居住空间环境评价及养老规划策略 [J]. 规划师，2015，31 (11).

[15] 张帅. 居家养老模式下的老年人社会参与研究 [D]. 天津：天津财经大学，2018.

[16] 杨华. 历史哲学视域下的人口老龄化及其应对 [D]. 杭州：浙江大学，2013.

[17] 杨华. 浙江农村老年群体政治参与现状解析 [J]. 浙江学刊，2014 (04).

[18] 位秀平. 中国老年人社会参与和健康的关系及影响因子研究 [D]. 上海：华东师范大学，2015.

[19] 韩士博. 社会性别视角下的老年人社区权力参与研究 [D]. 杭州：浙江大学，2012.

[20] 尚晓东. 老年人社会参与对其健康状况的影响研究 [D]. 济南：山东财经大学，2020.

[21] 周冬杰. 经济保障和老年人健康的影响研究 [D]. 北京：首都经济贸易大学，2021.

[22] 陈仲丹. 多部门合作与社会参与的影响评估 [D]. 武汉：武汉大学，2010.

[23] 薄凡. 老年人社会分层对社会参与的影响研究 [D]. 上海：上海师范大学，2018.

[24] 刘怡萍. 老年人的老化态度及其影响因素研究 [D]. 南京：南京师范大学，2010.

[25] 陈仲丹. 多部门合作与社会参与的影响评估 [D]. 武汉：武汉大学，2010.

[26] 王莉莉. 中国老年人社会参与的理论、实证与政策研究综述 [J]. 人口与发展，2011，17 (03).

[27] 李宗华. 近 30 年来关于老年人社会参与研究的综述 [J]. 东岳论丛，2009，30 (08).

[28] 丁红玲. 老年志愿者参与社区服务：意义、问题及推进策略 [J]. 河北大学成人教育学院学报，2021，23 (02).

［29］李宗华. 老年人社会参与的理论基础及路径选择［J］. 山东省农业管理干部学院学报，2009（4）.

［30］高樱. 老年志愿者活动长效机制构建研究［D］. 上海：华东政法大学，2014：39.

［31］程兆雪. 老年志愿者持续参与社区志愿服务的影响因素及其实践路径研究［D］. 重庆：重庆大学，2018.

［32］秦莹. 积极老龄化视角下提升社区老年志愿者服务意愿的实务探索［D］. 甘肃：甘肃政法大学，2021.

［33］行养玲. 愁断肝肠：解读抑郁症：相关知识链接与思考［M］. 陕西：陕西科学技术出版社，2012.

［34］王元元. 老人再社会化：文艺作品带来的启示：以《老人与海》中的"老人"形象为例［J］. 淮海工学院学报（人文社会科学版），2014，12（05）.

［35］韩烨. 再分配理论视阈下我国养老保险双轨制改革研究［D］. 长春：吉林大学，2015.

［36］周刚志. 论老年人的宪法权利及其保障［J］. 湖湘法学评论，2023，3（03）.

［37］中共中央关于全面深化改革若干重大问题的决定（2013年11月12日中国共产党第十八届中央委员会第三次全体会议通过）［J］. 求是，2013，（22）.

［38］李国和. 从收缩到强化：改革开放以来城镇养老保障与政府责任探析［J］. 广西社会科学，2021，（04）.

［39］王婷，李放. 中国养老保险政策变迁的历史逻辑思考［J］. 江苏社会科学，2016，（03）.

［40］成志刚，文敏. 新中国成立70周年养老金制度的历史演变与发展图景［J］. 湘潭大学学报（哲学社会科学版），2019，43（05）.

［41］杨燕绥. 中国社会保障进入体系建设阶段［J］. 中国人力资源社会保障，2013，（12）.

［42］从老有所养到老有"善"养：中国式养老交出新时代新答卷［J］. 大社会，2021，（06）.

［43］王显勇. 论养老服务的法律属性［J］. 山西大学学报（哲学社会科

学版)，2023，46 (01).

[44] 刘益民. 正确处理人民内部矛盾的新提法 [J]. 社科纵横（新理论版)，2010，25 (04).

[45] 李可. “两大奇迹”与中国共产党的使命担当 [J]. 山西师大学报(社会科学版)，2021，48 (02).

[46] 祁雪瑞. 论支持老年人社会参与执法监督 [J]. 法制与社会，2021，(22).

[47] 祁雪瑞. 用好法律法规支持老年人社会参与 [J]. 公民与法（综合版)，2021，(07).

[48] 李钦云，宋岳涛. 老年长期照护的国内外现状和展望 [J]. 实用老年医学，2023，37 (01).

[49] 唐宇，袁嘉宏. 我国农村养老保险制度可持续发展探析 [J]. 农村经济与科技，2022，33 (15).

[50] 李洪喜，周仕平. 浅析和谐社会背景下我国人口老龄化与老年人医疗保障体系的构建 [J]. 齐齐哈尔医学院学报，2007，(20).

[51] 黄行之. 老年人医疗保障中存在的问题及完善建议 [J]. 法制与经济（中旬刊)，2011，(02).

[52] 朱火云. 城乡居民养老保险减贫效应评估：基于多维贫困的视角 [J]. 北京社会科学，2017，(09).

[53] 马田琳，常甜甜. 老年人异地就医问题的思考 [J]. 产业与科技论坛，2014，13 (05).

[54] 杨晓龙，林明鲜，宫权. 老年人医疗保障现状的社会学研究：以烟台市城乡社区为例 [J]. 牡丹江教育学院学报，2008，(02).

[55] 马田琳，常甜甜. 老年人异地就医问题的思考 [J]. 产业与科技论坛，2014，13 (05).

[56] 吴志军，简伟研. 老年慢性病患者社区健康管理服务可获得性及社会决定因素研究 [J]. 中国全科医学，2015，18 (28).

[57] 龙晓枫. 对我国现行社会医疗保障制度缺陷的分析 [J]. 中国卫生事业管理，2004，(02).

[58] 本刊编辑部. 我国老年卫生工作问答 [J]. 中国乡村医药，2012，19 (15).

[59] 赵莎莎. 全民医疗保障制度建设的问题与对策 [J]. 中国初级卫生保健，2013，27 (09).

[60] 席恒，余澍，李东方. 光荣与梦想：中国共产党社会保障 100 年回顾 [J]. 管理世界，2021，37 (04).

[61] 刘新蓉. 老龄化背景下上海老年人优待政策研究 [D]. 昆明：云南财经大学，2016.

[62] 刘璐瑶. 老年优待项目对老年人主观幸福感的影响研究：以北京市为例 [D]. 北京：首都经济贸易大学，2019.

[63] 王婷婷. 我国老年人权益保障研究 [D]. 长沙：中南林业科技大学，2019.

[64] 钱蓓，祝越. 乘车优惠扩大与否，安全是关键 [N]. 文汇报，2015-06-18 (003).

[65] 翟珺. 老人优惠乘车，可否放宽到 65 岁？[N]. 上海法治报，2015-06-24 (A06).

[66] 胡雯. 健康中国背景下机构改革助力医养结合发展的方案构想 [J]. 行政管理改革，2019，(02).

[67] 辛远，韩广富. 2020 年后农村老年相对贫困治理：趋势、挑战与对策 [J]. 广西社会科学，2021，(07).

[68] 赵周华，刘波. 中国老年人口致贫风险的测度及影响因素分析：基于 CFPS 的实证检验 [J]. 商业经济，2023，(02).

[69] 韩广富，辛远. 相对贫困视角下中国农村贫困治理的变迁与发展 [J]. 中国农业大学学报（社会科学版），2020，37 (06).

[70] 韩广富，辛远. 农村相对贫困的特征、境遇及长效解决机制 [J]. 福建论坛（人文社会科学版），2020，(09).

[71] 张林，邹迎香. 中国农村相对贫困及其治理问题研究进展 [J]. 华南农业大学学报（社会科学版），2021，20 (06).

[72] 李慧. 后扶贫阶段相对贫困治理的逻辑遵循与行动路向 [J]. 领导科学，2022，(01).

[73] 徐春晓. 文化与农村相对贫困治理：作用逻辑、目标靶向与治理路径 [J]. 湖北民族大学学报（哲学社会科学版），2023，41（01）.

[74] 路晓娜. 吉林省城市社区居家养老服务问题研究 [D]. 长春：长春工业大学，2021.

[75] 王冰，徐云鹏. 养老与家庭 [J]. 人口学刊，1986（02）.

[76] 葛兰娜·斯皮茨，罗素·沃德，边燕杰. 谈谈美国的家庭养老：兼与中国社会学同仁商榷 [J]. 社会学研究，1989，（04）.

[77] 国务院办公厅关于印发社会养老服务体系建设规划（2011—2015年）的通知 [J]. 中华人民共和国国务院公报，2012，（01）.

[78] 王艳峰. 社区照顾视角下养老机构完善社区照顾的对策研究：以沈阳市养老服务中心为例 [J]. 山西农业大学学报（社会科学版），2012，11（09）.

[79] 王金元. 社会工作与社区老人心理健康服务：以江苏省无锡市为例 [J]. 社会福利（理论版），2013，（12）.

[80] 王金元. 规范化与个别化：机构养老的艰难抉择 [J]. 社会科学家，2010，（12）.

[81] 郭竞成. 中国居家养老模式的选择 [J]. 宁波大学学报（人文科学版），2010，23（01）.

[82] 郭竞成. 居家养老模式的国际比较与借鉴 [J]. 社会保障研究，2010，（01）.

[83] 孟艳春. 对中国居家养老模式的思考 [J]. 河北师范大学学报（哲学社会科学版），2010，33（05）.

[84] 李颖奕. 居家养老服务使用观念与行为及社会工作的介入空间：基于广州市 D 区的研究 [J]. 中南民族大学学报（人文社会科学版），2010，30（03）.

[85] 敬乂嘉，陈若静. 从协作角度看我国居家养老服务体系的发展与管理创新 [J]. 复旦学报（社会科学版），2009，（05）.

[86] 于新循，袁维勤. 对我国养老服务市场准入问题的几点思考 [J]. 经济导刊，2008，（C5）.

[87] 王桥. 我国养老机构发展中存在的问题及对策思考 [J]. 湘潭大学学报（哲学社会科学版），2016，40（06）.

[88] 荣开明. 全面深化改革的科学指南和行动纲领：学习《中共中央关于全面深化改革若干重大问题的决定》的三点认识 [J]. 学习论坛，2014，30 (02).

[89] 黄健荣. 公共政策执行应当承受之重 [J]. 四川大学学报（哲学社会科学版），2008，(06).

[90] 本刊编辑部，朱巍巍. 我国养老服务业发展史上的重要里程碑：国务院出台《关于加快发展养老服务业的若干意见》[J]. 中国民政，2013，(10).

[91] 李文祥，赵紫薇. 老年社会工作发展的制度冲突与协调 [J]. 河南社会科学，2021，29 (03).

[92] 赵紫薇. 社会养老服务发展中的制度失衡与协调 [D]. 长春：吉林大学，2021.

[93] 国务院办公厅关于印发社会养老服务体系建设规划（2011—2015年）的通知 [J]. 中华人民共和国国务院公报，2012，(01).

[94] 谢立黎. 社会养老服务体系下的老年社会工作本土化探索 [J]. 社会福利（理论版），2012，(08).

[95] 姜向群. 我国老年人社会服务及其改革方向 [J]. 人口研究，1995，(04).

[96] 谢宇. 社会参与理论视阈下老年教育课程体系构建策略：以广州电大老年开放大学为例 [J]. 广州广播电视大学学报，2018，18 (05).

[97] 吕伟梅. “互联网＋”背景下老年人教育学习方式的研究：以茂名开放大学老年人教育改革为例 [J]. 老年教育（老年大学），2022 (03).

[98] 王浩云，肖爱祥，叶君荣等. 叙事疗法干预抑郁症的研究进展 [J]. 循证护理，2022，8 (12).

[99] 齐军霞. 浅谈老年大学助推社区文化建设发展 [J]. 现代物业（上旬刊），2013，12 (03).

[100] 蒋煜. “积极老龄化”视野下的老年精神慰藉福利服务研究 [D]. 南京：南京师范大学，2012.

[101] 刘祖春. 当代老年人需要“心理支援”：老年人几种不良心理透视 [J]. 现代养生，2013 (01).